ヒトはこうして増えてきた――20万年の人口変遷史　目次

地図・スタジオサムワン

ヒトはこうして増えてきた——20万年の人口変遷史

まえがき

地球に生きるすべての人間は、ホモ・サピエンスという生物種のメンバーです。ホモ・サピエンスとは「賢いヒト」という意味で、生物としての側面を強調するときはヒト、文化をもつ側面を強調するときは人間とよばれます。私たち自身である、このユニークな動物は、ヒトと人間の両方の特徴を巧みに活かしながら、地球という生存の場を存分に利用し、誕生してからわずか二〇万年ほどの間に、その数を爆発的に増してきました。

ところが最近では、「世界人口は二〇一一年に七〇億に達してしまった」「これからも途上国を中心に人口増加がつづき、二〇二五年に世界人口は八〇億を超えるらしい」「二〇五〇年には、日本の人口は一億を切り、その三九%が六五歳以上になるのは避けられそうもない」と、将来を危惧する見方が広がっています。

このように、人口は私たちの身近な関心事です。それにもかかわらず、その歴史的な変遷はそれほど知られていないようです。今から二六五年ほど前、イギリスで産業革命がはじまった一七五〇年ころ、世界人口は七・二億くらいでした。さらにさかのぼると、西暦元年ころには二～三億で、農耕が開始された一万年ほど前には一〇〇〇万にも及ばなかったのです。それより前は数字を用いる推定はむずかしくなりますが、ヒトが約二〇万年前にアフリカで誕生し、それ以来、ヒトの遺伝子が連綿と受け継がれてきたのはまちがいありません。この間、人口は今よりはるかに緩やかに増加をつづけ、最後の〇・一％ほどのごく短期間に急増したのです。

本書の目的は、ヒトが誕生してからの歴史を、人口に着目して描きだすことです。言い換えると、長期にわたる人口の変化をヒトの生き方と関連づけて解き明かすこと、そして将来の生き方へのヒントを探しだすことです。

人口の変化を一義的に決めるのは出生と死亡です。出生がとくに強くかかわっています。動物の場合、現在地球上に生息するすべての種は、出生数が死亡数を下回りつづけることはなかったでしょう。一方で、出生数が死亡数を大きく上回りつづけることもなかったはずです。個体数が増えすぎると、食物不足などが起き結局は個体数を減らすからです。

ヒトは異端の存在です。多少の例外はあったとしても、地球上のほぼすべての地域で人口は増加しつづけてきたのです。その大きな理由は、食物の入手効率を高めるなどして、面積あたりの人口すなわち人口密度を高めるのに成功したことです。もう一つは、地球上のさまざまな環境で生きてきたことです。移住によって、一万年前には地球のほぼ全域を生息地に組み込んできたのです。

出生、死亡、移住に着目してヒトの歴史を見直すと、四つのフェーズに大別できます。

第一フェーズは、ヒトが誕生の地アフリカのなかで人口を緩やかに増した時期です。自然界の一員としての地位にとどまってはいたものの、「賢いヒト」の本領は、身体機能の拡張ともいえる道具の進化にみられます。発掘された石器から、精巧さが増したことがわかります。道具をはじめとする文化の発展は、食物の入手の安定化や身体へのストレスの軽減をもたらし、ヒトの出生力を向上させたのです。

第二フェーズは、ヒトの祖先たちがアフリカ大陸から西アジアへ、そして地球の広域へ移住した時期です。最初のアフリカ大陸からの移住は一二万五〇〇〇年ほど前、広域への拡散がはじまったのは七万年くらい前と推測されます。誕生の地である熱帯を出て、温帯から寒帯、さらには乾燥帯にも適応できたのは、植物も動物も摂取する雑食性などの生物としての特性とともに、発達した文化によるところが大きかったのです。このフェーズの終盤にあたる一万三〇〇〇～一万二〇〇〇年前に、地球上の人口は五〇〇万～八〇〇万くらいになり、野生動植物だけを食物とする生き方の限界に近づいたようです。

第一フェーズと第二フェーズの人びとの生き方を、私たちは直接知ることはできません。しかし、発掘された人骨や石器などの道具類、さらには住居址から、多くのことが明らかにされてきました。また、自然と密接な関係の中で暮らす人びとの調査から、人口にかかわる特徴を推測することもできます。たとえば、アフリカのカラハリ砂漠にすむ狩猟採集民サンや、私自身が調査したパプアニューギニアの狩猟採集農耕民ギデラ人の社会で、女性の最大可能な生涯出産数が一〇くらいに達することが見出されました。アメリカやオーストラリアにすむ狩猟採集民の調査からは、それぞれの集団の人口密度が、生息地の野生食物資源に強く規定されることも明らかにされました。

第三フェーズは、ヒトが定住生活をはじめ、その後に農耕と家畜飼育を発明し、自然界の食物連鎖の制約からの逸脱を開始した時期です。旧大陸では一万年以上前、新大陸でも七〇〇〇〜六〇〇〇年くらい前にはじまりました。定住生活、地域社会の大規模化・複雑化、古代文明の成立など、人間の生き方が大きく変容するとともに、地域間でも、集団間でも、同じ集団の個人間でも多様化が進みました。

農耕にはさまざまなタイプがあります。作物が穀類かイモ類かによって、その生産性も貯蔵期間も大きく異なります。古代文明が興ったのは、穀類を主作物とした農耕文化圏と、ジャガイモを主作物としたアンデス高地だけでした。農耕社会に移行してから人口増加率が大きく上昇したのも、穀類を栽培する農耕文化圏でした。その結果、水田稲作が広まったアジア地域とムギ類の農耕が広まったヨーロッパ地域で、人口密度が顕著に上昇したのです。

第三フェーズも終盤に近い一六世紀からは、南北アメリカ大陸に多くのヨーロッパ人が移住しただけでなく、多くのアフリカ人が奴隷として送り込まれました。奴隷貿易は第四フェーズにはいった一八世紀に最盛期を迎え、ヨーロッパ人の移住は「移住の世紀」ともよばれる一九世紀に最大になったのです。その結果、南北アメリカ大陸では、アジア起源の先住民より、ヨーロッパとアフリカ起源の人びとがはるかに多くなりました。オーストラリアとニュージーランドでも、一八世紀末にヨーロッパ人の移住が本格化し、一九世紀半ばには先住民を上回るようになったのです。

現在までつづく第四フェーズの引き金になったのは、ヨーロッパではじまった産業革命と人口転換です。人口転換とは、出生率も死亡率も高い「多産多死」から、死亡率だけが低下する「多産少死」を経て、最終的に出生率も低下する「少産少死」に移行することを指しています。人口転換の最大の特徴は、「多産少死」の時期に人口が大幅に増加することです。多くのヨーロッパ諸国で、人口転換は一八世紀後半にはじまり二〇世紀前半に終わりました。日本では、一八八〇年ころにはじまり一九五〇年代に終わりました。先進国の急激な人口増加が収まったころから、さらに急激な人口増加が途上国ではじまったのです。まさに人口爆発が起こり、世界人口の増加率は二〇世紀後半にピークに達したのです。現在、途上国には人口転換が終了した東アジア・東南アジア諸国から、転換中のアフリカ諸国までみられます。

第四フェーズのもう一つの大きな特徴は、人口の認識に変化が生じはじめたことです。「世界人口」という認識が高まるとともに、地球環境や資源の持続性にとって人口が過剰と考えられはじめたのです。そのため、出生率の低下を目指す家族計画が推進されてきました。とはいえ、世界人口は現在でも一年間に七〇〇〇万のペースで増加をつづけているのです。人口増加に起因する環境問題、食糧問題、南北問題などは深刻の度を深めています。一方で、人口転換が終了し「少産少死」に移行した多くの国では、低い出生率がつづき人口減少がはじまっているのです。

二〇万年におよぶホモ・サピエンスの歴史のなかで、人口の急増は最近の二〇〇〜三〇〇年間に起きた出来事ですし、意識的な出生率の低下による人口減少は今まで経験したこともありません。まさに未知の時代にはいっているのです。しかし、このような変化も人類史の一コマであることに変わりありません。そして、人口の変化が出生と死亡、とくに出生を反映することにも変わりありません。私たちに求められているのは、「賢いヒト」として、地球システムと調和する生き方とそれに見合う人口について、私たち自身の歴史の中から理解を深め答えを見出すことなのです。

第一章　賢いヒト——二〇万年前＝五〇〇〇人？

ヒト前史

ヒトの系譜

地球上に生きるすべての人間は、ホモ・サピエンスという単一の生物種のメンバーです。「ホモ」と「サピエンス」は、それぞれが生物分類上の属と種の名で、ホモ・サピエンスとはヒト（ホモ）属のヒト種という意味です。ホモ・サピエンスは、生物としての側面を強調するときはヒト、文化をもつ側面を強調するときは人間とよばれます。

最初に、ヒトの系譜について概観しておきましょう。生物分類からは、ヒトは類似した形態の特徴をもつ化石種とともに人類の一員とみなされます。人類に近縁な動物は、現生する種に限れば、大型類人猿のチンパンジー、ボノボ（ビーリャあるいはピグミー・チンパンジーともよばれる）、ゴリラ、オランウータンです。なかでも、チンパンジーとボノボがヒトに最も近く、チンパンジーとヒトとのDNAの違いはわずかに一～四％なのです。

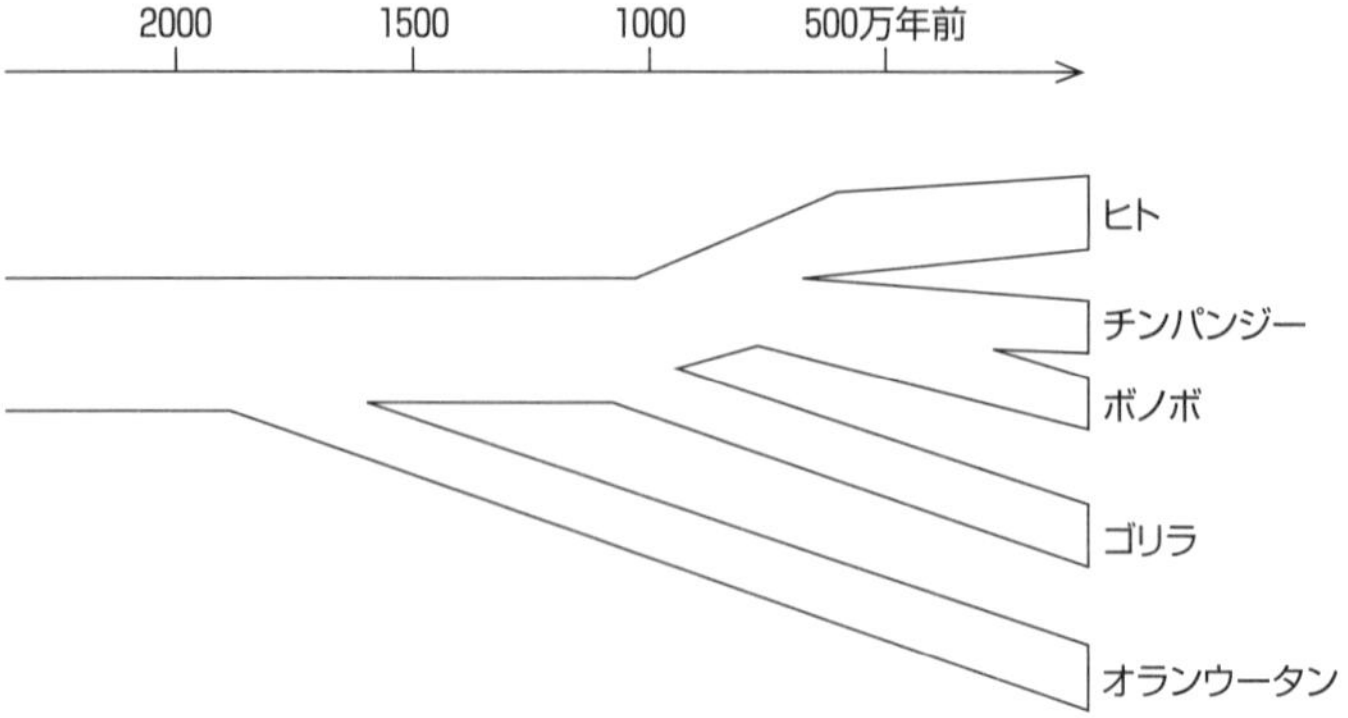

【図1-1】人類と類人猿の系統樹と分岐年代。
（Hara Y et al, 2012, Prüfer K et al, 2012 を基に著者作成）

人類と類人猿は、共通の祖先種から分岐してきたのはまちがいありません。分岐年代は、現生する種のＤＮＡの違いに基づいて推定されます。最近の研究によると、チンパンジーとボノボの共通の祖先（チンパンジーとボノボとの分岐は二五〇万〜二〇〇万年前）とヒトは、七六〇万〜六〇〇万年前に共通の祖先から分岐しました（【図1-1】）。さらに、チンパンジー／ボノボとヒトの共通の祖先とゴリラとの分岐は九七〇万〜七六〇万年前、これらの共通の祖先とオランウータンとの分岐は一九〇〇万〜一五〇〇万年前と推定されています。

ヒトとは

ヒトの由来を理解する契機になったのは、絶滅した近縁種の存在が明らかにされたことです。オーストラリア出身の医師レイモンド・ダートが一九二四年に、ついでスコットランド出身の医師ロバート・ブルームが一九四七年に、南アフリカで発見した化石骨が人類のものと認められ、アウストラロピテクス・アフリカヌスと命名されたのです。

アウストラロピテクス属（猿人）の化石は、南アフリカと東アフリカで数多く発見されてきました。アウストラロピテクス属は、四〇〇万年ほど前に出現し一二〇万年ほど前に絶滅したのです。なお、最近になって、アウストラロピテクス属より前に生息していた人類の化石が、東アフリカだけでなくアフリカ中央部のチャドからも発見されています。

最初のヒト属のメンバーであるホモ・ハビリスは、二四〇万年ほど前にアウストラロピテクス属から分岐したと考えられています（エチオピアで二〇一三年に発見されたホモ属の骨は二八〇万年前と推定されました）。ホモ・ハビリスは一七〇万年くらい前まで生息し、その少し前にホモ・エレクトゥス（原人）へと進化したようです。ホモ・エレクトゥスからホモ・サピエンスに進化した過程については、新たな発見も多く議論がつづいています。有力な説は、ホモ・サピエンスとホモ・ネアンデルターレンシス（ネアンデルタール人）が、ホモ・エレクトゥスから分かれたホモ・ハイデルベルゲンシスを共通祖先として、六〇万年くらい前から分化したとするものです。

ネアンデルタール人とホモ・サピエンスとの関係については、二一世紀にはいって新たな発見がつづきました。とくに、ネアンデルタール人の化石骨からDNAが抽出されたことによります。分析の結果、現代人が保持しているDNAは大半が約二〇万年前に東アフリカで誕生したホモ・サピエンスに由来するものの、混血により、ネアンデルタール人に由来するDNAもわずかにみられるのです（69ページ参照）。

ホモ・サピエンスは二〇万年ほど前に誕生したとする説が広く認められていますが、この説は、世界中に生きている多くのヒトのミトコンドリアDNAを、アメリカの分子人類学者レベッカ・キャンらが分析した結果に基づいています。分析結果は、ヒトの誕生が二九万〜一四万年前と幅をもって推定されたのですが、エチオピアなどで最近発見された初期のホモ・サピエンスの骨の年代が、二〇万〜一六万年前にさかのぼることが確かめられました。本書では、ヒトの誕生を約二〇万年前として話を進めることにします。

キャンらの研究以来、すべてのヒトが共通するただ一つの祖先DNAにたどりつけることから、その共通祖先はよく「ミトコンドリア・イヴ」とよばれます。しかし、このことはヒトの祖先としてただ一人の「イヴ」が存在したことを意味するのではありません。「イヴ」の本体は、「ヒトの系統樹」ではなく「遺伝子の系統樹」なのです。この「遺伝子の系統」をもった祖先の数については分かりません。ただし、世代を超えて子孫を残しつづけるには、少なくとも二〇〇〇〜三〇〇〇人の核になる祖先集団が必要だったと推察されます。

直立二足歩行と脳の大型化

人類の最も基本的な特徴は、二足で直立し歩行することです。アウストラロピテクス属やそれ以前の人類も、常習的に直立二足歩行をしていましたが、ホモ・ハビリスになってその完成度が増したと考えられています。前肢（腕と手）が歩行から解放され、器用な動作ができることに触発され、ヒト属のメンバーは複雑な行動をとり高度な文化を創りだすようになりました。

ヒトの進化が特異なことは、多くの形態や生理学的な機能にみられますが、脳の大きさもその

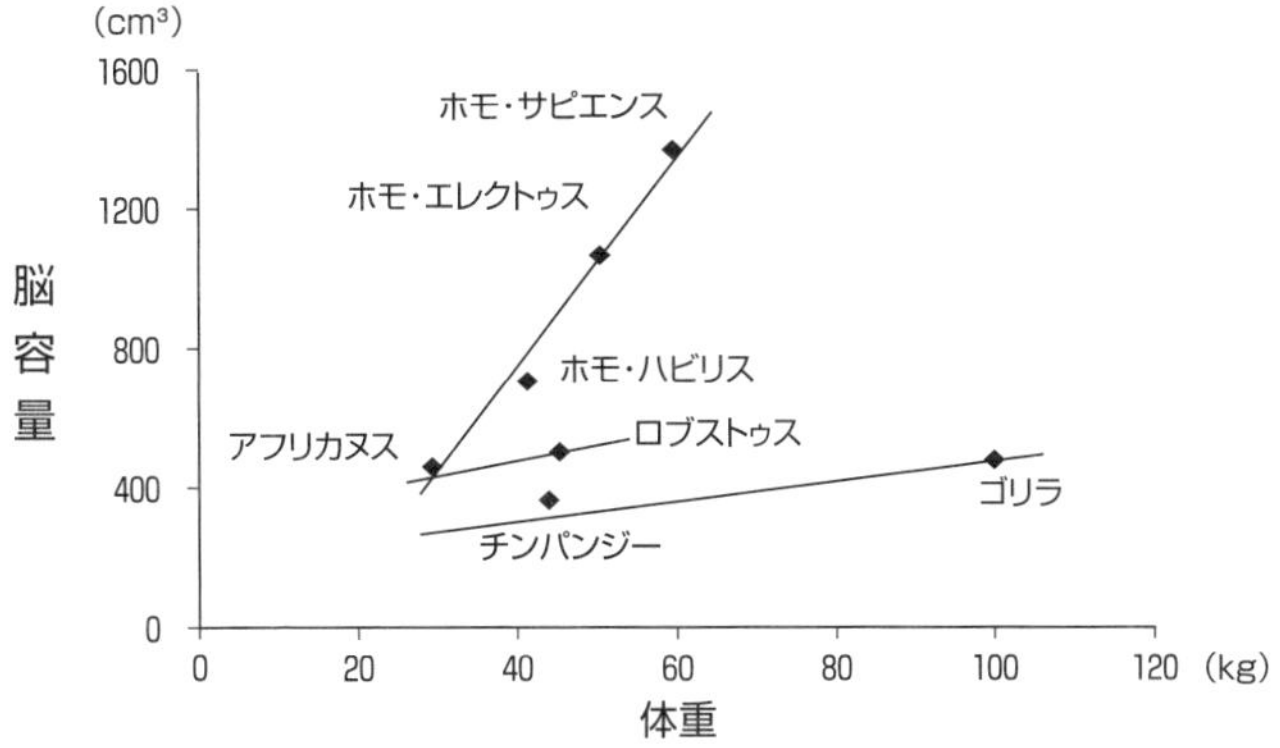

【図 1-2】人類と類人猿の体重(kg)と脳容量(cm³)。アフリカヌスはアウストラロピテクス・アフリカヌス、ロブストゥスはアウストラロピテクス・ロブストゥス。

一つです。動物の脳の大きさは体の大きさにも規定されるのですが、【図1－2】に示される脳容量と体重の関係からわかるように、特異的な脳の大型化が、絶滅したアウストラロピテクス属にはみられずホモ属だけに起きたのです。

未熟児性

人類が直立二足歩行することは、身体の特徴や行動の特徴に深くかかわっています。ヒトの赤ん坊は、頭・胴・腕・脚のプロポーションが親と異なり、とくに頭が大きく脚が短いことが目につきます。類人猿とは異なり、未熟な状態で生まれるのです。親のように歩行できず、親にしがみつくこともできません。自分の姿勢を保つことも困難で、このような状態が一年近くもつづきます。生後間もない類人猿の赤ん坊が、移動のときに自力で母親にしっかりしがみつくのとは大違いです。

母親から生まれるときのヒトの赤ん坊の頭は大きい

のです。スイスの動物学者アドルフ・ポルトマンらが指摘しているように、ヒトの赤ん坊が類人猿の赤ん坊と同じ発育段階で生まれるには、少なくとも一〜二年長く胎内にとどまる必要があります。しかし、そのように大きくなった頭の胎児をとおす産道をもつ骨盤は、直立姿勢をとるために不可能と考えられています。

ヒトの子どもの未熟児性は、出生時にみられるだけではありません。乳歯が生えはじめるのは生後八カ月ころですし、乳歯がそろうのは生後二年半のころです。たとえばチンパンジーの赤ん坊では、これらの時期が生後二カ月および一年と短いのです。ヒトの赤ん坊は固形の離乳食を生後五〜六カ月で与えられるとしても、自ら口に入れるような行動をとれるわけではありません。それに対して、チンパンジーの赤ん坊は生後四〜五カ月で固形の食物を自分で食べるようになります。

その上、コミュニケーションの手段である言葉の理解や、食物の入手が十分にできるまでに数年あるいは一〇年以上もかかるのです。このように長い養育期間が必要なことは、高度な文化を理解するのに役立っています。一方で、母親はもちろん家族や血縁集団・地縁集団が、長期にわたり子どもの養育にかかわらなくてはならないことを意味します。

サバンナへ

人類の祖先が誕生した環境が、森林か、サバンナ（樹木もまばらに生える草原）か、あるいは森林とサバンナの移行帯かについては議論がつづいていますが、アウストラロピテクスの主な生息地がサバンナだったことはまちがいありません。二足歩行という移動様式を発達させた人類には、チンパンジーのように樹上で多くの時間を過ごすのではなく、サバンナのほうが生きていくのに都合がよかったのでしょう。

サバンナでは、強い直射日光を浴びることになります。体毛を減らしたヒトは、皮膚の表面近くにメラニンという色素を大量にもつようになり、暑さへの対応として薄い汗を大量に出すエクリン腺という汗腺を発達させました。もう一つ重要なのは、サバンナでは食物を見つけるためにも長距離の移動が必要なことです。二足歩行は、瞬発的な高速の移動に適さないとしても、エネルギー消費量が少なくてすむので長距離の移動に適しているのです。

ヒトが長距離を二足歩行することの効用は、アフリカのカラハリ砂漠で最近まで狩猟採集生活を送っていたサンの狩猟が示しています（サンの呼称についてはさまざまな議論があり、かつて用いられていたブッシュマンのほうが適切との意見も多くみられます）。サンの社会で一九六〇年代から調査を行ってきた田中二郎によると、彼らはキリンやエランド（ウシの仲間）のような大型動物を見つけるために、一日に優に二〇キロメートルくらい歩き回ります。そして、これらの動物に毒矢を命中させたときは、その動物が倒れるまで、メンバーを交代しながら追跡をつづけるのです。追跡は、三日あるいは四日におよぶこともあるのです。

雑食性

ヒトは植物も動物も摂取する典型的な雑食動物です。霊長類の多くは、昆虫などの小動物を摂取するものの、主として果実などの植物性食物に依存しており、植食性か植食性に近い雑食性といっていいでしょう。類人猿の中では、ゴリラとオランウータンはほぼ完全な植食性です。

よく知られるように、チンパンジーがアカコロブスなどの樹上性のサルを襲い肉食することは、イギリス人の霊長類学者ジェーン・グドールにより最初に観察され、その後も日本人研究者などにより数多く報告されてきました。とはいえ、チンパンジーは頻繁に狩りをするわけでなく、摂取する肉の量はオトナで一年間に一〇キログラムにもならないようです。チンパンジー／ボノボとヒトの共通祖先も、多少の肉食をするとしても果実を主とする植食性だったのでしょう。

雑食性という特徴は、食物を消化吸収する器官の形態や機能にも関係します。ヒトの歯は食物を引き裂くのではなく磨り潰すのに適していますし、胃液は肉食動物のように強酸性ではありません。これらの特徴は、祖先が植食性だったことを反映しているのです。一方で、ヒトの身長に対する腸管の長さの比は約六倍であり、一〇倍以上もある植食動物と三倍程度の肉食動物との中間的なレベルを示しています。

人類が雑食性を強めたのは、サバンナに進出したことに関係しています。サバンナには有用な果実をつける樹木が少なく収穫の季節も限られるため、彼らは野生のイモ類などへの依存度を高めたはずだからです。さらに大きな変化は、動物食への依存度を高めたことです。人類の祖先が進出したアフリカのサバンナは、現在でも動物相が豊かですが、古生物学の研究から、当時はさらに豊かだったことが明らかになっています。

サルの仲間で例外的に肉食性が強いのは、アフリカの中でもサバンナが優勢な環境に生息するサバンナヒヒです。植物性食物が少ないために肉食への依存を高めたサバンナヒヒは、鋭い牙をもつように進化し、高速で走り牙を用いて獲物の動物を殺すのです。それに対して、高速で走ることもできず鋭い牙や歯をもたない人類は、道具の使用を含む狩猟技術を向上させたのです。初期の人類は、肉食動物に殺された動物を横取りするようなことが多かったかもしれませんが、サバンナに適応するなかで動物を捕獲する技術を進化させたのです。

ヒト化

ホミニゼーションとサピエンテーション

ヒト化という言葉は、サルの仲間からヒトに進化した過程を意味する英語のホミニゼーションを訳したもので、三つのステージにわけられます。第一ステージは、中新世（二六〇〇万〜五〇〇万年前）の類人猿から、五〇〇万年以上前に直立二足歩行する人類が出現した時期を指します。第二ステージは、身体が大きくなるとともに脳がとくに大型化し、石器製作などの文化面でも進化したヒト（ホモ）属が出現するまでを指します。

最後の第三ステージは、ホモ・ハビリスなどの初期のヒト属の時代から、約二〇万年前にホモ・サピエンスが誕生するまでを指します。この第三ステージが、サピエンスになる過程という意味で、サピエンテーションとよばれることもあります。サピエンテーションも、日本語に訳すとヒト化になるのでしょう。

ホミニゼーションの第一ステージがきわめて長期にわたったのと対照的に、サピエンテーションともよばれる第三ステージは、ホモ・ハビリスが出現した二四〇万年くらい前からはじまった出来事です。ホミニゼーションの過程では形態に大きな変化が生じたのですが、サピエンテーションの過程は短期間ということもあり、主な変化は形態よりも行動などにみられます。

道具をつかう

アフリカの森林とサバンナという環境を、ヒトが食用にする野生動植物の分布から比較してみましょう。サバンナでは果実をつける樹木が少ないかわりに、地下部に栄養分を貯えるイモ類が多くなります。また、サバンナには大型草食動物が多く生息しています。サバンナでは遠くまで見渡すことができるので、これらの動植物を見つけるのは比較的容易だったかもしれません。しかし、これらの動植物を獲得するのはかんたんではなかったはずです。ヒトの身体は、地面に穴を掘ったり、速く走ったり、動物を殺傷するのに向いていないからです。

イモ類を収穫するには、地面を掘るための掘り棒などの道具が必要だったでしょう。動物の捕獲には、さらに手の込んだ道具、たとえば鋭く尖らせた石器をつけたヤリなどが必要だったはずです。見方を変えると、二〇万年前に今より多くの動物が生息していたアフリカのサバンナで、効率的な狩猟道具さえつくれば動物を大量に捕獲できたでしょう。ずっと後の時代のことですが、オーストラリア、北アメリカ、ニュージーランドなどの新天地へ移住したヒトが、野生動物を絶滅させた数々のエピソードがこのことを如実に示しています（77〜81ページ参照）。

【図 1-3】尖頭器。左と中央が南アフリカのブロンボス遺跡から出土した7万 5000 年前の尖頭器、右が北アメリカ大陸の1万 2000 年前以降の多くの遺跡から出土するクローヴィス型尖頭器の典型的なタイプ。出典：左と中央は Wikipedia :"Blombos Cave"、右は Wikipedia : "Clovis culture"

アフリカのサバンナでは、ヒトの狩猟による野生動物の絶滅という悲劇は起きなかったのですが、大きな関心が寄せられているのは、ヒトが狩猟の技術をいつころからどのように発展させてきたかです。

このことに関係する興味深い発見が、二〇〇四年になされました。アフリカ大陸南端の海岸近くに位置するブロンボス洞窟で、七万五〇〇〇年前と同定された石器が数多く発見されたのです（【図1－3】）。とくに、後の時代に北アメリカ大陸で大量に発見されているクローヴィス型尖頭器と似た尖頭器が注目されます。尖頭器は打製石器のなかでは新しいタイプで、六万～五万年前まで存在しなかったと考えられていたのです。

ブロンボス洞窟での発見は、アフリカ大陸がヒトの石器文化の揺籃の地であったことを強く示しています。

この発見が示唆するのは、少なくとも七万五〇〇〇年前には、ヒトが野生動物を積極的に狩猟し、タンパク質などの栄養素を凝集して含む動物性食物の摂取量を増加させたことです。狩猟技術の向上と肉食の増加は、雑食性というヒトの生物としての特徴を活用し適応力を向上させたといえるでしょう。その上、食用植物がほとんど生育しない寒帯や乾燥帯に、後の時代に進出した際に決定的な役割を果たしたのです。

ヒトにとっての食物

ヒト以外の動物は、チンパンジーなどの類人猿を含め、食物にする動物あるいは植物を入手するとすぐに食べるのがふつうです。それに対して、ヒトは食物をすぐに食べないだけでなく、食べる前に加工をほどこすのがふつうです。最も広くみられる加工法は、食物に熱を加えることです。人類がいつから火を使用しはじめたかははっきりしませんが、中国・北京近郊の周口店の洞窟に残された証拠から、ホモ・エレクトゥス（北京原人）が火を巧みにつかっていたのはまちがいありません。

動物性食物は、ほとんどすべてが加熱してから食べられます。植物性食物も、果実などを除くと加熱するのがふつうです。加熱することはヒトの食生活を豊かにしましたが、最大の効用は、そのままでは食用にならないか、食用になりにくい植物を食物として利用できるようにしたことでしょう。多くのイモ類、穀類、堅果などに含まれるデンプンは、味もよくないし消化もしにくいベータデンプン（βデンプン）なので、加熱してアルファデンプン（αデンプン）に変える必要があるからです。

水さらしという、植物の毒抜きの技術も世界中で広く知られています。多くの植物は、アルカロイドとよばれる植物毒をもっています。アルカロイドとは、窒素原子を含み塩基性を示す天然有機化合物の総称です。アルカロイドを含む代表的な野生植物あるいはその可食部として、熱帯から温帯に広く分布するイモ類やワラビ類（シダ植物）、温帯を中心に分布するドングリ類（クヌギ、カシ、ナラなどの樹木）の種子があげられます。

加熱と水さらしを含む加工の効果は、「消化吸収しやすくすること」「毒を除去すること」「味をよくすること」「保存性を高めること」でしょう。とくに、毒を取り除き消化吸収しやすくしたことで、ヒトは多くの野生植物を食物にしてきました。アメリカの栄養学者で、世界の食糧問題にも深くかかわってきたネヴィン・スクリムショウは、野生食用植物は三〇〇〇種にのぼるだろうと述べています。しかし、世界各地で調査をしている民族植物学者などは、その数はもっと多く一万に達すると考えています。

食物の保存期間は、ヒトにとって死活問題ともいえます。必要とする食物を、毎日のように入手できるとは限らないからです。保存可能期間は、動物より植物で長く、植物のなかでは水分含有量が少ないほど長い傾向がみられます。動植物を乾燥させ水分を減らすことなどにより保存期間は延長されますが、食物の保存期間を大きく左右するのは、気温および湿度に代表される気候条件と、高温多湿の環境を好む微生物の存在です。

地球上を見渡すと、高温多湿な熱帯雨林をはじめとする低緯度地域から、気温が低下する高緯度地域、あるいは乾燥度が増す地域になるほど、食物の長期保存が可能になります。ヒトが誕生の地であるアフリカ大陸にとどまっていた間は、食物の保存期間の大幅な延長は起きなかったとしても、後の時代における寒冷な環境への進出には食物の長期保存が不可欠だったのです。

狩猟採集という生き方

現生狩猟採集民

ヒトは長い間、自然界の動植物だけを食物にして生きてきました。植物の採集、陸生動物の狩猟、水生動物の漁撈だけに依存する人びとは狩猟採集民、そして彼らの社会は狩猟採集社会とよばれます。ホモ・ハビリスが誕生してから約二四〇万年間、ホモ・サピエンスが登場してからでも約二〇万年間のなかで、最後の約一万年間を除くと、私たちの祖先は狩猟採集民として生きてきたのです。

狩猟採集という生き方を知るうえで、最近まで狩猟採集生活を送っていた人びとから貴重な情報が得られています。一九世紀以降、とくに二〇世紀にはいってから、世界中の多くの狩猟採集社会が人類学者などによって調査されてきたからです。

ただし、これらの情報から狩猟採集民の生き方を理解するには注意が必要です。多くの狩猟採集民が調査されたといっても、彼らの居住地は熱帯雨林、乾燥地、寒冷地に限られています。当然のことですが、農耕と家畜飼育が開始されるまで、すべての気候帯に生きていたのは狩猟採集民だけでした。狩猟採集民は、農耕と家畜飼育が開始されてから、徐々に辺境の地に追いやられたのです。そのうえ、調査者が訪れたときには、周囲から隔絶されているかのようにみえる狩猟採集民の社会も、外部から多くの影響を受けさまざまな変質を遂げていたはずです。たとえば、「はじめて発見された」社会といっても、布製品や金属製のナイフなどが用いられていることが多いのです。

とはいえ、多くの興味深い事実が明らかにされてきたのもたしかです。一九六六年にアメリカのシカゴで、"Man the Hunter"(「狩猟民としてのヒト」)と題するシンポジウムが世界中の研究者を集めて開かれ、その成果が、シンポジウムと同じ題名の本としてリチャード・リーとアーヴェン・ドゥボアの編集により刊行されました。リーとドゥボアは、アフリカのカラハリ砂漠にすむ狩猟採集民のサンの調査を行ってきたアメリカの人類学者です。

"Man the Hunter"の冒頭で、編者の一人ドゥボアが「狩猟採集民」を定義するのはむずかしいと述べています。その一例として、南アメリカのアマゾン川流域に、かつては農耕生活を送っていたのに狩猟採集生活に戻った、シリオノとよばれる人びとの存在をあげています。また、イギリスの人類学者ジェームズ・ウッドバーンによると、東アフリカの乾燥地帯にすむ狩猟採集民のハザは、周辺に農耕民や牧畜民がいることを熟知していながら、狩猟採集のほうが安定した生活を送れると認識していたのです。

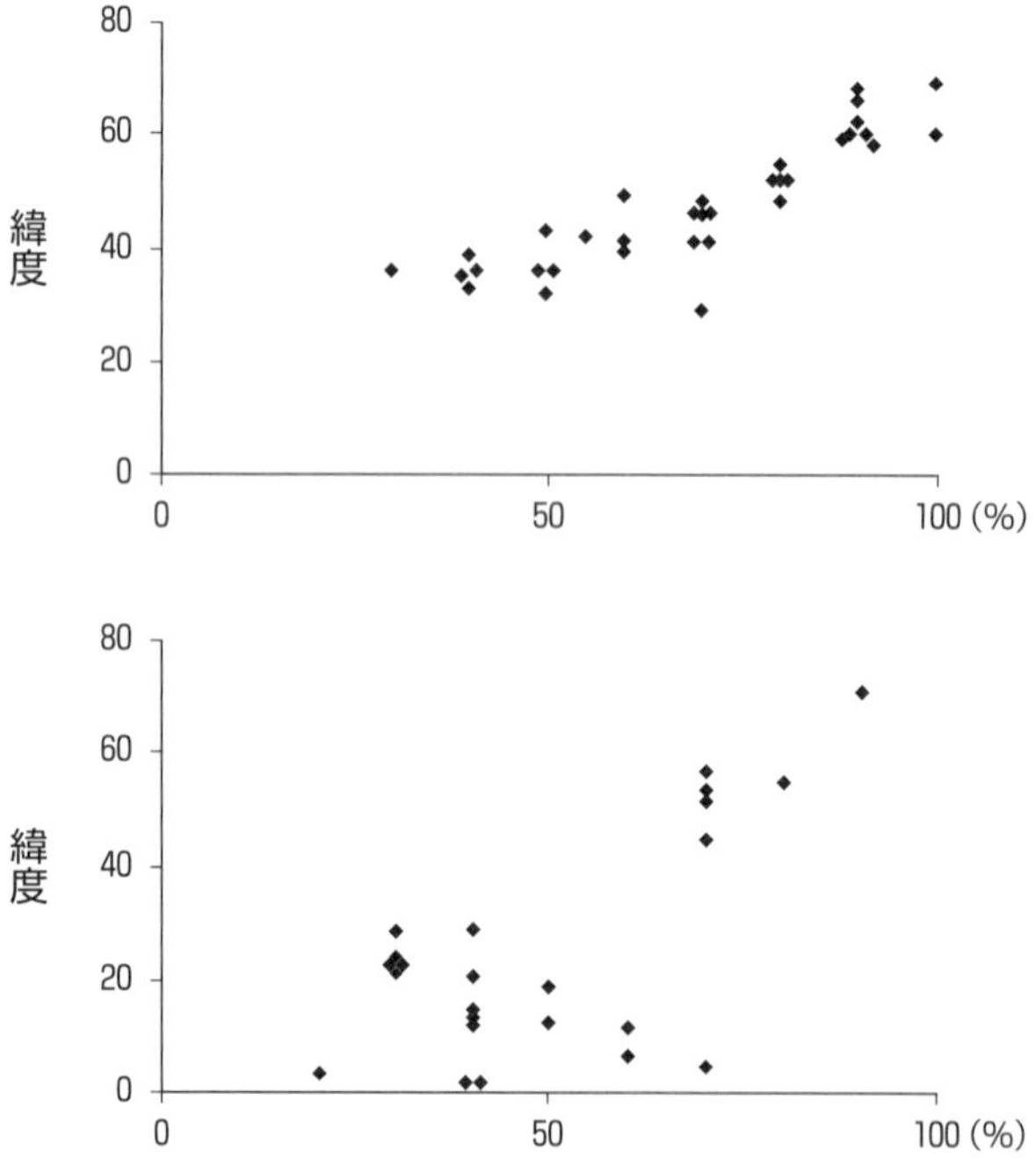

【図 1-4】 狩猟採集民の生息地の緯度（北緯および南緯）と動物性食物への依存度（%）。上が北アメリカ大陸の集団、下がほかの地域の集団。（Lee RB, DeVore I (Eds), 1968, pp 44-8 を基に著者作成）

リチャード・リーが、詳細な情報が得られている五八の狩猟採集社会を対象に、人びとが摂取する食物の割合を、採集・狩猟・漁撈に分けて示しています。五八の集団を地域別にみると、北アメリカが三四と多く、残りはアフリカとアジアが五つずつ、オーストラリアが六つ、南アメリカが八つです。このデータを基に、それぞれの集団が狩猟と漁撈で獲得する食物の割合の合計と、生息地の緯度（北緯あるいは南緯）との関係を示したのが【図1－4】です。この図では、過半数を占める北アメリカの三四集団と、そのほかのアフリカ、アジア、オーストラリア、南アメリカの二四集団が別に示されています。

狩猟と漁撈で獲得される食物が、摂取される動物性食物にほぼ相当します。北アメリカの集団では、生息地の緯度が高くなるほど動物性食物への依存度が高まります。緯度が高くなると気温が低くなり、それにつれて植物相の多様性が低下し食用植物の量も減少するからです。北アメリカ以外の低緯度地域で、動物性食物への依存度の高い集団がみられますが、彼らの居住地は乾燥が厳しい砂漠やステップで植物相が貧弱なのです。

【図1-4】から推測されるのは、かつて地球上の各地に生息していた狩猟採集民たちは、遠い祖先がアフリカで発展させた雑食性のおかげで、生息地の環境条件に合わせ多様な生存戦略をとることができたことです。

食の安定化戦略

狩猟採集民が、生息地の環境から動植物を入手し食生活を安定させる戦略についても、多くのことが知られるようになりました。

地球上の気候帯で、食物の保存に最も不向きなのは高温多湿の熱帯雨林です。しかし、熱帯雨林には多種多様な植物が生育しています。熱帯雨林における戦略は、それぞれの食用植物を収穫期に合わせ、年間をとおして毎日のように採集することです。ヒトの祖先が生息していた熱帯サバンナにも、熱帯雨林ほどではありませんが、多種の植物が生育しています。

たとえば、年平均雨量が四〇〇ミリメートルのカラハリ砂漠のカデ地域にすむ狩猟採集民のサンは、田中二郎によると、少なくとも八〇種類を超える植物を食用にしています。彼らは、これらの植物のうち、メロン、漿果《しょうか》、根茎などの一一種類の植物を価値が高いと認識しています。その基準は、「豊富に存在する」「採集・運搬が容易である」「おいしい」「栄養分に富む」を同時に満たすことです。たとえば、通年食べることができる根茎類も、ほかに「おいしい」植物が「豊富に存在する」季節には価値が低くなるのです。彼らは、一年のどの時期にも、価値の高い三〜五種類の植物を採集することで、食生活を安定させているのです。

緯度が高くなるにつれて、植物の種数、とくに食用になる植物の種数が減少します。このことが、高緯度になるほど動物性食物への依存度が高まる理由ですが、温帯には堅果が大量に収穫できるドングリ類などが生育しています。また、温帯では熱帯に比べると食物の保存がしやすくなります。

北アメリカでは、多くのアメリンディアン（アメリカ・インディアン）の社会が調査されました。それらの報告で強調されているのは、ドングリ類は収穫期が限られるものの大量に収穫でき、収穫後に長期にわたって保存できることです。たとえば、カリフォルニア州にすむアメリンディアンを調査した人口考古学者のマーティン・バウムホフは、彼らの人口密度が一平方キロメートルあたり〇・五人未満から二人以上まで多様なのは、ドングリ類の生育密度によることを見出しています。バウムホフが調査したアメリンディアンよりも高い人口密度をもつのは、ドングリ類だけでなく沿岸や河川で魚類も豊富に入手できる、ヴァンクーヴァー島などの北西海岸にすむクワキウトルやヌートカなどで、彼らの人口密度は一平方キロメートルあたり三人になる場合もあるのです。

温帯より高緯度に分布する植生は、針葉樹が優勢な北方森林帯、そして植物がほとんど生育しないツンドラで、人びとの植物性食物の摂取量が大きく減少します。彼らは、大群で移動するカリブー（トナカイ）などの陸生動物や、季節的に回遊してくるサケ・マスなどの魚類を大量に捕獲し、氷中に長期間保存することで食物摂取を安定させているのです。なお、カリブーなどの陸生動物に依存する人びとは、動物の群れの季節的な移動に合わせ、彼ら自身も夏と冬で居住地を変えることがよくみられるのに対し、回遊魚に依存する人びとは、魚類が遡上してくる河口近くに集落をつくることが多いようです。

このように、狩猟採集民はそれぞれの生息地の条件に合う適応戦略をとるのですが、入手可能な野生動植物の量がコミュニティ（地域社会）のサイズや人口密度を強く規定します。"Man the Hunter" シンポジウムで取り上げられたほとんどの集団で、コミュニティのサイズは五〇人程度、人口密度は一平方キロメートルあたり〇・〇〇四人から〇・一人でした。

性による分業

ヒトの子どもは、離乳後も長期にわたり両親などから食物を与えられ生きています。霊長類の中で、離乳後のコドモに食物を頻繁に与えるのはヒトだけです。野生チンパンジーのハハオヤが、離乳後のコドモに食物を与えることはありますが、頻繁ではありませんし与える量も少ないのです。チンパンジーのハハオヤの行動は、与える食物が食べられるものであることをコドモに教えるためであろうと考えられています。

親から子どもへ食物が与えられること以外にも、ヒトの場合には、入手された食物が摂取されるまでに分配・贈与・交換されることが多いのです。このことも、チンパンジーをはじめとする類人猿とは大違いです。離乳後の類人猿のコドモは雌雄にかかわらず、それぞれがオトナと同じように食物を獲得します。食物の分配・交換・贈与という行為は、ヒトに独特に発達した分業と表裏一体の関係にあります。

一九三〇年代から、ジョージ・ピーター・マードックを中心とするアメリカのイェール大学の人類学者らが、通文化的比較研究をはじめました。これは、世界中の多くの民族のさまざまな特徴を網羅的に比較する試みで、実際に九〇〇近い民族の情報が集められました。この研究で明らかにされたことの一つは、知られているすべての社会で性による分業がみられ、狩猟採集社会では狩猟を男性が行い採集を女性が中心になって行うことです。

植物の採集と動物の狩猟は、行動からみると対照的です。採集の主たる対象が移動することのない植物なのに、狩猟が対象にする動物は移動するために所在を知ることさえ困難なことです。採集はローリスク・ハイリターン、すなわち収穫が確実に見込めるだけでなく、活動あたりの収穫量が多いのです。それに対し、狩猟はまれに大きな収穫をもたらすことはあるとしても、採集に比べるとハイリスク・ローリターンなのです。

植物性食物がほとんど利用できないツンドラなどを別にすれば、狩猟採集民は植物性食物の採集によって食生活の安定を図っています。しかし同時に、植物性食物が安定的に入手できる場合でも、狩猟あるいは漁撈によって動物性食物を入手することに執着しています。それは動物性食物が美味だからでしょう。さらに、動物性食物を摂取することは身体の発育や活動性を高めるのに役立つのです。

類人猿ではみられない性による分業がなされる理由について、多くの議論がなされてきました。狩猟は、エネルギー消費量が多く、遠方まででかけることも多く、身体への危険がともなうのが特徴です。そのため、筋肉量が多く体力に勝る男性が狩猟に向いており、妊娠・出産・育児に多くの時間をつかう女性は狩猟に向かないと、多くの社会で認められてきたようです。

性による分業が、いつごろはじまったかを明らかにするのは不可能でしょう。しかし、人類の祖先がアフリカのサバンナという環境に適応する過程で徐々に発達し、約二〇万年前にヒトが誕生したときには十分に機能していたと考えられます。発見された狩猟用の石器の進化などから推測すると、性による分業は、環境への適応力を高めるなかで強められた可能性が高いのです。

ヒトの社会性

通文化的比較研究によって、性による分業以外にも、核家族とコミュニティが、知られているすべての社会に存在することが明らかにされました。核家族とは、一夫一妻の夫婦と未婚の子どもからなる家族を指します。一夫多妻婚や一妻多夫婚が認められている社会でも、核家族が普遍的にみられることを意味します。

コミュニティとは、農耕社会では固定した集落を指すのがふつうですが、狩猟採集社会に一般的なのは、キャンプ地を頻繁に移動するものでバンドとよばれます。バンドのメンバーは親族（血縁）関係で結ばれ、その人口は五〇人くらいの場合が多いのです。人口が多すぎると、十分に食物を入手できない可能性が高まるためと考えられます。なお、五〇人というサイズはチンパンジーの群れのサイズとほぼ同じです。

現生する狩猟採集民の調査から、コミュニティがもつ役割についても多くのことが知られてきました。たとえば、日常の食物の入手のすべてを性による分業だけでまかなうのは困難なのです。とくに、獲物の捕獲がむずかしい狩猟をめぐり、コミュニティとして二つの対処法がとられることが知られています。

一つは、速く走る動物や大型動物を入手するために、獲物を追いたてる者と待ち伏せて捕獲する者などにわかれて協働する集団猟を行うことです。集団猟の場合には、獲物は全員で分配されるのがふつうです。もう一つの対処法は、狩猟による獲物の入手の不安定性を解消するために、捕獲された獲物をコミュニティのメンバー間で贈与し合うことです。このような贈与あるいは分配のシステムは、高齢者の家族や病気や怪我をこうむった成員の家族にとって、動物性食物を入手する重要な手段になりますし、長期的にみれば、コミュニティのすべてのメンバーに動物性食物の摂取を保証することになるのです。

「豊かな」社会

狩猟採集民の適応をめぐって、さまざまな考えが提出されてきました。その一つとして、アメリカの人類学者マーシャル・サーリンズが、狩猟採集民や原初的な農耕民は「労働に多くの時間を使わない」「マンパワーを最大限には使わない」「資源をぎりぎりまで使わない」という意味で、「豊かな」社会と表現しました。サーリンズは、カラハリ砂漠にすむサンの一日の労働時間が平均すると三〜四時間との報告、一九五〇年代に調査された、オーストラリア北部のアーネムランドにすむオーストラリア人（アボリジニ）も、狩猟や採集を毎日行うのではなく、一日平均の労働時間が四時間にもならないとの報告に着目したのです。

しかし、見方を変えれば、狩猟採集民が労働時間、マンパワー、資源のどれもぎりぎりまで使用しないのは当然ともいえます。彼らは、小さな独立性の高い社会で暮らしているので、異常気候などに襲われても自分たちだけで対応しなければならないからです。

一〇年に一度とか、数十年に一度の異常気候のような出来事は、遠い過去にも起きたでしょう。熱帯から温帯にかけて起きる異常気候は、低温だけでなく乾燥によることも多いようです。果実などの野生植物の可食部の生育不良、さらには飲料水の不足などが報告されてきました。

一方で、熱帯にすむ狩猟採集民の異常気候への抵抗力が強いことも報告されています。東アフリカの狩猟採集民ハザを調査したウッドバーンは、調査期間中（一九五〇年代末から一九六〇年代まで）に起きた異常乾燥のとき、ハザはふだんは食べない植物を食べて飢餓を避けたのに、周辺の農耕民は深刻な食糧不足に陥ったと報告しています。ウッドバーンの見解につけ加えれば、狩猟採集民の人口密度が農耕民に比べて低いことも、飢餓への抵抗力が強い理由なのでしょう。

食用にする動植物の種類が少ない温帯や寒帯にすむ狩猟採集民のほうが、異常気候などの環境異変への対応がむずかしいかもしれません。ドングリ類が実をつけないとか、カリブーやサケ・マスなどが通年と異なり移動・回遊してこないと、代替する食物が限られるからです。エスキモーやイヌイットの民話に、飢饉に遭遇するテーマが多いのはこのためかもしれません。とはいえ、食糧難に遭遇したときに、通常は摂取しない小動物などを捕獲して生き延びた逸話も多く残されており、人命を奪った飢餓などが起きた頻度について信頼できる情報が得られているわけではありません。

適応を測る

生物適応と文化適応

適応とは、生物が生息（生育）地の環境の中で、自己の生存および子孫の繁殖につごうよい形態、生理機能、行動などの特性をもつこと、あるいはこれらの特性が遺伝子に組み込まれることを意味します。適応的であるとは、生物が世代を越えて十分な数の子孫を残し、種として生存しつづけることともいえます。

ヒトの適応には、ほかの生物の適応と異なる特徴があります。それは、ヒトが文化をもつことにより、生物としての適応を修飾していることです。ヒト以外の動物、とくにチンパンジーをはじめとする類人猿も文化をもつのですが、ヒトでは適応にはたす文化の役割がきわだって大きいのです。ヒトの適応については、生物学的な適応と文化的な適応を同時に理解しなければなりません。

最初に、ヒトの温熱環境への適応をとりあげましょう。ヒトの祖先がアフリカのサバンナに適応できたのは、高温にさらされると薄い汗を大量に分泌できるエクリン腺という汗腺を獲得した生物学的な機序によるもので、直射日光にさらされる環境で活発に動き回るのに大きな役割を果たしたはずです。一方で、ヒトが温帯さらには寒帯にまで進出できたのは、衣類や住居を利用する文化適応によるのです。もっとも、寒冷な環境に対する生物的な適応もわずかながら進んでおり、北極圏にすむイヌイットをはじめとする人びとは身体からの放熱が少なくなるよう丸みを帯びた体形になっています。

第二の例として、石器の製作を取り上げましょう。二足歩行を獲得した人類は、歩行から解放された腕と手、とくに手の器用さを著しく高めました。たとえば、石器は時代とともに精巧になり、さまざまなタイプのものが現れました。なかでも、ヤリの先端につけた鋭い刃先をもつ尖頭器は、狩猟効率を格段に高めたのです。事実、アフリカではじめて尖頭器がつくられた八万〜七万年前から、遺跡に残された大型動物の骨が増加しています。大型動物の捕獲は、複数の人びとの協業をはじめ、社会の進化が起きたことをも意味します。狩猟にみられる文化適応が、ヒトの肉の摂取量を増し栄養状態の向上をもたらしたのです。

第三の例は、家畜飼育にともなって起きたと考えられる遺伝特性の変化です。ヒトは元来、乳児期を過ぎると乳糖（ラクトース）を分解するラクターゼの活性が低下し、生乳を十分に消化できません。ところが、古くからウシを飼育する文化をもつアフリカの牧畜民やヨーロッパ人では、成人になってもラクターゼ活性が低下しない遺伝特性をもつ者の割合が高いのです。イタリア出身の人類遺伝学者キャバリ＝スフォーツァらが推察したように、ウシを飼育した集団で遺伝子突然変異が起き、この突然変異遺伝子をもったヒトの生存力が高まり次世代に残す子どもの数も増えた結果、遺伝子頻度が上昇したと考えられるのです。

ダーウィン適応度

適応度という、適応の度合いをあらわす指標があります。適応度は、進化論を提唱したチャールズ・ダーウィンにちなみ、ダーウィン適応度ともよばれます。それは、親の一個体あたりが残す子どものうち、生殖年齢まで生存した者の数を指します。生まれた子どもが生殖年齢に達する前に死亡すれば、世代間での生命の継続にかかわらないため除外されるのです。一人の女性（あるいは男性）にとって、一生の間につくった女児（あるいは男児）で生殖年齢まで生き延びたのが一人ならば、世代間で個体数は変化しません。一人を超せば、その程度が大きいほど適応的と考えるのです。

ダーウィン適応度は、遺伝子型にあてはめるのがふつうです。成人になってもラクターゼ活性が低下せず乳糖を消化できる、乳糖耐性遺伝子とよばれる突然変異遺伝子を例に、キャバリ＝スフォーツァらが推定したダーウィン適応度について紹介しましょう。キャバリ＝スフォーツァは、乳糖耐性遺伝子の突然変異が起きたのが九〇〇〇年前、その時の乳糖耐性遺伝子の集団内での頻度を〇・〇〇一％（一〇万人あたり一人に相当）、乳糖耐性をもつ現代ヨーロッパ人の割合を七五％と仮定して、乳糖耐性遺伝子が乳糖非耐性遺伝子に比べ、ダーウィン適応度がどれだけ高いかを計算したのです。

乳糖耐性遺伝子は優性遺伝子のため、集団内の遺伝子頻度が五〇％ならば、乳糖耐性をもつ者の割合は七五％になります。したがって、乳糖耐性遺伝子の頻度が九〇〇〇年（三〇〇世代）間に、〇・〇〇一％から五〇％に増加したとして計算されたのです。その結果、乳糖耐性遺伝子のダーウィン適応度は、乳糖非耐性遺伝子のダーウィン適応度より四％高いと推定されました。言い換えると、乳糖耐性遺伝子をもつ個人が次世代に残す子ども（正確には、生殖年齢まで生きる子ども）の数が、乳糖非耐性遺伝子をもつ個人より四％多いことを意味します。

ヒトの適応では、生物適応と文化適応が関連しあっているのですが、この例のように、遺伝子の特性が文化と密接にかかわりながら獲得されることは、遺伝子／文化共進化とよばれます。ヒトは、遺伝子／文化共進化によって多くの特性を獲得してきたのです。

適応指標としての人口指標

ダーウィン適応度では、子どもが生殖年齢に達する前に死亡すると、次世代への遺伝子の伝達にかかわらないので、生まれなかったのとおなじ扱いになります。この考え方と同じ発想に基づく指標が、人口分析でも用いられます。女性（母親）一人あたりが一生の間に出産した女児のうち、出産時の母親の年齢まで生き延びた者の数に着目するのです。この値が純再生産率とよばれ、

指標	定義・求め方（単位）	現在の日本の値＃
粗死亡率	［１年間の死亡数］／［人口］（パーミル）	9
粗出生率	［１年間の出生数］／［人口］（パーミル）	9
人口増加率＊	［１年間の人口増加数］／［人口］（パーセント）	0.06（−0.1）
平均寿命	出生時における平均生存年数（年または歳）	82.7（男女込み）
合計出生率	15〜49歳の女性の年齢別出生率の総和（人）	1.34

【表 1-1】本書で用いられる主な人口指標（参考のため、現在の日本の値を記載）。
＃国連人口部による 2005-2010 年の値。
＊人口移出入を考慮せず粗出生率から粗死亡率を引いた値は自然増加率とよばれる。「現在の日本の値」で、人口移出入を含む人口増加率は 0.06、自然増加率は −0.1。本書において、複数年にわたる人口変化から年平均人口増加率を求めるには、期首の人口から期末の人口までの変化を下記の指数関数にあてはめ１年あたりの増加率とした。$r/n = \ln(P_E/P_0)$。r が年人口増加率、n が年数、ln が自然対数の底、P_0 が期首の人口、P_E が期末の人口。

一ならば世代間で人口が増減しないことを意味します。

ここで、純再生産率とともに、本書で用いる出生・死亡・人口増加にかかわる人口指標を紹介します（【表１－１】）。この表には、これらの指標の現在の日本の値が参考のために示されています。

最も馴染み深いのが、粗死亡率（あるいは普通死亡率）、粗出生率（普通出生率）、人口増加率でしょう。粗死亡率と粗出生率とは、分子に一年間における死亡数あるいは出生数をとり、分母に人口をとったもので、一〇〇〇倍して千分率（パーミル）で表されます。分母の人口には、一年の中央にあたる年央日（七月一日）の人口が適しています。粗出生率から粗死亡率を引いた値が人口増加率で、％で表されます（厳密には、粗出生率から粗死亡率を引いた値は「自然増加率」とよばれ、人口増加率は人口移出入を含めて求められます）。

粗死亡率も粗出生率も、対象とする集団の年齢構造に影響されます。粗死亡率は死亡する確率が高い高齢者が多い集団で高くなり、粗出生率は再生産年齢の者が多い集団で高くなります。日本における粗死亡率の変化を例にとると、戦後の一九五〇年における一〇・九（パーミル）から低下をつづけ、一九八〇年前後に最低の約六になってからは上昇に転じたのです（220ページの【図5－6】参照）。一九八〇年ころまでの低下は適応状態がよくなったことの反映なのですが、その後の上昇は適応状態が悪化したからではなく、高齢者が集団内で多くなったために起きているのです。

死亡の指標で、年齢構造の影響を受けないのは平均余命です。平均余命は、生命表から求められます。生命表とは、ある一年間に実際に起きた年齢別死亡率に基いて各歳の死亡が起き、最終的に全員が死亡する過程をモデルとして表したものです。平均余命とは、それぞれの年齢における、それ以降の平均的な生存年数のことです。生命表を図示した生存曲線を用いると、ある年齢における平均余命は、その年齢から右に延びる最高年齢までの生存延べ年数を一人あたりにした値です（49ページの【図1－5】参照）。平均寿命とは、出生時（〇歳）平均余命のことなのです。

粗出生率も、年齢構造の影響を受けるのは当然です。年齢構造の影響を受けない指標は年齢別出生率とよばれ、再生産年齢（一五歳から四九歳）の各年齢の女性の一年間における平均出産数を指します。一五歳から四九歳までの各歳の年齢別出生率を加えたものが合計出生率（あるいは合計特殊出生率）とよばれ、出生率の水準を最もよく表す指標になります。合計出生率は、新聞などでもよく取り上げられる、「女性が一生に産む子どもの数」と表現されるものです。

合計出生率から純再生産率を計算することもできます。合計出生率の分子にあたる出生数を女児だけにし、女児の中で平均出生年齢に達する前に死亡する者を除くため、女児の出生数に女児がその年齢まで生き延びる確率を掛け合わせるのです。このようにして求めた純再生産率が一ならば、人口が増減しないことを意味します。一般に、純再生産率が一になる合計出生率は二・〇五〜二・一〇といわれますが、もちろん、出生した子ども（女児）の死亡率によって変わります。たとえば、一五歳までに半数が死亡するような社会の場合には、合計出生率が四以上でないと人口が減少することになります。

「女性が一生に産む子どもの数」である合計出生率は、対象とする集団で一年間に起きた女性の年齢別出生率を足し合わせて求められます。一方で、統計資料が整っていない集団、とくに研究者がみずからデータを収集するような小集団では、女性が実際に生涯にわたって出産した総数がよく用いられます。この値が生涯出産数あるいは完結出生力とよばれます。合計出生率と生涯出産数は、データの入手と分析の方法がまったく異なりますが、「女性が一生に産む子どもの数」を求めている点では同じなのです。

適応の評価をめぐって

自然界に生息する生物種の場合、個体数の増減が最もわかりやすい適応を評価する指標です。たとえば、生態系のなかで同じようなニッチ（生態的地位）を占める種の間では、より適応的な種が個体数を増やします。より適応的でない種は、個体数を減らし極端な場合には絶滅します。

ホモ・サピエンスも、二〇万年ほど前にアフリカで誕生してから、同じ時代に生きていたほかのヒト（ホモ）属と生存競争をしたかもしれません。最近の研究によれば、ヨーロッパでは五万年くらい前から、ネアンデルタール人（ホモ・ネアンデルターレンシス）と争ったのはまちがいなさそうです。ホモ・サピエンスは、道具、行動、社会、コミュニケーションなどの文化適応で優れ、種間競争に勝ちながら人口を増加させたのです。

ヒトは誕生以来、人口（個体数）を増加しつづけてきたので、生物学的には適応的であったといえます。しかし、ヒトの適応に、生物適応の側面と文化適応の側面があることからも暗示されるように、ヒトの適応を人口の増加という生物学的な基準だけから評価するのは不適切でしょう。とくに、農耕と家畜飼育の発明、産業革命、科学技術革命を達成し人口を爆発的に増加させたことが、自然生態系を含む地球システムの劣化をも引き起こしているからです。

ヒトが誕生して以来の長い歴史を、出生・死亡・移住に焦点をあて明らかにする本書の目的は、ヒトの適応とは何かを問うことでもあるのです。

出生と死亡からみるヒト

過去の出生と死亡に迫る

ヒトが誕生してから約二〇万年が過ぎました。一世代を二五年とすると八〇〇〇回ほど、三〇年とすると六七〇〇回ほどの世代交代があったことになります。その大半の期間、ヒトは農耕も家畜飼育も行わず、野生動植物だけを摂取しながら自然界の一員として生きていたのです。

狩猟採集民としてのヒトの出生と死亡のパターンは、どのようなものだったのでしょうか。この興味深い疑問に明確に答えるのは不可能です。しかし、さまざまなアプローチからの挑戦がつづき、その輪郭がだんだんと明らかになってきました。主たるアプローチは、発掘された古人骨の研究、現生する狩猟採集民や農耕民などの調査、類人猿とくにチンパンジーの出生・死亡パターンとの比較です。

古人骨からの情報

発掘される人骨は、過去に生きていたヒトの最も確実な証拠です。それぞれの個人が「生きていた」状況が刻み込まれているからです。古人骨を研究している片山一道は、人骨からわかる個体レベルの情報として、「性」「年齢」「身長・体のプロポーション」に加え、「疾患歴」「死亡原因」「出産歴（女性のみ）」などをあげています。

このように書くと、人骨が発見されれば死亡年齢や死因などはかんたんにわかると思われるかもしれません。しかし、片山自身が強調しているように、人骨から十分な情報が得られるのは、多くの部位の骨が理想的な保存状態でみつかる場合です。実際には、そのようなことはまれで、とくに数千年前とか数万年前の骨の場合には、保存状態がよくないうえに、発掘されるのが頭骨の一片とか数本の歯だけのことがふつうなのです。

骨に独特の痕跡を残す病気があります。骨性の結核、ハンセン病、壊血病、くる病、梅毒などです。とはいえ、人骨の保存状態がよくても、単一の病名を特定できるとは限らないのです。たとえば、重篤な梅毒に罹患すると頭蓋骨に小さな孔が多く残るのですが、似た症状はスピロヘータ科の細菌によるほかの病気でもみられるからです。

しかし、数多くの人骨が発見されると、集団レベルでの生前の病歴や健康状態を推測しやすくなります。たとえば北アメリカでは、遊動的な生活を送っていた狩猟採集民から定住した農耕民まで、アメリンディアンの人骨が数多く発掘されています。ケンタッキー州でみつかった人骨を分析した古病理学者のクレア・キャシディは、五五〇〇〜四〇〇〇年前の狩猟採集民よりも四五〇〇〜三五〇〇年前の農耕民で、タンパク質やビタミン類の欠乏に由来する壊血病、梅毒、くる病などが増加していることを見出し、食物を農作物に依存するようになったことが原因と指摘しています。

死亡年齢の推定は、成長にともなって起きる歯の萌出や骨の変化に基づいてなされます。骨の変化では、成長の過程で多くの小骨が接合して形成される頭蓋骨の縫合の度合いや、三つの骨が癒合して形成される寛骨（骨盤の大部分）の形状などが主な対象になります。とはいえ、これらの特徴から年齢を推定するのはむずかしく、良好な保存状態の骨が多くみつかった場合でも、「少年期」「青年期」「壮年期」などに分類されるか、一〇歳くらいの間隔で年齢推定されるのがふつうです。

集団の平均寿命を知るには、ほかにも大きな問題があります。その一つは、発掘される人骨の数が少ないことです。とくに数千年とか一万年以上も前の遺跡から、数十体もの人骨が発見されることはまれで、死亡年齢の分布がわかりにくいのです。もう一つは、小児の骨は成人の骨に比べて残りにくく、石灰岩の洞窟などを除くとほとんどみつからないのです。とはいえ、初期のヒトの平均寿命などを明らかにするには、人骨の死亡年齢に基づく推定が不可欠です。

片山があげた人骨から得られる情報のなかに、出産歴も含まれています。寛骨の上部に「妊娠痕」とよばれる部位があり、妊娠痕の窪みが妊娠回数の増加とともに深くなるのです。ただし、妊娠回数と窪みの深さとの関係には個人差が大きく、妊娠痕からは、妊娠が相対的に多かったか少なかったかを判断できるとしても、出産数を推定するのはむずかしそうです。

死亡の原パターン

ヒトの年齢別死亡率には一定の規則性がみられます。出生直後にきわめて高く、徐々に低下し、一〇歳を過ぎるころから比較的低い率で推移した後、年齢が高くなると再び上昇します。出生時（〇歳）から最高年齢まで変化する年齢別死亡率に基づいてつくられるのが、集団としてのヒトの死亡パターンを表す生命表です。生命表の指標（関数）の一つである年齢別生存率に基づき一〇万あたりの生存数を、出生時（〇歳）から最高年齢まで図示したものが生存曲線です。

旧石器時代に生きていた狩猟採集民の生命表として知られるのは、ハンガリーの生物人類学者のアチャディとネメスケリが作成したものです。彼らは、一万一〇〇〇年以前の北アフリカの二つの遺跡（モロッコのタフォラルト洞窟とアルジェリアのアファァロウ洞窟）から出土したすべての人骨を一つの集団として扱い、推定死亡年齢から男女こみの生命表をつくりあげたのです。この生命表は、人骨が出土した北アフリカの地域名にちなみ、マグレブ・タイプ生命表と名づけられました。

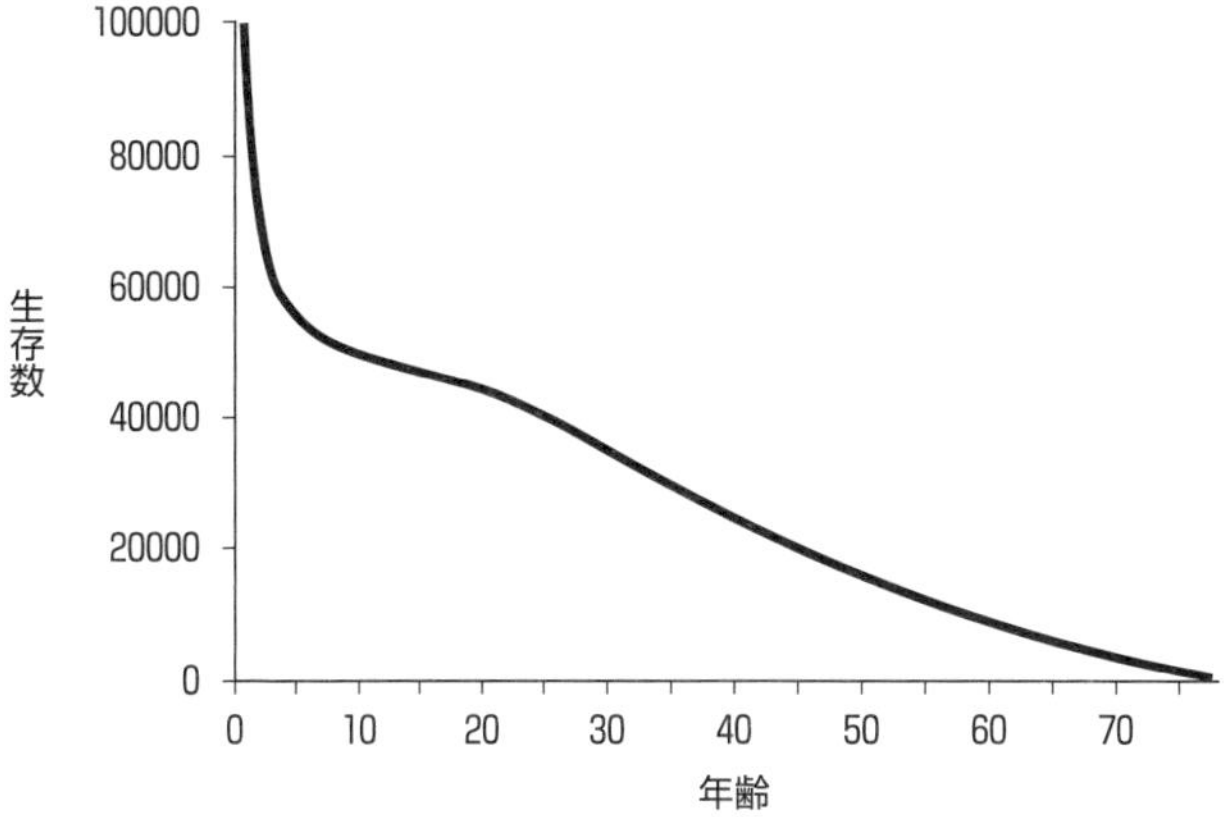

【図1-5】マグレブ・タイプ生命表（男女込み）に基づく生存曲線。
（Hassan FA, 1981, pp 114-5を基に著者作成）

【図1－5】が、マグレブ・タイプ生命表に基づく生存曲線です。いくつかの特徴が読み取れます。第一は、一歳生存率が〇・七七と低いことで、出生直後の高死亡率を反映し生後一年間で四分の一近くが死亡することを示しています。第二は、死亡率はその後三歳ころから急速に低下するものの、一〇歳までに半数以上が死亡することです。第三は、一〇歳ころから二〇歳近くまで年齢別死亡率が最低になりますが、その後は年齢別死亡率に大きな変化はないことです。

これらの特徴をもつマグレブ・タイプ生命表の平均寿命（出生時平均余命）は二一・一年（歳）になります。

現生民からの情報

最近まで現代文明の恩恵を強く受けていない狩猟採集民や農耕民の社会で、出生と死亡にかんする調査が数多く行われてきました。集められたデータは、一般に対象者数が少ないものの信頼性が高いものも多くあります。とくに出生については、古人骨からの情報が限られることもあり、狩猟採集民や農耕民の調査から得られる情報が大きな意味をもっています。

問題は、これらの社会が外部からの影響をどのくらい受けているかです。世界の「辺境の地」にも、研究者より前にキリスト教の宣教師や鉱物資源の探索者などが訪れていることが多く、衣類やナイフをはじめとする鉄製品などが持ち込まれているのがふつうです。さらに、外部から薬などが持ち込まれ死亡率が低下していた地域もあります。逆に、外部から持ち込まれた感染症により死亡率が上昇していた地域もあります。

人口人類学のパイオニアの一人であるモニ・ナグによると、アメリカやオセアニアの先住民の多くの社会では、ヨーロッパ人が持ち込んだ性感染症により出生率の顕著な低下が起きています。しかし、多くの狩猟採集民や焼畑農耕民の社会からの報告は、外部から近代化の影響を受けて死亡率が低下し、人口増加率が上昇したことを示しています。

現生する狩猟採集民や農耕民の調査で、外部からの影響を受ける以前のデータを得る一つの方法は、過去の出生と死亡の情報を聴きだすことです。とくに、再生産年齢を過ぎた女性から、本人の過去の出産歴を聴きとることは有効です。アメリカの生物人類学者ナンシー・ハウエルは、カラハリ砂漠にすむ狩猟採集民クン・サン（サンの一グループ）の社会に長期間住みこみ、再生産年齢を過ぎた女性たちの生涯出産数を明らかにしました。

私自身も、長年調査したパプアニューギニアの狩猟採集農耕民であるギデラ人の社会で、ハウ

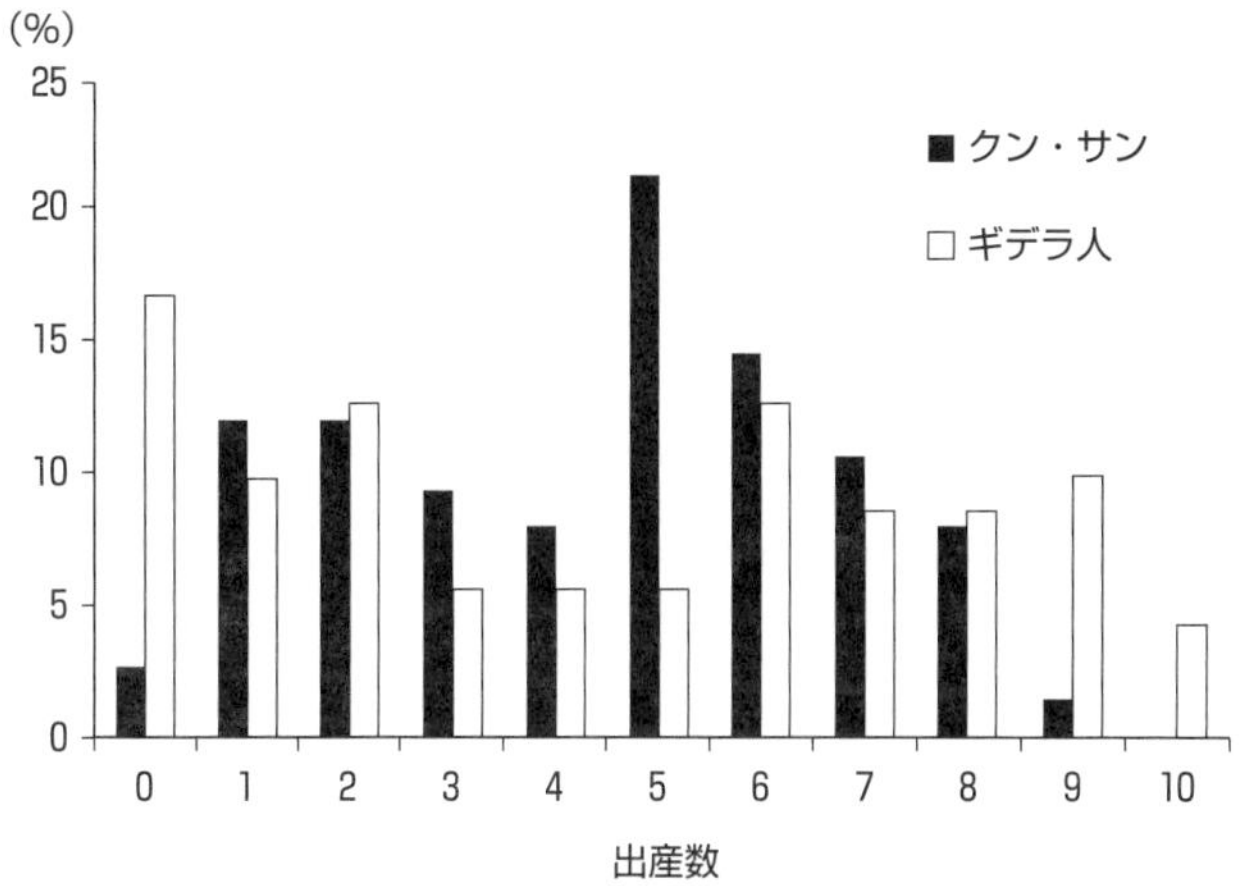

【図1-6】クン・サンとギデラ人女性の生涯出産数に基づく頻度（%）分布。

エルが行ったのとおなじ内容の調査を共同研究者とともに行いました。さらに、ギデラ人全員を対象として三～四世代さかのぼる家系図を作成し、結婚したすべての人びとを記録しました。彼らにとって、出生、死亡、結婚は最大の関心事であり、成人に達した人びとについてはよく記憶されていました。この家系図の資料から、女性一人あたりから生まれ結婚するまで生存した女児の数を明らかにすることができました。

出生の原パターン

ナンシー・ハウエルが調査したクン・サンと私が調査したギデラ人で、生涯出産数を聴き出した女性の数はそれぞれ七五名と七一名でした。その結果から、生涯出産数の頻度分布を示したのが【図1－6】です。分布の形に違いがみられますが、二つの重要な点が共通しています。第一は、女性一人あたりの生涯出産数の平均値が近似し、クン・サンで

女性（母親）		結婚まで生存した子ども数		「女子」／「母親」	年平均人口増加率(%)
推定出生年	人数	男子	女子		
1880年以前	176	186	184	1.046	0.20
1880-1900年	211	228	217	1.028	0.12
1900-1920年	266	283	282	1.060	0.26
合計	653	697	683	1.046	0.20

【表1-2】ギデラ人の女性の世代間の置き換わり率と年平均人口増加率の推定値。「女子」／「母親」が女性の世代間の置き換わり率であり、年平均人口増加率は平均世代間隔（平均出産年齢に近似する）を22.5年と仮定した場合の推定値。

四・四一、ギデラ人で四・三七と、ほぼ四・四になることです。第二は、出産数が〇、すなわち生涯をとおして出産しなかった女性から、九回あるいは一〇回と多く出産した女性まで、広く分布していることです。

生涯出産数から人口増加率を推測するには、出生した女児のうち、母親と置き換わった者だけに着目し、世代間での置き換わり率を求めることになります。家系図をつくることができたギデラ人については、再生産年齢を過ぎた女性（既に死亡した女性が多い）から次世代の女性への置き換わり率が明らかにされました（【表1-2】）。母親を出生年で三つのグループに分けましたが、グループ間での置き換わり率の違いは小さく、近代化の影響がほとんどなかったころの人口置き換わり率は一・〇四六と推定されました。平均世代間隔を二二・五年と仮定すると、年平均人口増加率は約〇・二％になります。

チンパンジーとの比較から

ヒトの出生と死亡の原パターンを知るうえで、類人猿のなかでヒトに最も近縁のチンパンジーとの比較は、興味深いものがあり

	野生チンパンジー	ヒト
成人女性の体重（kg）	31	40
初産年齢（年）	14	19
妊娠期間（年）	0.70	0.75
出産間隔（年）	5	4
授乳期間（年）	4	2
最長生存期間（年）	50	60

【表1-3】野生チンパンジーとヒトの出生・死亡にかかわる特徴。

ます。野生チンパンジーは、人間による捕獲や生息環境の攪乱がなければ、長期にわたり個体数をほぼ一定に維持してきたはずで、それを実現する出生と死亡のパターンを見出せるからです。

霊長類の生態にかんする野外調査は、伊谷純一郎をはじめ日本人研究者が世界をリードしてきました。野生チンパンジーの出生と死亡についても、西田利貞を中心とするグループがタンザニアのマハレ地域で、一九八〇年から一九年間におよぶデータを記録しています。ただし、西田が指摘するように、一九九三年に流行したインフルエンザ様の感染症の影響で死亡率が異常に高かったようです。完全な記録が得られた二六頭のメスの平均生涯出産数は三・八五で、離乳まで生き延びたコドモ数の平均が一・三五と少なかったのです。

ここでは、マハレ地域での観察結果を参照しながらも、ハーヴァード大学のポール・ハーヴェイらの報告などから、野生チンパンジーの出生・死亡にかんする平均的なレベルを用いることにします（【表1-3】）。この表で、チンパンジーとの比較に用いられているヒトのデータは、ナンシー・ハウエルによって得られた狩猟採集民クン・サンのものです。

人口再生産にかかわる項目は、どれもチンパンジーとヒトで似ているものの少しずつ異なっています。最も異なるのは、授乳期間がチンパンジーの四年に対しヒトでは二年と短いことです。ヒトが道具や火を用い食物を消化しやすいように加工し、早い時期から赤ん坊に離乳食を与える影響が大きいと考えられます。授乳中の母親はホルモン作用により妊娠しにくい状態になるので、授乳期間の短縮によりつぎの妊娠の機会が早まるからです。

授乳期間の違いを反映し、出産間隔はヒトで一年ほど短くなっています。一方、初産年齢はチンパンジーのほうが五歳ほど若いのです。したがって、初産年齢で第一子を出産し、平均的な出産間隔にしたがい最終出産年齢まで出産すると仮定すると、チンパンジーでもヒトでも総出産数は六になります。当然のことですが、チンパンジーでもヒトでも四〇歳以前に死亡する個体があり、その分を差し引かなければなりません。マグレブ・タイプ生命表にしたがうと、一六歳に達する者のうち四〇歳まで生存するのは、五二・四%とほぼ半分くらいなのです。これらのことから、チンパンジーでもヒトでも生涯出産数の平均値は四と五の間になるのはまちがいないでしょう。

潜在的な出生力の上昇

出生と死亡の平均値からは分からないのが個人差です。当然のことですが、出生にも死亡にも大きな個人差が存在します。出生についてはクン・サンとギデラ人の女性の生涯出産数の分布、死亡についてはマグレブ・タイプ生命表をみれば一目瞭然でしょう。

とくに注目されるのが出生にみられる個人差で、クン・サンにもギデラ人にもみられるように、生涯出産数が八、九あるいは一〇にもなる個人が存在することです。このような女性は、良好な栄養状態を維持し重篤な病気にもかからなかったのでしょうが、初産年齢が一九歳で最終出産年齢が四〇歳とすれば、出産間隔は二年半かそれ以下だったのです。

そのような短い出産間隔は、四年の授乳期間が必要なチンパンジーでは不可能です。実際、野生チンパンジーでは生涯出産数が五を超えることは少ないようです。しかし興味深いことに、飼育されたチンパンジーでは出産パターンが大きく異なります。二〇一〇年にアメリカ・カンザス州の動物園で、五六歳のチンパンジーが出産し大きなニュースになりました。動物園によると、このチンパンジーには高齢出産を避けるよう避妊薬を与えていたものの、五五歳に達したので避妊薬が不要と考え中止したところ妊娠したとのことです。ちなみに、母子とも健康とのことでした。

ヒトの出産数の増加を引き起こした要因として、出産間隔の短縮とともに初産年齢の低下も指摘されてきました。身体特性と妊娠との関係を研究したアメリカの栄養学者ローズ・フリッシュは、初経（初潮）年齢は暦年齢よりも皮下脂肪層の厚さなどとよく相関することを見出しています。栄養状態がよくなると、初経（初潮）年齢が低下するのです。

カンザス州の動物園のチンパンジーの例は極端としても、イヌ、ネコ、ウシ、ブタなどの家畜動物は、体つきが丸みを帯びるとともに、長寿になり出産数を増す傾向がみられます。家畜として飼育されると、食物を十分に与えられ栄養状態がよくなり、寒さや暑さなどの環境ストレスが軽減されることが主な理由なのです。このような家畜動物にみられる状況は、ヒトの生き方と共通する面が強いため、ヒトは自己家畜化した動物とよばれるのです。

ヒトの多産を可能にする潜在的な出産力が、後に起きる「生き方」の変化とともに顕在化し、人口爆発の遠因になるのです。

出生と死亡の原像

ヒトの出生と死亡の原像についてまとめることにしましょう。ヒトの出生パターンをチンパンジーと比較すると、出産間隔は短いものの初産年齢が高いため、生涯出産数には差がなくほぼ六になります。再生産年齢の間における死亡確率などを考慮すると、実際の平均生涯出産数は四と五の間になり、クン・サンとギデラ人で観察された四・四に近いとみていいでしょう。一方の死亡パターンについては、生後一年間で四分の一近くが死亡し、一〇歳までに半数以上が死亡するマグレブ・タイプ生命表に近いものだったでしょう。

このようなヒトの出生と死亡の「平均的」なレベルが、毎年のようにつづいたとは限りません。たとえば、厳しい異常低温や異常乾燥、感染症の大流行、長期にわたる戦争とそれにともなう社会の混乱などが起きれば、人びとの栄養状態・健康状態は悪化し、死亡率は上がり出生率も下がったでしょう。規模が大きくなくても、さまざまな異常気象、感染症が発症しやすい状況、あるいは社会の不安定化などはしばしば起きた可能性が高く、死亡率にも出生率にも影響したと考えられます。

このような状況に見舞われると、人口は減少したでしょう。しかし、ヒトは人口を増加させる潜在的な出生力をもっており、状況が悪くないときには人口を増加させたはずです。私たちが行うさまざまなアプローチからの推測は、実際には変動していた出生率、死亡率、人口増加率をならした「平均的」なレベルを求めていることが多いのです。

第二章　移住——七万年前＝五〇万人？

地球全域への移住

移住とは

ヒトの移住にはさまざまなタイプがありますが、ここで扱うのは、農耕も家畜飼育もはじまっていなかった時代に生きていた人びとの移住です。

狩猟採集生活を送っていた当時の人びとは、親子・兄弟姉妹などの血縁関係を核とする小さなコミュニティをつくり、食物にする野生動植物や飲み水が入手しやすく、安全が確保できるところをみつけて暮らしていました。夜を過ごすのに、自然の洞窟や奥行きのある岩陰などを好んだでしょう。現生する狩猟採集民の調査からも推察されるように、彼らは自分たちの行動圏の地形、植物の生育場所、動物をみつけやすい場所などを熟知していたにちがいありません。このような日常の行動圏は、ホームレンジとよばれます。

彼らはホームレンジをもっていたとはいえ、そこに作物を植え育てることはありませんでした。

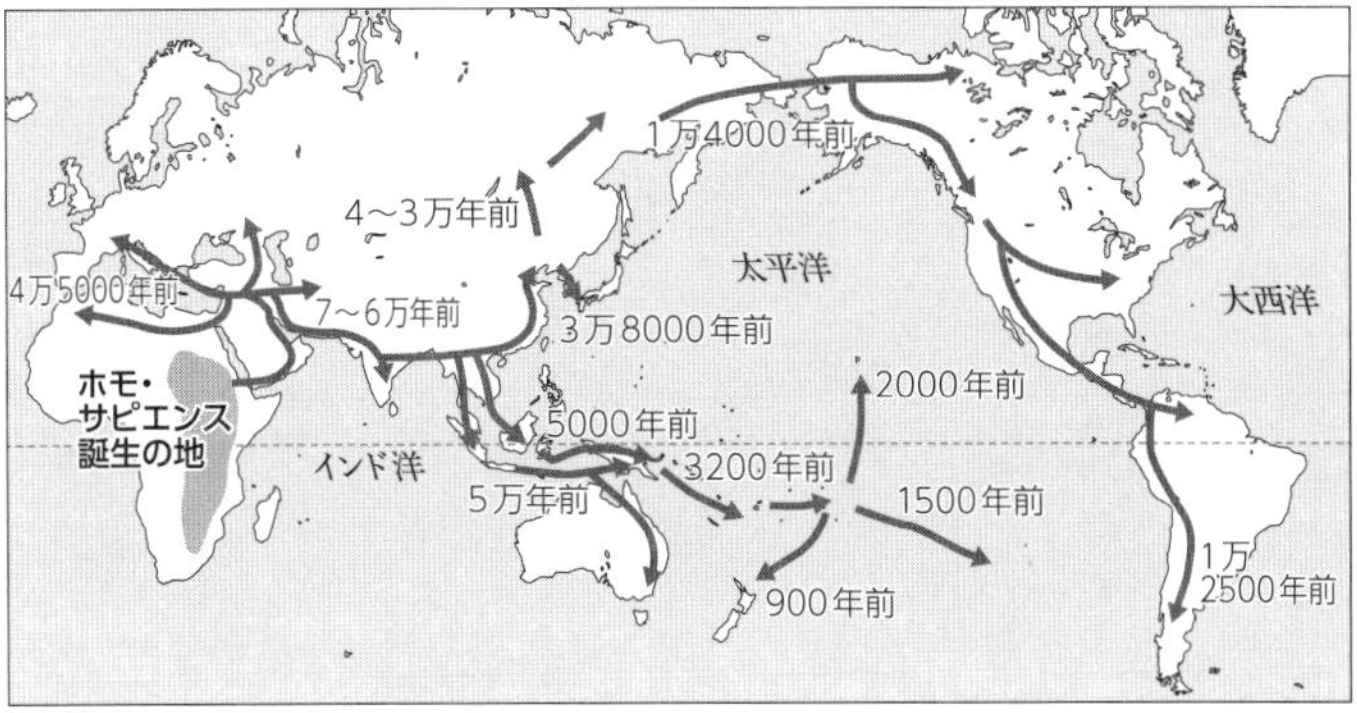

【図 2-1】地球全域への最初期の移住ルート。

ですから、生きていくうえで不都合な状況が生じると、ホームレンジを見捨てることにそれほどの抵抗感はなかったでしょう。たとえば、ホームレンジの中に食用にする動植物が少なくなれば、もっと食物を手に入れやすいところに移動したはずです。あるいは、動植物が減ることはなくても、コミュニティの人口が増え過ぎれば、あるいは増えすぎたと感じれば、成員の一部が移動することになったでしょう。

ところで、私たちは人びとが移住したルートを地図上に描くことがあります。【図２－１】のように、世界地図に移住ルートを示すと全体像が把握しやすくなるからです。問題は、人びとがこれらのルートに沿って毎日のように移動しつづけたと錯覚することです。当時の人びとが東西南北の方位をどの程度理解していたかは分かりませんが、彼らは食物が豊富なところや安全なところを目指したはずで、移動する方向はしばしば変わり元に戻ることもあったでしょう。また、コミュニティの成員の多くが元のホームレンジに残り、一部の成員が新たなホームレンジに移動することもあったでしょう。
とはいえ、地球上に広がっていた無人地帯に最初に到達した移住ルートは、【図2−1】に近いものだったと推測されます。

移住史に迫る

ヒトの移住史の解明は、発掘された人骨や遺跡の年代に基づくのが常道でした。ところが最近では、現生するヒトのDNAを分析し移住史を復元することも進んでいます。このときによく用いられるDNAは、遺伝子の組換えが起きず女性をとおして次世代に伝わるミトコンドリアDNAと、男性をとおして次世代に伝わるY染色体DNAです。組換えが起きないとは、突然変異が起きない限りミトコンドリアDNAが母と娘で、あるいはY染色体DNAが父と息子で完全に同じことを意味します。

ミトコンドリアDNAでもY染色体DNAでも、親から子どもに伝えられるとき、まれに突然変異が起き、変異したDNAが母から娘へ、あるいは父から息子へ伝わります。長い期間に起きた突然変異が蓄積されるので、地球上のすべてのヒトの間で祖先を共有しない限り同じDNAをもつことはほぼ皆無なのです。このことを利用し、遺伝子の家系図ともいえる遺伝子系統樹をつくるのです。

しかし、遺伝子の研究が進んだとはいえ、移住が起きた年代や場所を特定できるわけではありません。遺伝子系統樹の分岐点がどのくらい前にどこで起きたかは、それぞれの遺伝子系統をもつヒトの地理的な分布、各地で発見された人骨や遺物の年代などを総合して推測されます。

年代測定も、新たな方法が開発され精度が増してきました。たとえば、熱ルミネッセンス法は数万〜数十万年前の年代測定に適しています。とはいえ、用いられる遺物の保存状態などのために、年代測定の結果に不確実性はつきものです。その一つの例は、南北アメリカ大陸の古い遺跡の年代に異論が多いことで、ユーラシア大陸からアメリカ大陸への移住の年代や移住ルートに異なる見方を生みだしているのです。

ヒトの移住には、気候条件が深くかかわっています。気候変動は、動植物の分布や生息密度に影響するだけでなく、海水面を上下させヒトの移住可能なルートにも影響するからです。過去の気候を復元する研究は、二〇世紀後半から急速に進み、気温も乾燥度も予想以上に短い周期で変動したことが明らかになってきました。ヒトが誕生してからの二〇万年間で最も温暖だった時期は、一三万〜一二万年前ころと、完新世とよばれる最近の約一万年間です（【図2-2】）。言い換えると、ほとんどの期間は今よりはるかに寒冷だったのです。

「出アフリカ」

世界地図を見ると分かるように、アフリカ大陸東部からユーラシア大陸に進出しやすいルートは二つあります。一つは紅海の北側をとおりシナイ半島に達するもので、もう一つは紅海の南端で海を渡りアラビア半島に達するものです。シナイ半島の先は、現在のヨルダン、イスラエル、パレスチナ自治領、レバノン、シリアを含む、レヴァントとよばれる地域です。一方、アラビア

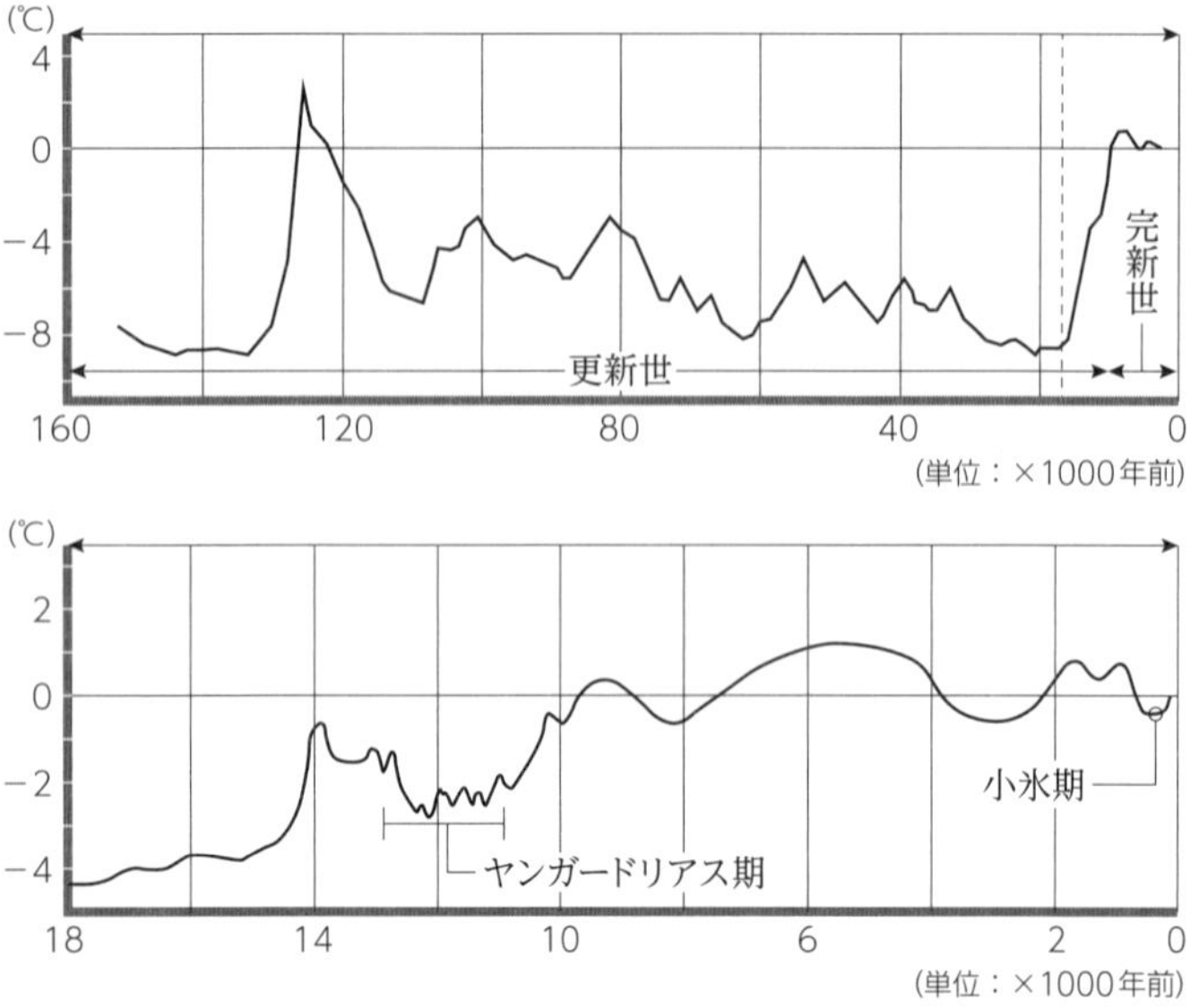

【図 2-2】地球の平均気温（20 世紀の平均値との差）の長期的な変化。
（住明正、1999、pp 54-5 より抜粋し著者作成）

半島の西南部から東へ、そして北に向かうと、ホルムズ海峡の先にペルシャ湾が広がり、その湾奥はティグリス・ユーフラテス川流域のメソポタミアにつながっています。

　メソポタミアからレヴァントにかけての地域は、ナイル川下流域とともに肥沃な三日月地帯とよばれ、ムギ類やピスタチオなどの果実類、ウシの野生種で絶滅したオーロックスやヤギなどの原産地です。西秋良宏らの日本とフランスの共同研究チームがメソポタミアで発掘した、家畜化がはじまった初期にあたる約九五〇〇年前の遺跡からも、ガゼル、ムフロン、ノロバ（ロバの野生種）、ノヤギ、ノウサギなどの骨が大量に発見されています。狩猟採集生活を送っていた人びとにとって、食物に恵まれた地域だったのです。

「出アフリカ」の第一ステップであるユーラシア大陸への進出について、旧来からの古人骨の研究と最近の遺伝子系統樹に基づく研究とで異なる見解が出されています。レヴァントのカフゼー遺跡（現在のイスラエル）で発見されたヒト（ホモ・サピエンス）の頭骨が、九万二〇〇〇年前と同定されたことから、最初の出アフリカは紅海の北側をとおり、移住時期としては温暖だった一二万五〇〇〇年前ころが有力と考えられていました。

ところが、遺伝子系統樹による分析は、レヴァントへの移住者の遺伝子が現在のヨーロッパ人に見出せないことを明らかにしました。さらに、移住元のアフリカの人びとが保持していたはずの約二〇の遺伝子系統のうち、一系統しかアフリカ以外の地域ではみられないため、出アフリカは一度しか起きなかったと推測しています。この推測にしたがうと、カフゼー遺跡を残したのとは別のグループが出アフリカをし、そのグループの末裔が東方のアジアにも西方のヨーロッパにも移住したことになります。

二〇一一年一月の『サイエンス』誌に、出アフリカにかかわる興味深い論文が発表されました。ドイツ人のハンス＝ペーター・ウエルプマンをリーダーとする五カ国の研究者チームが、ペルシャ湾西岸から六〇キロメートル内陸に位置する、アラブ首長国連邦のジェベル・ファヤの岩陰遺跡で、八年におよぶ発掘調査の末に大発見をしたのです。人骨はみつからなかったものの、アフリカだけにみられるタイプの多くの石器が発見され、熱ルミネッセンス法による年代測定の結果、石器の年代が一二万五〇〇〇年前だったのです。

海沿いの環境の利用については、二〇〇〇年の『ネイチャー』誌に興味深い報告が発表されています。アメリカ、フランス、エリトリアの合同チームが、紅海の西岸でエリトリア領の海岸段丘に位置するアブドゥル遺跡で、最終間氷期（一三・一万〜一一・六万年前）の貝塚を発見したのです。この遺跡ではその後も多くの発見があり、最古の貝塚は一二万五〇〇〇年前にさかのぼると考えられています。アブドゥル遺跡における発見は、内湾や河口域の環境で、移動性の低い貝などの動物性食物が古くから利用されていたことを示しています。

ところで、一二万年前ころから地球は寒冷化をはじめました。前述した九万二〇〇〇年前のカフゼー遺跡の周辺を含むレヴァントでは、八万年ほど前から、ネアンデルタール人が残した遺跡だけが発見されています。このことから、寒冷化によりネアンデルタール人が南下してレヴァントに移動し、それまで生息していたホモ・サピエンスはアフリカに戻ったか絶滅したと考えられています。

これらのことから、出アフリカの第一ステップにあたるアフリカ大陸からユーラシア大陸へのルートとして、紅海の南端をとおりアラビア半島を経由した可能性が注目されるようになったのです。このルートがとられたとすれば、アラビア半島に渡った人びとの子孫が、ペルシャ湾岸からティグリス・ユーフラテス川流域のメソポタミアに向かったのは自然でしょう。

その後、出アフリカの第二ステップともいえる、メソポタミアを中心とする西アジアからユーラシア大陸の広域への移住がはじまりました。第二ステップの移住により、アフリカで誕生したヒトが文字どおり汎地球型動物への道を歩みはじめたわけで、第一ステップ以上に関心がもたれてきたのです。その開始は七万〜六万年前と考えられています。

南アジアへ、そしてさらに東へ

ペルシャ湾の入口に位置するホルムズ海峡から東へ、オマーン湾そしてアラビア海の北岸に沿って約一二〇〇キロメートル先には、インダス川が流れ比較的湿潤なインダス平原が広がっています。ペルシャ湾の西に位置するメソポタミアは、ティグリス・ユーフラテス川に沿って乾燥した平原になっています。ホルムズ海峡からの距離は、西のメソポタミアと東のインダス平原でそれほど違いません。

メソポタミアを挟む西のレヴァントと東のインダス平原では、メソポタミアから離れるほど環境の違いが大きくなります。レヴァントは乾燥地や山地が多いのに対し、インダス平原は平坦で比較的湿潤な環境です。気候が寒冷で乾燥した時期には、レヴァントよりインダス平原の方が適応しやすかったでしょう。アフリカを出てメソポタミアに到達した人びとの末裔が、早い時期に東のインダス平原に向かった可能性は十分考えられます。

ところが、インドをはじめとする南アジアで、四万年以上前のヒトの居住を示す証拠はみつかっていません。中国でも、状況はそれほど変わりません。ベトナム国境に近く北緯二二度に位置する中国・広西チワン族自治区のジーレン洞窟で、一〇万年前の人骨が発見されたと、二〇一〇年に中国科学院の研究者とアメリカの古人類学者エリック・トリンカウスが報告しましたが、発見された人骨が下顎骨と三本の臼歯だけだったこともあり、確実な証拠とは認められていません。

メソポタミアから東方に向かった移住が早く起きたと想定されているのは、南アジア、東南アジア、中国を含むアジアにおける証拠に基づくのではなく、遠く離れたオーストラリアで古い人骨や遺跡が数多く発見されているからなのです。

海を渡りオセアニアへ

アジアから最も近いオセアニアはニューギニア島です。ニューギニア島は世界で二番目に大きな島で、現在、東半分は独立国のパプアニューギニア、西半分はインドネシアの領土になっていますが、自然環境からは全島をオセアニアとみなしていいでしょう。

地球儀を見ると、アジア大陸の東南に、スマトラ、ジャワ、ボルネオ（カリマンタン）、スラウェシ、ルソンなどの大きな島と無数ともいえる小さな島々がみられ、アジアとオセアニアとは境界がはっきりしないかのようです。ところが、生息する動物相から二つの地域にはっきりと分かれます。インドネシアのバリ島とその東のロンボク島との間のロンボク海峡は、幅がわずか一八キロメートルと狭いものの深さが二五〇メートルもある海溝です。ロンボク海峡から北に伸び、スラウェシ島の西側をとおるウォーレス線が、東洋（亜）区とオーストラリア区という動物地理区の境界になっているのです。最大の特徴は、オーストラリア区に固有の哺乳動物が有袋類と単孔類に限られることで、例外は飛ぶことができるコウモリだけなのです。

この地域は、完新世がはじまる一万年くらい前まで、海面が一〇〇メートルほど低下していたため現在と大きく異なる地形をしていました。ウォーレス線の西側の島々はアジア大陸と陸つづきのスンダ大陸の一部になり、東側のオーストラリア大陸とニューギニア島は陸つづきで、タスマニア島を含むサフル大陸を形成していました。スンダ大陸とサフル大陸の間がウォーレシアとよばれる多島海で、動物の移動を阻んでいたのです。

ジャワ原人の存在から明らかなように、ホモ・エレクトゥスはスンダ大陸の東端まで進出しましたが、ほかの哺乳動物と同様、ウォーレシアを越えることはありませんでした。ところが、ヒト（ホモ・サピエンス）は多分五万年ほど前にウォーレシアを越えたのです。その根拠は、オーストラリアで四万五〇〇〇年前と同定された遺跡が発見されていることです。さらに、オーストラリアで多くの大型哺乳類や走鳥類が四万年以上前に絶滅したことも、ヒトがそれ以前に移住していた可能性を示唆しています。移住者たちは、最大で一〇〇キロメートル離れていたウォーレシアの島々を渡り、最終的に現在のニューギニア島かオーストラリア大陸に上陸したのでしょう。

サフル大陸に渡った人びとの生活を推測する上で、オーストラリア北部のアーネムランドにすむオーストラリア人（アボリジニ）について、オーストラリアとアメリカの研究者によって一九四〇年代に行われた興味深い調査があります。人びとは淡水性の湿地と汽水性の潟湖で、二〇種以上の魚類と三〇種ほどの貝類、さらには水鳥などを大量に捕獲しており、内陸のサバンナで捕獲するカンガルーやワラビー（カンガルーより小型の有袋類）を合わせると、食物エネルギーの七〇%以上を動物性食物から得ていました。湿地や潟湖に生育する水生植物の球根や、陸上のソテツの実などの植物性食物も豊富だったにもかかわらず、動物性食物の方が入手しやすかったのです。実際、彼らが食物の獲得に費やしていた時間は、平均すると一日に三時間程度でした。

現在のアーネムランドは、ニューギニア島との間に横たわるアラフラ海に面しています。サフル大陸が形成されていた時代、アラフラ海は広大な低湿地になっていたのです。このような環境では、食用になる植物だけでなく動物も豊富だったのです。アーネムランドで観察された多種の動植物を獲得する生業パターンは、紅海西岸のアブドゥル遺跡で一二万五〇〇〇年前の貝塚が発見されたことからも、かつてのサフル大陸だけでなく、ウォーレシアの島々、スンダ大陸沿岸部、さらにはアラビア半島沿岸部などの内湾や低湿地帯で行われていた可能性が高いのです。

ところで、サフル大陸が一万年ほど前に、現在のようにオーストラリア大陸とニューギニア島に分かれて以来、両地域で人びとの生き方は大きく異なるようになりました。オーストラリアでは、一七世紀初頭にヨーロッパ人に再発見されるまで狩猟採集生活がつづいたのに対し、ニューギニアでは高地で九〇〇〇年も前に農耕が開始されたのです。比較的平坦なオーストラリア大陸と違い、ニューギニア島は中央部を山脈が東西に走っています。三万年ほど前にヒトの居住がはじまった標高一〇〇〇メートル以上の高地では、熱帯感染症がほとんどないこともあり人口が増加し、農耕開始の引き金になったと考えられるのです。

なお、ニューギニア島には、今から五〇〇〇年ほど前に、アジア起源の農耕技術をもつ人びとによる第二幕の移住がなされています（117ページ参照）。

ヨーロッパへ

レヴァントから西方への最初の移住は、地中海北岸の南ヨーロッパと地中海南岸の北アフリカで発見された遺跡の年代から、五万〜四万五〇〇〇年前の亜間氷期初期にさかのぼるようです。遺伝子系統樹分析は、その後、三万三〇〇〇年くらい前に、黒海の東かさらに東方のカスピ海の東をとおる別ルートの移住があった可能性も示唆しています。

ヨーロッパには、先住民であるネアンデルタール人が広域に生息していました。ネアンデルタール人の骨からDNAの抽出に成功した、ドイツのマックスプランク進化人類学研究所のスバンテ・ペーボらが、二〇〇八年八月に、「ホモ・サピエンスとネアンデルタール人はまったく混血しなかった」と衝撃的な分析結果を発表しました。ところが二〇一〇年五月に、さらに分析を進めた結果、わずかに混血があったと発表したのです。現在も多くの研究が進められていますが、ホモ・サピエンスとネアンデルタール人は、一部で混血したものの共存よりは競合の関係だったようです。

発掘された遺物から明らかにされたのは、ホモ・サピエンスがつくった石器のほうが精巧で、時代が下がるとともに種類が増し精巧さも増したことです。人骨と一緒に埋葬された副葬品も、ホモ・サピエンスのものは量も多く質も高いのです。四万年前ころにはじまった小氷期に、行動面や社会面ですぐれていたホモ・サピエンスは適応できたのに対し、ネアンデルタール人は十分に適応できず人口を減らし、最後の生息地になったイベリア半島からも二万八〇〇〇年前には姿を消したのです。

ヨーロッパの旧石器時代に生きていたホモ・サピエンスは、一八六八年にフランス南西部のクロマニョン洞窟で発見された人骨にちなみ、クロマニョン人とよばれます。クロマニョン人については多くのことが明らかにされてきました。ゲルハルト・ボジンスキーらが長年にわたり発掘調査をした、ドイツのライン川中流域のノイヴィート盆地にあるゲナスドルフ遺跡を取り上げましょう。この遺跡の年代は一万五〇〇〇年ほど前で、寒冷が厳しかったオールデスト・ドリアス期にあたります。

ゲナスドルフ遺跡の住居は、洞窟を利用したものではなく、平原に建てられた二つの大型の竪穴住居と三つのテントからなっています。大型の住居はほぼ円形で、直径が八メートル近くあり、中央に炉が掘られていました。この住居から、胎仔《たいし》を身ごもった雌ウマや出生前のウマの胎仔が発見されており、ウマの出産時期が春先であることから、冬に利用された住居であろうと推測されています。また、一〇〇キロメートル以上も北方に産する原石からつくられた石器が約四万点もみつかったことから、彼らの行動圏は広く、夏季にはテントをもって北方に移動したと考えられています。

出土した動物の骨も多く、種が同定されたものだけでも二五〇〇点にのぼり、マンモス、ウマ、バイソン、トナカイ、ホッキョクギツネなどとともに、ハクチョウ、ガチョウ、カモメなどの鳥類、さらにはタラ、マス、サケなどの魚類も含まれています。植物性の食物については直接的な証拠に乏しいものの、彼らが陸上のみならず海や河川に生息する動植物を、食物資源として幅広く利用していたのはまちがいないでしょう。

東北アジアへ

中国北部の古人骨として知られるのは、北京近郊の北緯四〇度近くで発見され、約四万年前と推定されている山頂洞人《さんちょうどうじん》です。ヒトの居住を示す証拠は、中国よりさらに北の中央アジアやシベリアで豊富になります。ロシア、カザフスタン、モンゴルの三カ国の国境近くのアルタイ地域で、少なくとも三万五〇〇〇年、おそらく四万年近く前にさかのぼる遺跡が数多く発見されているのです。

移住者が中央アジアに達するには、南アジアからヒマラヤ山脈の西側をとおるルート、ヒマラヤ山脈の東側をとおるルート、さらに東側の海岸部を北上した後で西に向かうルートが考えられます。ミトコンドリアDNAの遺伝子系統樹分析は、すべてのルートが利用された可能性を示唆しています。どのルートも川沿いに延びており、インダス川、メコン川、長江（揚子江）などの流域沿いに移住がなされた可能性が高そうです。なお、ヨーロッパから東進し中央アジアに達する移住は、ずっと後の時代になってからはじまったようです。

シベリア考古学者の木村英明は、北緯五〇度を越える地域への進出が、三万年以上前の比較的温暖な時期になされたことを認めた上で、寒冷気候への本格的な適応は二万四〇〇〇年くらい前にはじまったと考えています。というのも、北緯五三度のバイカル湖畔のマリタ遺跡で、二万四〇〇〇年前と同定された住居址や遺物が、それまでの遺跡のものとははっきり異なる特徴を示すからです。

マリタ遺跡で一五以上もみつかった竪穴住居は、それぞれが直径五メートルくらいあり、中央に炉が掘り込まれています。クロマニョン人がヨーロッパでつくったのと同じように、竪穴住居をつくる技術革新がなされていたのです。防寒衣の使用も、発掘された遺物から確かめられています。よく知られるのは、マリタ遺跡の近くに位置し同年代のブレチ遺跡から出土した、フードつきの衣服をまとったマンモスの牙からつくられた女性像です。

狩猟具の進歩もみられました。先端が葉状で、長さが三〜五センチメートルの細石刃《さいせきじん》を埋め込んだ尖頭器がつくられ、マンモスやバイソンなどの大型動物の捕獲効率を飛躍的に高めたと考えられています。発見された石器類は一万点、動物の骨は三万点にのぼり、その中には夏に捕獲されたと考えられる水鳥や魚、冬に捕獲されたと考えられるホッキョクギツネなどが含まれ、住居が通年利用されたことを示しています。約七万年前から約一万年前までつづいた最終氷期であるヴュルム氷期の中では、二万四〇〇〇年前ころは温暖な時期にあたりますが、この時期に人びとが狩猟や衣食住にかかわる技術革新を進めた結果、二万一〇〇〇年前ころにはじまった最大最終氷期を乗り越えることができたのでしょう。

中央アジアで寒冷気候への適応に成功した人びとが、典型的なモンゴロイドです。このグループが、海面が低下した最大最終氷期に、東のチュコート半島を経てアラスカ半島へ、一方では南下して中国北部や朝鮮半島に移動したのです。なお、現在の中国人では北部の集団と南部の集団で遺伝的に大きな違いがみられますが、前者が寒冷適応した典型的なモンゴロイドの子孫なのです。

日本列島へ

日本列島では遺跡の発掘が盛んですが、強酸性の土壌のために人骨や獣骨は保存されにくく、旧石器時代の人骨は石灰岩性の沖縄列島を除きほとんど発見されていません。しかし、人骨をともなわない三万年以上前の遺跡は、北海道と本州北部を除く広域でみつかっており、日本列島への移住は三万八〇〇〇年ほど前までさかのぼれるようです。

最終氷期の日本列島の北部では、北海道がサハリン（樺太）だけでなく大陸のプリモルスキー地方（沿海州）まで陸つづきで、本州との間の津軽海峡が狭い海峡として残っていました。北海道にはマンモスと、マンモス動物群といわれるバイソン、オーロックス、オオツノシカ、ヘラジカなどが渡り、マンモスを除く動物たちは氷結した津軽海峡をも渡ったのです。このマンモス動物群を追って、ヒトが北方から移住してきた可能性は否定できませんが、はっきりとした証拠はみつかっていません。

日本列島の南部で、九州も南西諸島も朝鮮半島と陸つづきになったことはありませんが、沖縄で多くの古人骨が発見されていることから、南方起源の移住があった可能性が古くから指摘されてきました。最古の人骨は那覇市で出土し約三万年前と推定された山下洞人《やましたどうじん》で、石垣島で二〇一一年に出土した白保洞人は二万年前と同定されています。また、沖縄本島南部で出土し約一万八〇〇〇年前と推定された港川人は、四体分の人骨が出土したこともあり詳しい研究がなされ、中国南部の広西チワン族自治区で発見された二万年前の柳江人との類似性も指摘されてきました。しかし、最近の木村亮介らの遺伝情報に基づく研究によると、港川人を除くと、南方系の集団との近縁性は認められないようです。

九州と本州を中心とする日本列島にすむヒトは、形質人類学者の埴原和郎によると、東南アジアからオセアニアにすむ人びととも共通する特徴をもつグループと、中央・東北アジアに起源する典型的なモンゴロイドの特徴をもつグループとの二重構造をしており、前者の特徴が「縄文人」に、後者の特徴が弥生時代に朝鮮半島から移住してきた「弥生人」にみられるのです。

アメリカ大陸へ

アメリカ大陸への最初の移住者は、現在のベーリング海峡を渡ったモンゴロイドにちがいありません。まず、シベリアのマリタ遺跡に代表される文化をもった人びとが、ユーラシア大陸東北端のチュコート半島に進出したと考えられます。チュコート半島を出た証拠はみつかっていませんが、アメリカ大陸への移住が可能だった時期については、復元された古環境から興味深いことが知られています。

現在のベーリング海峡は、最終氷期の約七万年前から約一万年前まで海面が低下していたために、ベーリンジアとよばれる陸地になっていました。最大最終氷期の一万八〇〇〇年前には、その幅が一〇〇〇キロメートルにも達したようです。ベーリンジアの植生が花粉分析により復元されています。最大最終氷期のころまで、陸地が広域にわたり凍結し、イネ科、スゲ、ヨモギなどはわずかに生育したものの、マンモス動物群は生息しにくい状況でした。その後、豊かな植生に変わったのが一万四〇〇〇年ほど前からの約二〇〇〇年間なのです。マンモス動物群もヒトも、アメリカ大陸に渡ったのは一万四〇〇〇年前以降だったのでしょう。

移住先のアメリカ大陸では、多くの遺跡が発見されています。石器の中で最も目につくのはクローヴィス尖頭器です（【図1－3】）。クローヴィス尖頭器に似た石器はユーラシア大陸ではみつかっておらず、その起源は謎に包まれたままですが、マンモスをはじめとする大型動物の狩猟に用いられたのはまちがいないでしょう。最古のクローヴィス石器の年代が一万三〇〇〇年前と推定されていることも、移住がそれ以前に起きた可能性を示唆しています。言い換えると、アメリカ大陸への移住は一万四〇〇〇～一万三〇〇〇年前になされた可能性が高いのです。

ところで、北アメリカではクローヴィス型が広く分布しているのに対し、南アメリカでは魚尾型という、魚の形によく似た尖頭器も広く分布しています。メキシコからパナマにいたる中部アメリカでは、遺跡は少ないのですが、クローヴィス型と魚尾型の尖頭器が混在しています。アメリカ大陸での移住史の解明をむずかしくしているのは、魚尾型尖頭器より上の層からクローヴィス型尖頭器が発掘された遺跡もあることです。

アメリカ大陸の移住史にかんするもう一つの難問は、北アメリカおよび南アメリカで古い年代の遺跡が報告されていることです。たとえば、アメリカ・ペンシルヴェニア州のメドウクロフト石窟遺跡は、「一万六〇〇〇年前の住居址」として観光名所になっているほどです。規模が大きく遺物も多くみつかっているチリ南部のモンテヴェルデ遺跡についても、その年代をめぐり考古学者の間で意見が分かれています。一九九七年に、異なる意見をもつ考古学者たちが現地視察を行った結果、必ずしも意見の一致をみたわけではないものの、遺跡の年代が一万二五〇〇年前という報告書がつくられ公表されました。

モンテヴェルデ遺跡の年代が一万二五〇〇年前とすると、アラスカ半島から直線でも一万二〇〇〇キロメートルも離れたモンテヴェルデまでの移住速度も議論の的になってきました。一万三五〇〇年前にベーリンジアを渡り終えたと仮定すると、一〇〇〇年間にわたり年平均一二キロメートルの速度で移動しつづけたことになります。この移住速度は、ユーラシア大陸における移住で推定されている速度よりはるかに速いのです。ただし、先住民がまったくいないアメリカ大陸という新天地で、人びとが獲物を追いながら南へ南へと移動した可能性は否定できないでしょう。

狩猟採集民としての過適応

人口支持力を高める

アフリカで誕生したヒトは、ユーラシア大陸の中でアフリカに最も近い西アジアへ、ついでユーラシア大陸の広域へ、さらにユーラシア大陸東端の南側からサフル大陸へ、北側からアメリカ大陸へ進出しました。一万年前までに南アメリカ大陸南端にも到達しており、地球上の広域がヒトの居住圏に組み込まれたのです。ヒトが居住していなかったのは、南太平洋の島々と、大陸の中の高山帯、砂漠、極地帯などに限られることになりました。

ヒトが地球上の広い範囲に進出してからは、人口を増加させる唯一の手段は人口密度を上昇させることになったのです。人口密度は、ヒト以外の動物では個体群密度とよばれます。動物の個体群密度は、食物になる動植物の入手可能量によって決まる側面が強く、面積あたりに生存できる最大の個体数が環境収容力とよばれます。ヒトの環境収容力は人口支持力とよばれることが多く、技術革新などの文化的な機序により高められるのが特徴です。

たとえば、アルカロイド毒をもつ植物の根茎を水さらしあるいは加熱して無毒化する技術を開発すれば、食物になる植物の量を増やすのと同じ効果をもちます。また、大型動物の捕獲を可能にする狩猟具の発明や、大群をつくる動物を捕獲するための多人数による集団猟の実施、あるいは海や河川などに生息する魚貝類を食物として利用することに成功すれば、動物の入手可能量を増やす効果をもたらします。

ヒトはこのほかにも、人口支持力を向上させるために自然環境にはたらきかけ、さまざまな改変を行ってきたはずです。農耕も家畜飼育も行わなかった時代における最も規模の大きな環境改変は、ヒトが古くから利用してきた火を用いることだったでしょう。

火による環境改変

オーストラリア人（アボリジニ）の環境利用を研究した先史学者のリス・ジョーンズは、オーストラリア北部のアーネムランドにすむ集団が、本来の植生であるモンスーン林の一部をサバンナに変え、乾季になるたびに火を放ち維持していることに注目し、その適応上の意味を報告しています。

ジョーンズが強調しているのは、人びとがモンスーン気候の雨季と乾季で変化する降水量と乾燥度に合わせ、モザイク状につくり出したサバンナに用意周到に火を放つことです。火の最大の効果は、サバンナに生息するワラビーなどの狩猟獣を増やすことです。さらに、乾季に多い野火の防止にもなるのです。私は一九七〇年代から、アーネムランドとトレス海峡を挟んで向かい合うニューギニア島の中央南部で、人びととの環境適応の調査を行ってきたのですが、アーネムランドと気候も植生もほとんど同じ環境で、人びとは乾季になると自らがつくりだしたサバンナに火を放ち、狩猟対象の野生動物が生息する環境を維持していました。

オーストラリア人の火の使用については、数万年前に起きた環境の急変と大型動物の絶滅と関連づけた研究も進んでいます。成獣の体重が一〇〇キログラム以上の動物はメガファウナとよばれますが、オーストラリアは、哺乳類（有袋類）、爬虫類、鳥類（走鳥類）を含む多くのメガファウナが絶滅したことで知られているのです。

古環境学者のギフォード・ミラーらは、オーストラリアで発見されたさまざまな年代の化石動物の骨や歯に含まれる炭素同位体から、摂食していた動植物を推定しています。二〇〇五年の『サイエンス』誌に発表された報告によると、オーストラリア南部では五万～四万年前に、乾燥に強い高木林・低木林・草原のモザイク状の植生から、耐火性の低木林に変化したことが明らかになりました。ミラーらは、この植生の変化はオーストラリアに移住してきたヒトが狩猟のために火を放ったことによるもので、植生の変化が多種のエミュー（大型の走鳥）や有袋類などの絶滅を引き起こしたと推論しています。

古生物学者のガヴィン・プリドウらは、オーストラリア南部で発見されたメガファウナの動物の歯から、熱ルミネッセンス法による年代測定と、酸素と炭素の同位体分析による摂取食物の推定を行っています。二〇〇七年の『ネイチャー』誌に発表された報告は、多くの動物種の絶滅が四万六〇〇〇年くらい前に集中しており、そのころに気候変化だけでは説明できないほどの植生の急激な変化が認められるので、ヒトが火を放ったことが原因と結論しています。

オーストラリアの北部と南部で、火による異なる影響が報告されていますが、両方ともに正しいのでしょう。オーストラリアの北部は降水量が比較的多いのに対し、南部は降水量が少なく乾燥がきびしく火事に発展しやすいのです。人びとがたとえ意図しなくても、放った火により火事が起き植生を変化させ、結果的にメガファウナの絶滅を引き起こした可能性は十分考えられます。

最近まで狩猟採集生活が営まれていたオーストラリアと違い、ほかの大陸では農耕が早くからはじまったため、火による環境改変の跡がわかりにくいのは確かです。しかし、たとえばエジプトのナイル川下流域では、一万二五〇〇年前の地層の多くの場所で、火に焼かれ赤くなったシルト（沈泥）が数百キロメートルにわたって堆積しているのが発見されており、野焼きなどによる火が原因と考えられています。ヒトは農耕と家畜飼育をはじめる前から、火を用いることにより、意図的あるいは非意図的に環境を改変してきた可能性が高いのです。

野生大型動物の絶滅

野生動物、なかでもメガファウナの絶滅は、オーストラリアに限らず世界中で最近の一〇万年間くらいに集中しています。オーストラリアの動物学者スティーヴン・ロウらの推定によると、この一〇万年間に五大陸を合わせると、すべてのメガファウナの六割強にあたる一二〇もの属が

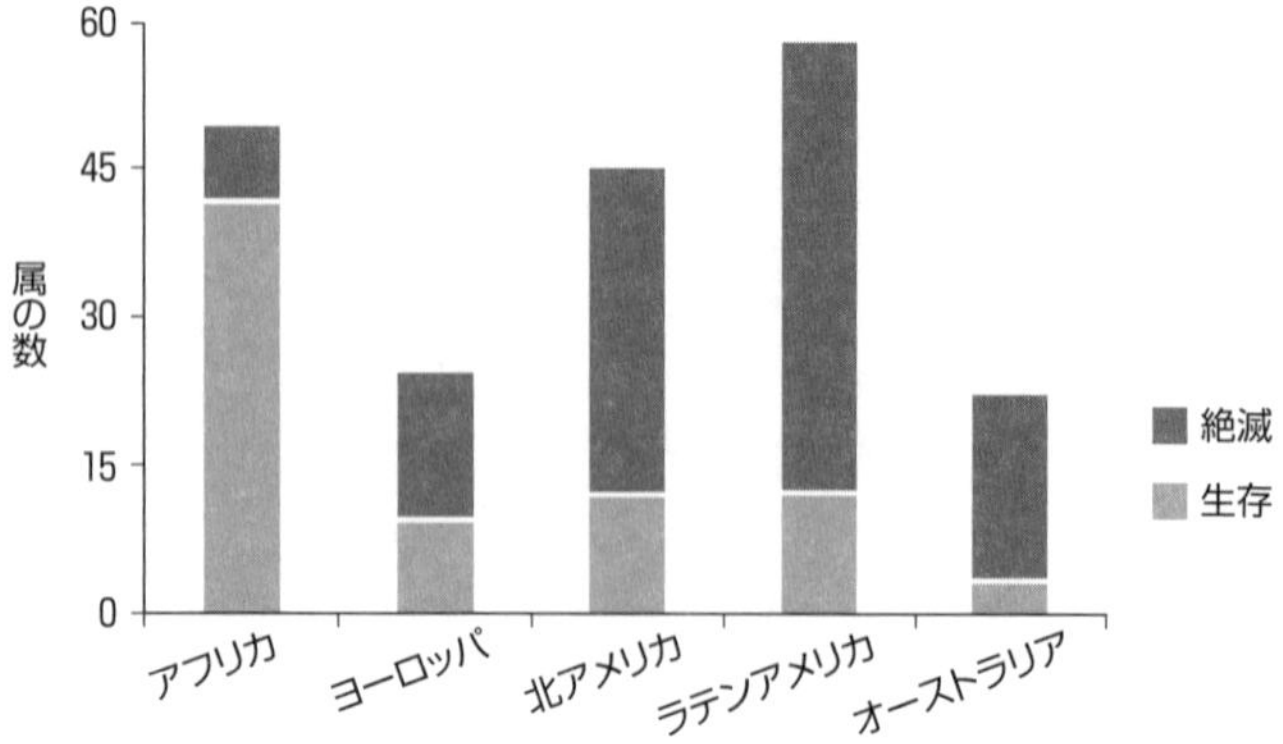

【図 2-3】過去 10 万年における 5 地域別のメガファウナの属の絶滅数と生存数。（Wroe S et al, 2004 を基に著者作成）

絶滅したことになります（【図2－3】）。長い間議論されてきたのは、メガファウナの絶滅が、気候変動に代表される自然の要因によるのか、過剰殺戮に代表される人為的な理由によるのかです。

オーストラリアで絶滅したメガファウナで最もよく知られるのは、ウォンバットに近縁のディプロトドンで、体長が三メートル、体高が二メートル、体重が二トンもあったと推測されています。ほかにも、体重が一〇〇キログラムを超えるものに、カンガルーに近縁の有袋類や、ワニやオオトカゲなどの爬虫類も含まれます。オーストラリアでは、哺乳類に動きが敏捷でない有袋類が多いこともあり、メガファウナを含む二二属のうち一九属が絶滅しているのです。

一万年ほど前まで、オーストラリアと陸つづきでサフル大陸を形成していたニューギニア島でも、とくに高地で多くの動物が絶滅しています。最大のものはディプロトドンに近縁の有袋類で、体重が二〇〇キログラムほどあったようです。ほかにも、キノボリカンガルーの仲間などの多くの有袋類が絶滅し、その年代が二万五〇〇〇～一万五〇〇〇年前と推定されており、ヒトが約三万年前にニューギニア島高地に進出した直後だったのです。

絶滅動物のもう一つのホットスポットはアメリカ大陸で、とくに北アメリカは大型の哺乳動物の王国でした。マンモスも、北アメリカにはケブカマンモス、中部アメリカにはコロンビアマンモスが生息していたのです。ほかにも、北アメリカで絶滅した哺乳類として、アメリカマストドン、ラクダ、ナマケモノ、セルブアレケス（大型のシカ）などがあげられます。

アメリカ大陸で絶滅した動物の年代については、ヒトがベーリンジアを渡った年代とも関係するため、古くから関心がもたれてきました。絶滅した年代を、一万二〇〇〇～一万年前と推定する研究が多いようですが、種による違いも地域による違いもあり、統一した見解には達していません。

スティーヴン・ロウらが最近報告しているように、絶滅の原因を「気候変動」か「過剰殺戮」かに二者択一することに無理があるのかもしれません。気候変動といっても、北アメリカで絶滅したマンモス動物群にとっては気温上昇がリスクになり、オーストラリアの絶滅動物にとっては低温と乾燥がリスクになったと考えられるからです。とはいえ、各大陸で起きたメガファウナの絶滅時期がヒトの移住直後にあたることから、狩猟による殺戮と植生の変化という間接的な影響を含め、ヒトが放った火がメガファウナを絶滅させた原因だった可能性は高いのです。

狩猟採集民にとって重要なのは、絶滅したメガファウナを含む野生動物が彼らの重要な食物資源だったことです。動物相の貧弱化は、その原因が自然的であれ人為的であれ、食物資源を不足させ人口支持力を低下させ、狩猟採集生活を送ることを困難にしたと考えられるのです。

飽和に近づいた人口

一万二〇〇〇～一万年ほど前、地球上の人口はどのくらいだったのでしょうか。この難問に果敢な手法で推計を試みたのは、エジプト出身で古人口学の先駆者フェクリ・ハッサンです。彼は、動物に対してよく用いられる環境収容力（ヒトの場合は人口支持力）の考え方を援用し、ヒトが摂取する動物性タンパク質の重要性に着目し、地球上の八つのバイオーム（熱帯林、トゲ疎林、熱帯草原、温帯草原、砂漠・低木林、混合・落葉樹林、北方林、ツンドラ）ごとに生息する有蹄類の生物量（重量）から、ヒトの人口支持力を推測したのです。

ハッサンの推測は、更新世（二五〇万年前ころから一万年前ころまでつづく地質年代）の終盤を想定し、地球上でヒトが居住していなかった極地帯、砂漠、熱帯雨林、高山帯などを除く九八〇〇万平方キロメートルを対象に（南極大陸などを除く地球の総陸地面積は約一億三五〇〇万平方キロメートル）、八つのバイオーム別になされました。その結果、人口支持力の合計は八六〇万人と計算されたのです。

その上でハッサンは、更新世の最終盤に、技術革新により魚類・海獣類などの捕獲技術が向上し、砂漠、極地帯、熱帯雨林などの無人だったバイオームの一部への進出もはじまったため、人口支持力は一〇〇〇万人くらいに上昇したと推論しています。新たなバイオームへの進出について、ハッサンは古くから居住されていたバイオームの人口が飽和に近づいたことが引き金と推察しています。

ところで、人口支持力とは食糧資源を最大限に利用した場合の人口を指しており、当然のことですが、実際の人口より多いのです。実際の人口が人口支持力よりどのくらい少ないかを推定するのはむずかしく、ハッサン自身も言及していないのですが、五割から八割程度と仮定するのが妥当でしょう。その場合、地球上の総人口は五〇〇万～八〇〇万になり、地球全体の陸地の一平方キロメートルあたりの平均人口密度は〇・〇四～〇・〇六人になります。

狩猟採集民だけが生きていた時代の人口支持力を推定する上で、狩猟採集生活が近年までつづいていたオーストラリアの人口は有用な情報になります。オーストラリア人（アボリジニ）の歴史人口研究に先鞭をつけたフランク・ランカスター・ジョーンズが、ホルドとよばれる遊動的なコミュニティの人口を分析し、ヨーロッパ人が到来した直前の一七世紀末の総人口を三〇万と推定しています。

この推定値は、人類学者でオーストラリア人の人口研究を深めたジョセフ・バードセルらにも支持され、現在でも広く認められています。バードセルは、オーストラリア人の一二三にのぼるホルドを比較し、降水量が少ないほどホルドが占有する面積が広くなることを見出し、乾燥地ほど食物の入手可能量が減るためと結論した上で、一七世紀末の三〇万という人口は人口支持力に近づいていたと考察しています。人口が三〇万の場合、一平方キロメートルあたりの人口密度は約〇・〇四人になり、ハッサンが推定した地球全域の平均人口密度とも整合しています。

『地球は何人の人間を支えられるか』を著した数理生物学者のジョエル・コーエンも述べている

ように、農耕も家畜飼育も開始されていなかった一万年以上前の人口が、ほぼ五〇〇〇万だったか一〇〇〇万に近かったかを判断するのは困難でしょう。しかし、ハッサンもバードセルも推察しているように、狩猟採集民が彼ら自身の人口が飽和に近づいていたと認識し、人口支持力を高めるよう環境へのはたらきかけを強めていた可能性が高いのです。

第三章　定住と農耕――一万二〇〇〇年前＝五〇〇万人

定住と農耕の開始

定住した狩猟採集民

ヒトの歴史のなかで、定住生活の開始と農耕の開始はどのような関係だったのでしょうか。最初に農耕がはじまった西アジアの発掘調査で明らかにされたのは、農耕より一五〇〇年も前に定住生活がはじまっていたことでした。ほかの農耕起源地でも、農耕が開始される前から定住生活がはじまっていたと考えられます。というのも、農耕は耕作する場所の準備、植えつけ、植えつけ後も除草などの世話が必要で、収穫までに長い時間がかかるからです。狩猟採集民が遊動的な生活を送る限り、そのような行動をとることはなかったでしょう。

それでは、農耕を行わない狩猟採集民の定住生活とは、どのようなものだったのでしょうか。興味深いことに、最近まで定住生活を送っていた狩猟採集民がいます。よく知られるのは、北アメリカ大陸北西部のヴァンクーヴァー島とその周辺にすみ、二〇世紀にはいっても狩猟採集生活をつづけていた、アメリンディアンのクワキウトルやヌートカです。クワキウトルは、近代アメリカ人類学の父とよばれるフランツ・ボアズが調査したことで有名になりました。一八五八年にドイツで生まれアメリカ合衆国に帰化したボアズは、物理学と地理学を修めてから人類学を志し、一八八〇年代後半からクワキウトルの調査をはじめたのです。彼の調査の特徴は、生活する人びとの側からの記述に徹したことでした。

クワキウトルやヌートカは、数百人のグループごとに、川が海に注ぎ込む入り江の近くに三〇以上の家屋が並ぶ集落をつくって暮らしていました。彼らの最も重要な食物は、男性が捕獲するサケ・マスなどの回遊魚とアザラシやトドなどの海獣類でした。ほかに摂取していたのは、女性が採集する漿果などの植物と男性が狩猟する陸生動物でした。食物の入手はほとんどが春から秋に集中し、この間、男性が小さなグループに分かれ、狩猟などのために集落を離れることもよくありました。冬になると、人びとは集落に留まり冷凍保存した食物を食べながら、祭り・宗教行事や家屋の修理などに多くの時間を費やしていたのです。

クワキウトルやヌートカが定住生活を送ることができたのは、大群をつくるサケ・マスなどの回遊魚が夏から秋に遡上してくるところを捕獲し、それらを長期にわたり冷凍保存できたおかげです。温帯や熱帯では、そのような恩恵を受けることはできません。しかし、陸生か水生かを問わず食用になる多種の野生動植物、とくに食用植物が豊富に生育するところでは、人びとは狭い地域のなかで暮らすことができたのです。

定住が促した農耕と人口増加

狩猟採集民は集団ごとにホームレンジをもち、その中で野生動植物を入手しながら遊動的な生活を送っていました。とはいえ、現生する狩猟採集民の生活からも推測されるように、寝泊まりするところを毎日変えるようなことはなかったでしょう。たとえば、アフリカのカラハリ砂漠にすむサンにとってはモンゴンゴの実やウリ類、北アメリカ大陸西部の温帯域にすむアメリンディアンにとってはドングリ類の実のように、大量に入手できる野生植物の収穫期には、その近くに数週間あるいはもっと長く留まるのです。

定住生活が早くはじまったメソポタミアでは、狩猟採集生活を送っていた人びとが、豊富な野生動植物を比較的狭い場所から入手していたようです。西秋良宏らの日本とフランスを中心とする国際チームの長年の発掘調査によると、定住がはじまった一万三〇〇〇年くらい前は、地球規模で温暖化が進み野生動植物が豊富になった時期だったのです。恵まれた状況で人口が増加し、その結果、食物の必要量が増えたのでしょう。定住を促したのは食用とする野生ムギ類の種子を貯蔵することで、この時期の遺跡から穀倉とみられる建造物も発見されています。また、人びとが野生食用植物の生育への関心を高め、日光をあたりやすくするための除草や、植物の種や根の移植をはじめたと考えられます。

人びとの野生植物へのはたらきかけがつづく中で、まれに生じる突然変異により都合のいい形質をもつ品種があらわれたのでしょう。品種改良はきわめて緩やかに進んだようです。メソポタミアで栽培化されたムギ類を例にとれば、野生種から収量が安定した栽培種にとって代わるまでに、三五〇〇年以上もかかっているのです（95ページの【図3－2】参照）。

遊動生活から定住生活への移行は、寝泊まりする場所にも関係します。ヒトは長い間、安全が保障される洞窟などを好んで利用してきました。水の入手しやすさも不可欠だったでしょう。このような寝泊まりに適す場所は限られていたはずです。しかし、この制約は竪穴住居をつくる技術革新によって消失したのです。西アジアでの発掘調査で明らかになったように、農耕の開始とほぼ同時期に竪穴住居が出現しました。地面を掘り下げ床面をつくり、ところどころに柱穴を掘り、その中に置いた礎石の上に柱を立て家屋をつくるのです。

竪穴住居は、密集して建てられることも特徴です。その結果、自然の洞窟などを利用していた状況とは大きく異なり、多くの人びとが集まって暮らすことが可能になったのです。集住という居住様式は、多くの人びとの協業、病気やけがに見舞われたときの相互援助、高齢者や妊娠・育児中の女性への援助、さらにはヒトだけに発達した物の贈与や交換を飛躍的に拡大させたのです。

定住生活が人口増加率を変化させた機序は二つ考えられます。一つは出生率の上昇です。遊動生活における頻繁な移動は、身体に大きな生理学的な負荷をかけます。妊娠・出産・育児を行う女性が定住生活を送り、相互扶助の恩恵も受けられるようになったことは、身体への負荷を軽減し妊娠する機会を増加させたでしょう。ヒトがもっていた潜在的に高い出産力を、多くの女性が発揮するようになったのです。もう一つは、乳児や幼児がけがや不慮の事故で死亡するリスクを減らしたことです。人口増加率を上昇させる二大要因である、出生率の上昇と乳幼児の死亡率の低下が同時に起きたのです。

農耕の引き金をめぐって

農耕の起源と人口増加の関係については、古くから多くの議論がなされてきました。農耕の開始が人口増加を引き起こしたとする説が支配的だったところに、デンマークの農業経済学者エスター・ボズラップが、一九六五年に逆の説を提示したのです。彼女の見解は、人口増加は絶えず起きており、増加した人口が農耕と家畜飼育の引き金になったとするのです。メソポタミアをはじめとする農耕起源地で、定住した狩猟採集民の人口が増加し人口圧を高めていたことからも、ボズラップの主張はうなずけます。

気候変化が農耕の開始の引き金になったとする説も、古くから唱えられてきました。もっとも、気候が温暖な時期に植物の生育がよくなり栽培化が促されたとする考えも、気候が寒冷化し植物の生育が悪化したことによる食糧不足を解決するために栽培化がはじまったとする考えもあります。メソポタミアの例からも、気候変化が農耕の開始に及ぼした過程は複雑だったようです。

「第一の革命」

野生植物の栽培化と野生動物の家畜化は、英語ではともにドメスティケーションと表現されます。ドメスティケーションとは、ヒトが野生植物あるいは野生動物を利用しやすいように淘汰し、植物あるいは動物がヒトに世話されることで生育／生息しやすくなる過程を指します。栽培植物の用途はほとんどが食物といっていいでしょう。一方、家畜動物の用途としても食物が最も重要で、乳あるいは乳の加工品の利用も含まれます。もう一つの重要な用途は、耕作あるいは運搬のための動力源としての利用です。

ドメスティケーションが、ヒトの生活様式を大きく変え自然界における地位をも変えたことから、オーストラリア出身の文明史家ヴィア・ゴードン・チャイルドが、ドメスティケーションを人間の歴史上の「第一の革命」と名づけました。ドメスティケーションと並行して、ヒトが用いた石器が打製石器（旧石器）から磨製石器（新石器）に移行したことも特徴的で、チャイルドは「新石器革命」という言葉もつくりだしました。農耕と家畜飼育の開始とともに磨製石器が出現してから、青銅などの金属製の道具が出現するまでの期間が新石器時代とよばれています。

チャイルドが「第一の革命」あるいは「新石器革命」と名づけたのは、今から一世紀も前の一九二〇年代のことで、彼は狩猟採集社会から農耕社会への移行が急速に進んだと考えていたようです。ところが、新たな発見が増すにつれ、農耕社会への移行には一〇〇〇年単位という長い時間がかかったことが明らかになり、最近では「革命」という言葉をつかわずに、「新石器化」などとよばれることもあります。

チャイルドは、メソポタミアではじまりヨーロッパ文明の淵源になったムギ類を栽培する農耕文化だけを念頭においていたのですが、一九五〇年代にアメリカの文化地理学者カール・サウアーが指摘して以来、世界には複数のドメスティケーションの起源地があったことが明らかになってきました。

複数の農耕起源地

農耕起源の研究は、二〇世紀後半から、栽培植物に着目し遺伝学の手法を用いて大きく進展しました。この分野の草分けともいえるロシアのニコライ・イヴァノヴィッチ・ヴァヴィロフや、ヴァヴィロフの教えを受けたアメリカのジャック・ハーラン、日本では中尾佐助や阪本寧男らがさまざまな農作物の起源を明らかにしてきました。

栽培植物の遺伝研究以外に、農耕と家畜飼育の起源について多くのことが知られるようになったのは、世界各地で遺跡の発掘が行われたのに加え、新たな研究方法が開発されたためです。とくに威力を発揮しているのは、一九七〇年代から用いられるようになったプラントオパール分析です。イネ科などの植物は、細胞壁に土壌中のケイ酸を取り込むのですが、取り込まれたケイ酸は二〇〜一〇〇マイクロメートルという微小なプラントオパールになり、植物が枯死した後も土壌中に半永久的に残留します。遺跡から掘り出されるプラントオパールから、イネ科植物の種名、場合によっては野生種か栽培種かの違いまで同定できるようになったのです。イネ科植物には、イネ、ムギ、トウモロコシ、モロコシ（ソルガム）、ヒエ、アワ、キビ、サトウキビなど、多くの主要な食用植物が含まれます。

さらに最近では、西秋良宏、佐藤洋一郎、丹野研一らが西アジアや中国で考古学と植物学の手法を融合する研究、山本紀夫が南アメリカで民族植物学に基づく研究を進め大きな成果をあげています。このように、農耕と家畜飼育の歴史には新しい発見がつづいている状況です。

一方で、オーストラリアの先史学者ピーター・ベルウッドが、発掘された遺跡や遺物を再検討し、遺伝学などの成果や世界の諸集団の言語とも関連づけ、世界の農耕の起源と伝播について意欲的な集大成を試みています（邦訳は『農耕起源の人類史』）。

地球上に複数の農耕起源地があったことを疑う余地はありません。しかし、起源地がいくつあったかと問われると、答えるのはむずかしくなります。その最大の理由は、ある地域で発明された農耕がほかの地域に伝播された後に、その地域に自生していた植物が栽培化されるなど、二次的な農耕の起源・伝播のセンターにもなるからです。それぞれの農耕起源地で、どのような農耕がどのようにはじまったか、そして周辺の地域にどのように伝播したかについて、ベルウッドの指摘もふまえて紹介します。

農耕の起源と伝播

起源地と伝播ルート

農耕の起源地の特定には、栽培作物の野生種の生育が確認されることや、プラントオパールをはじめとする栽培作物の古い遺骸が発見されることが決め手になります。中国の長江流域における稲作については、発掘された水田の跡も重要な証拠になりました。

ムギ類やイネの農耕起源地での発掘調査の結果、栽培種が現れてからも野生種と混在する状況がつづき、栽培種だけになるまでに三〇〇〇年、あるいはそれ以上もかかったことが明らかになってきました。このことからも推察されるように、農耕起源地とは「実験農場」のような狭いところではなく広がりをもった地域で、初期の農耕の進展とは、そのような地域のところどころで品種改良などが積み重なった結果なのでしょう。

農耕が起源地から周辺に伝播することが、広域における人口増加に大きく影響します。たとえば、メソポタミア全域あるいは西アジア全域の人口増加は、農耕起源地におけるものよりも、その後に伝播された地域の広さに大きく影響されたでしょう。

農耕の伝播は、農耕技術をもつ人びとの移住によってなされた場合もあったでしょうし、多くの人びとは移住せず技術だけが伝わった場合もあったでしょう。前者の典型的な例は、南太平洋の無人島に農耕技術をもつ人びとが移住したことです。しかし、ほかの多くの場合、農耕技術をもつ移住者は少なく、以前からすんでいた狩猟採集民が徐々に技術を習得し農耕を行うようになったのです。

農耕技術は、伝播される過程で変容することも多かったでしょう。たとえば、それぞれの地域に生育していた野生植物が新たに栽培化されたこと、あるいは逆に、栽培されていた作物が伝播先の環境条件に適さず脱落することもあったのです。発掘された農耕遺跡の情報などに基づいて復元された、農耕文化の起源地と伝播ルートが【図3-1】に示されています。

西アジア——ムギ農耕

メソポタミアをはじめとする西アジアは、全体に乾燥した気候で（現在の年降水量は一五〇ミリメートル以下）、二つの大きな水系がみられます。一つは、メソポタミアを東南方向に流れるティ

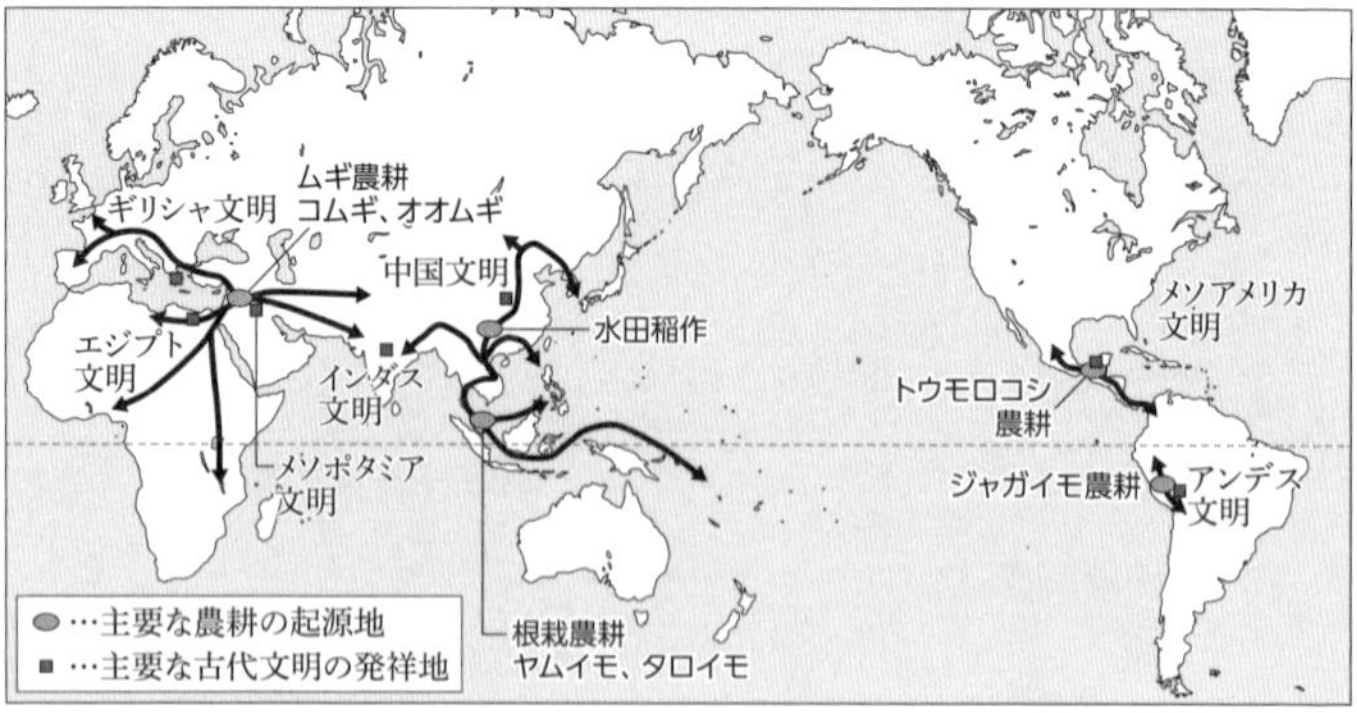

【図 3-1】主要な農耕文化の起源地と伝播ルート。主な古代文明の発祥地も示されている。

グリス川とユーフラテス川で、ペルシャ湾の最奥部に注ぎ込みます。もう一つは、ユーフラテス川の水源近くから南に流れるヨルダン川です。ヨルダン川は、注ぎ込む先の死海、その南の紅海、さらにはエチオピアから南に向け多くの湖が点々と連なる大地溝帯の北端にあたります。

　メソポタミアやヨルダン川流域は、動植物相が豊かです。西秋良宏らの国際共同チームによる長年にわたる発掘調査により、メソポタミアにすんでいた人びとが、地球が温暖化した一万四五〇〇年前ころに豊富な野生動植物の恩恵を受けていたことが明らかにされました。ピスタチオやアーモンドなどの木の実、オオムギとコムギをはじめとするムギ類、シカやオーロックス（ウシの野生種）などの草食動物、カメや魚などの水生動物を含む多くの食物資源の遺骸が大量に発見されたのです。

　興味深いことに、一万三〇〇〇年ほど前にさかのぼる竪穴住居址と穀倉も発見されています。この時期に農耕の兆しがみられないことから、人びとは定住生活を送り

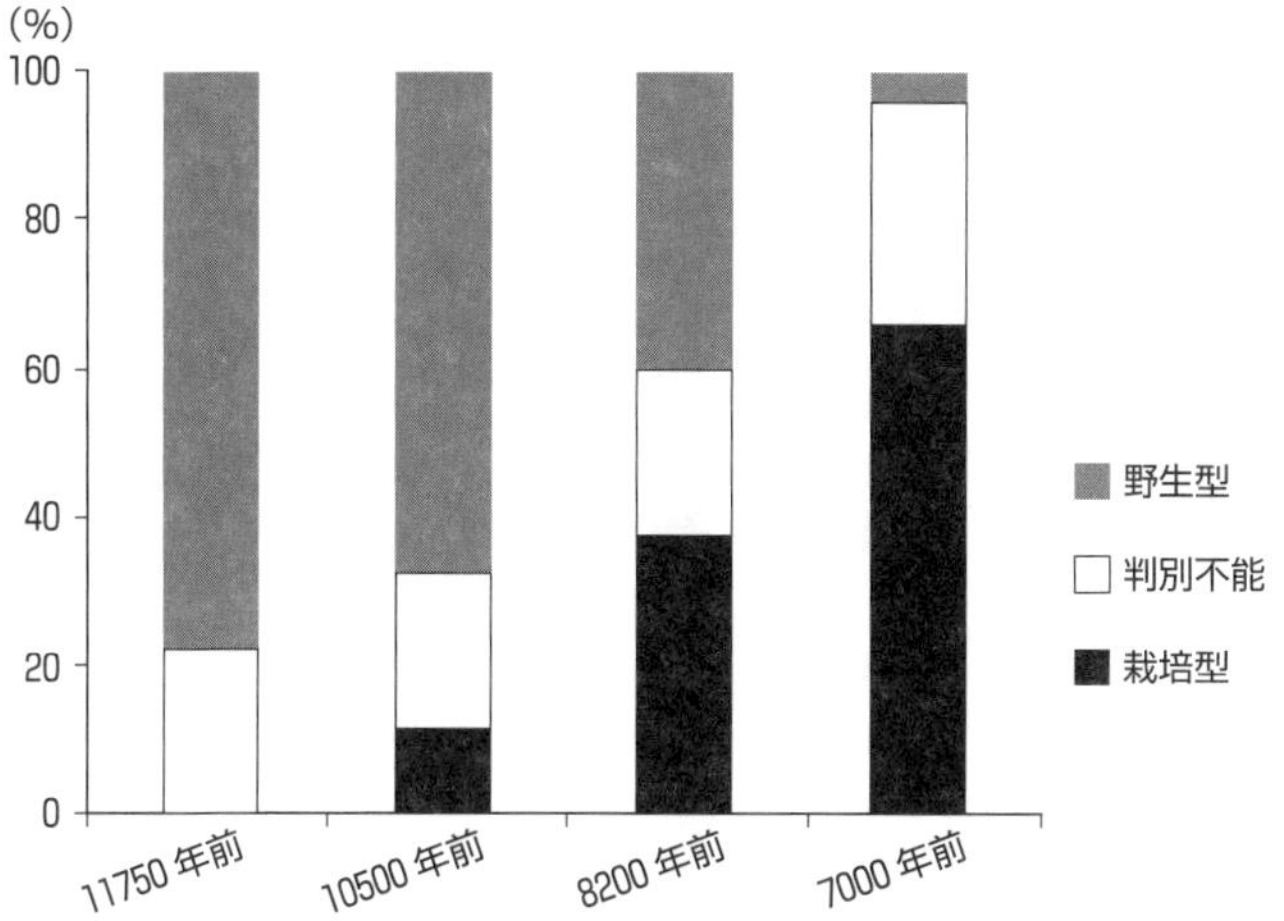

【図3-2】ユーフラテス川中流域の遺跡から出土したコムギの野生型・栽培型の比率。遺跡名は、古い順にカメラル、ネヴァルチョリ、ケルク、コサクシャマリ。（Tanno K, Willcox G, 2006に基づき著者作成）

ながら、野生のムギ類などを採集し貯蔵していたのです。その後、一万二九〇〇年前からはじまる約一三〇〇年間は、ヤンガードリアス期とよばれる寒冷期です。発掘された集落数が減少しており、人口も減少した可能性が高そうです。気温が再び上昇しはじめたのは一万一五〇〇年前のことで、このころには集落数が顕著に増加しており、農耕が開始された証拠もみつかっています。

農耕と家畜飼育の進展についても、国際共同チームの丹野研一やマルジャン・マシュクールらが行った発掘で、多くのことが明らかにされました。最も注目されるのは、栽培型のコムギが現れてから栽培型のコムギだけが栽培されるようになるまでに三五〇〇年以上もかかっていることです（【図3-2】）。家畜飼育は農耕より一〇〇〇年ほど遅れ、一万五〇〇年ほど前に本格化したようです。発掘さ

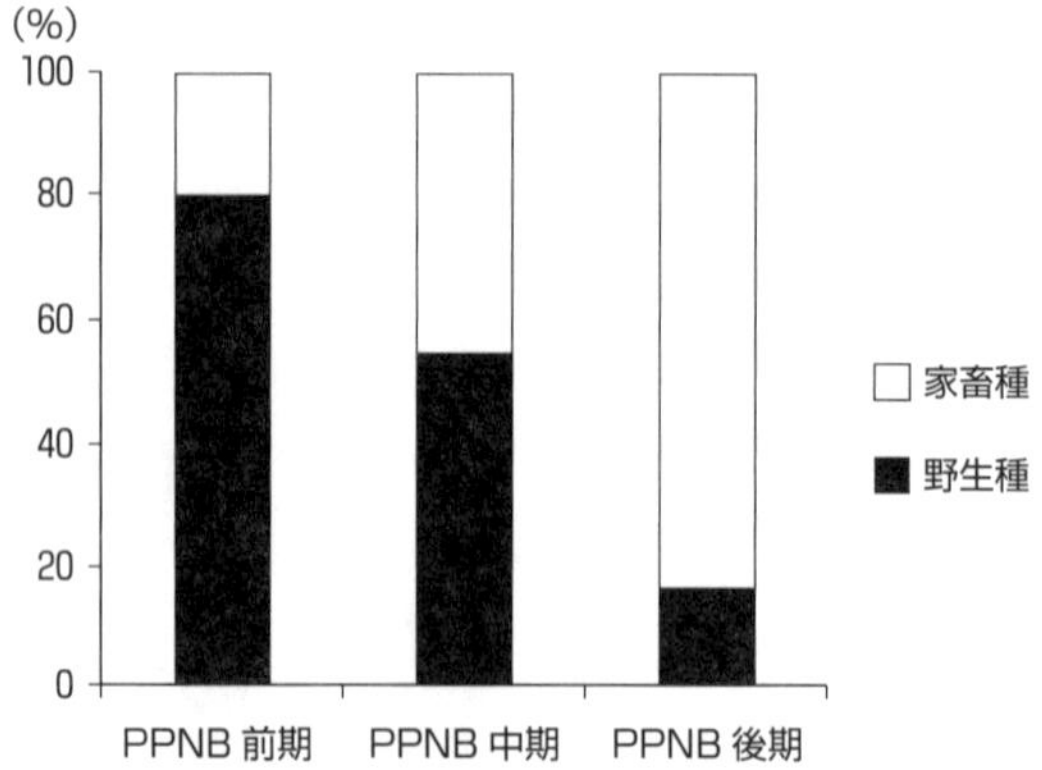

【図 3-3】北レヴァントの 25 の遺跡から出土した動物骨における野生種と家畜種の割合(%)。PPNB（先土器新石器時代 B 期）前期は、10700-10100 年前、同中期は 10000-9500 年前、同後期は 9500-9300 年前。（西秋良宏、2008 に基づき著者作成）

れた多数の骨を野生動物（ロバ、シカ、ガゼル、ムフロン、ヤギ、ウサギ）と家畜動物（ヤギ、ヒツジ、ウシ、ブタ）にわけると、野生種が主体だったときから家畜種が主体になるまでに一五〇〇年間もかかっています（【図３－３】）。

このころの西アジアにおける人口の変化についても、多くの報告がなされてきました。といっても、人口が直接把握されたのではなく、遺跡の数とサイズから人口あるいは人口増加の程度が推定されたのです。アメリカの考古学者ブライアン・ヘイドゥンは、レヴァント全域（現在のヨルダン、イスラエル、パレスチナ自治領、レバノン、シリア）の人口が、一万二五〇〇年前から一万年前までの二五〇〇年間に一六倍に増加したと推測しました。

フランスの考古学者ジーン・レロットは、ヨルダン川上流域では、一万二〇〇〇年前から一万年前までの二〇〇〇年間に人口が一〇倍になったと推測しました。ユーフラテス川中流域のテル・アブ・フレイラ遺跡（現在のシリア領）を調査した、イギリスの考古学・民族植物学者のゴードン・ヒルマンらは、農耕が開始される以前の一万三〇〇〇年前には二〇〇人に満たなかった人口が、九四〇〇〜七〇〇〇年前には最大で四〇〇〇〜六〇〇〇人に増加したと報告しています。これらの推定人口から年人口増加率を計算すると、どの場合も判で押したように、ほぼ〇・一％になります。

中国──水田稲作

中国で農耕の起源を解明する発掘調査が進展したのは最近のことです。その結果、イネが栽培化されたのが長江（揚子江）中下流域から淮河《わいが》流域にかけての地域で、その年代は九〇〇〇〜八五〇〇年前だったことがほぼ確実になりました。長江および淮河が位置する北緯三〇〜三三度は、野生イネが生育する北限にあたります。この地域は、ムギ類の農耕がはじまった西アジアに比べると、緯度がほとんど同じにもかかわらず、はるかに湿潤で土壌は栄養分に富んでいます。

イネのプラントオパール分析を行っている宇田津徹朗らによると、長江中下流域と淮河流域で水田稲作が完成したのは六五〇〇〜六〇〇〇年前のことでした。興味深いことに、中国で栽培品種のイネの利用がはじまってから水田稲作が完成するまでに、西アジアのムギ類農耕の開始と同様、二五〇〇〜三〇〇〇年間もかかったのです（【図3-4】）。

中国には、北緯三五度近くに位置する黄河流域にも古代文明の発祥地があります。黄河流域で栽培化されたのがアワ（野生種はエノコログサ）とキビで、とくにアワが重要な作物になりました。アワはイネほど生産性が高くないものの、黄河流域に広がる黄土地帯が肥沃なため、アワの収量

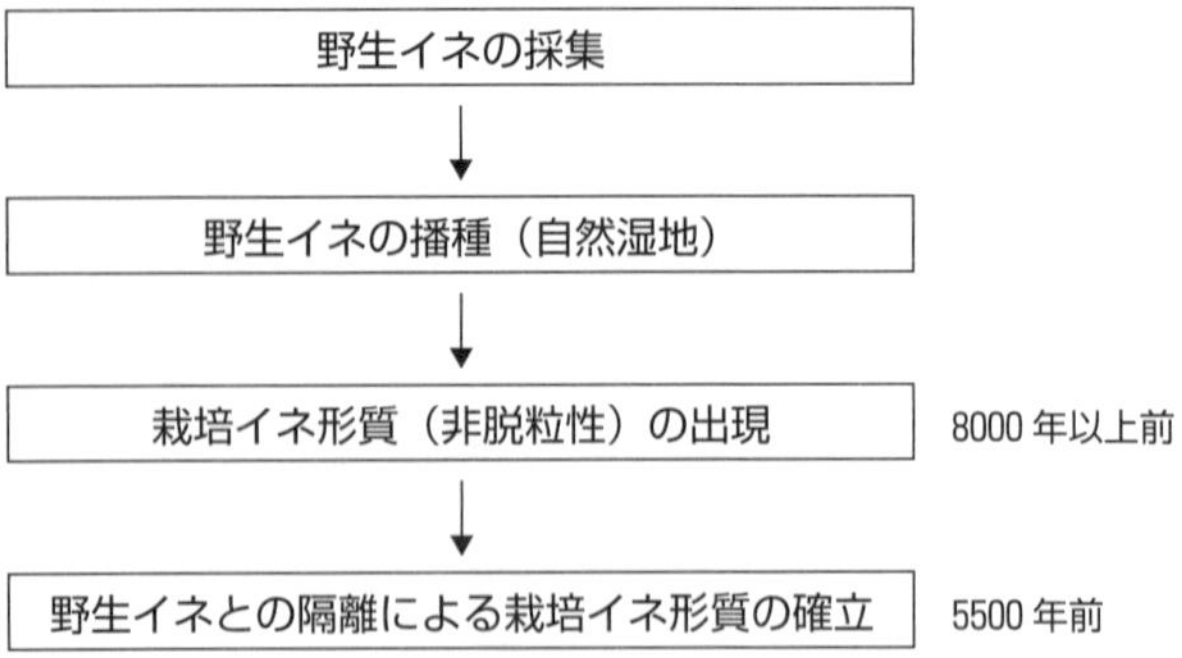

【図 3-4】中国におけるイネの栽培化の過程。

は長江流域のイネと変わらないほど多かったのです。なお、長江流域で栽培化されたイネは、しばらくすると黄河流域に伝えられたようですが、大量に栽培されたのは北緯三五度以南の比較的温暖な地域に限られていたのです。

家畜動物については、九〇〇〇～八五〇〇年前の長江流域の多くの遺跡から、ブタ、イヌ、ニワトリの骨が出土しています。西アジアでは農耕が家畜飼育より一〇〇〇年ほど先行したのに対し、中国では農耕と家畜飼育がほぼ同時に進行したようです。その大きな理由は、中国で家畜化された動物が集落付近に出没する習性をもつためでしょう。

中国で家畜化されたブタ、イヌ、ニワトリは搾乳ができず、耕作・運搬にも利用できないので、家畜飼育がもたらす恩恵がウシやヤギ・ヒツジほど大きくありませんでした。耕作・運搬に利用でき、搾乳もある程度できるスイギュウは、中国で八〇〇〇年前に家畜化されたとの推測もありますがよくわかっていません。また、スイギュウは中国だけでなく東南アジアや南アジアでも家畜化された可能性も指摘されています。

東南アジア──根栽農耕

東南アジアで農耕の起源を探るときの問題は、この地域で栽培化されたヤムイモ、タロイモ、バナナなどの作物は遺骸が残らないことです。さらに、これらの食用植物は可食部が長期間貯蔵されることもなく、野生種か栽培種かによって利用する人びとの活動にも違いが少なく、考古学的な証拠が残りにくいのです。一方で、これらの栽培作物には染色体の変異型が多いなどの特徴があるため、植物遺伝学の立場から、九〇〇〇年あるいは一万年以上も前に栽培化がはじまったと指摘されてきました。

イモ類、バナナ、サトウキビなど、種子ではなく地下茎、茎、塊根などを移植する農耕を根栽農耕と名づけたのは、植物遺伝学者で民族植物学を発展させた中尾佐助でした。中尾は、東南アジアのモンスーン地帯ではじまった農耕を念頭に置いていたのですが、ニューギニア島やアンデス高地ではじまった農耕も根栽農耕に含まれます。

根栽農耕の証拠が残りにくいのと対照的に、中国由来の水田稲作の証拠は残りやすく、東南アジアでも各地でみつかっています。農耕遺跡の証拠から、六五〇〇〜六〇〇〇年前に長江中下流域で完成した水田稲作は、五〇〇〇〜一〇〇〇年後の五五〇〇〜五〇〇〇年前までに台湾や香港を含む中国南部に、その五〇〇〜一〇〇〇年後の四五〇〇年くらい前までにベトナムからガンジス川流域に至るユーラシア大陸東南部に、さらに一〇〇〇年後の三五〇〇年前までに島嶼部のフィリピンやインドネシアに達したのです。

水田稲作は、北緯三〇度の長江流域から南緯八度のバリ島まで、気候条件も異なる広域に伝播しました。その大きな理由は、水田というイネの生育に適した人工環境をつくりだしたことです。東南アジアでは、平野部を中心に水田がつくられ、畑作、漁撈、採集などを組み合わせた安定性の高い生業が営まれたのです。ただし、本来の植生が高木の密生する森林のため、大規模な耕地の開墾や灌漑水路の建設などは進みにくかったのです。

水田稲作は、ウォーレス線より東の東インドネシア（ウォーレシア）の島々には伝わりませんでした。東インドネシアの島々とその東のニューギニア島は、気候の季節変化に乏しく一年をとおして降水量が多く、イネの生育に向かないのです。これらの地域では、東南アジア起源の根栽農耕が伝えられ現在までつづいています。

ニューギニア島――もう一つの根栽農耕

一九七〇年代初頭、ニューギニア島高地で世界最古かもしれない農耕の証拠が発見されたとのニュースが世界を驚かせました。場所はニューギニア島中央部で、標高が一五五〇メートルに位置するワーギ渓谷のクック湿地です。

私は一九七四年に、発掘を主導していたオーストラリアの先史学者ジャック・ゴルソンの好意により、彼が運転する車で現場を訪れる機会を得ました。曲がりくねった急勾配の道路を登りや平坦なところに着くと、日本でみられる発掘現場とはまったく異なる光景が目にはいってきました。緩やかに起伏した広大な土地に、一キロメートルをこえる長いトレンチ（発掘溝）が縦横に掘られ、多くのパプアニューギニア人が作業をしていました。

【図 3-5】ニューギニア高地・ワーギ渓谷の発掘現場。濃く見えるところが、かつての排水溝。(撮影：J. Golson)

この発掘の最大の成果は、トレンチを掘ることによって網目状に張り巡らされた大小の排水溝をみつけたことです（【図3-5】）。ニューギニア島は全般に雨が多く、ワーギ渓谷の年降水量も約二五〇〇ミリメートルに達します。現在でも、この地域の畑では盛り上げたマウンド（土塁）にイモを植え、畑地全体を囲むように大小さまざまな排水溝が掘られています。

ワーギ渓谷での調査は、その後も多くの研究者が加わり、遺物の年代測定はもちろん、花粉分析やプラントオパール分析を駆使し、農耕の歴史がほぼ明らかにされました。農耕の開始は九〇〇〇年前にさかのぼり、最古の栽培植物の年代は七〇〇〇～六五〇〇年前と推定されたのです。栽培されていた主な作物は、アジア大陸原産のものとは異なるタイプのタロイモとバナナで、堅果をつけるパンダヌス（タコノキ）やアーモンドに似た樹木も植えられていました。

ニューギニア島高地で農耕がはじまったのは、人口が増加したためと考えられています。ニューギニア島の中央部を東西に走る山脈に沿うように広がる、標高が一五〇〇～二三〇〇メートルの台地状の地域は、土壌が肥沃で野生の食用植物や動物が豊富でした。そのうえ、マラリアをはじめとする熱帯感染症を媒介する蚊などが生息せず、狩猟採集民の段階で人口が増加していたのです。

ところで、ニューギニア島高地で栽培化された作物は、現在ではほとんど栽培されていません。五〇〇〇年くらい前に、ウォーレス線を越えニューギニア島に到達したオセアニアへの第二幕の移住者が、東南アジア原産のイモ類やバナナを持ち込んだからです。さらに数百年前には、南アメリカ原産のサツマイモがポリネシア経由で持ち込まれました。同じ根栽類でも、ニューギニア島原産のものは外来のものより生産性が低いのです。

ニューギニア島に生息する哺乳動物は、コウモリを除くと有袋類か単孔類で、家畜化されたものはありません。ニューギニア島およびオセアニアの島々で飼育されているすべての家畜動物は、第二幕の移住者がアジアから持ち込んだもので、主なものはブタ、イヌおよびニワトリです。

西アジアからの伝播

西アジアではじまった、ムギ類を主作物とし家畜飼育をともなう農耕文化は、東にも西にも伝播しました。両方のルートとも、ヒトの祖先が「出アフリカ」により世界各地に移住したときのルートに近かったのでしょう。伝播先である、東側に位置するインダス平原も西側に位置する地中海沿岸域も、気候などの環境条件が西アジアとそれほど違いません。

インダス平原では、インダス川流域の西側に広がるバルチスターン地域で、最も古い農耕遺跡が発見されています。よく知られるメヘルガル遺跡は、九〇〇〇年前から四五〇〇年前までほぼ連続的に居住され、最古の層からも、栽培されたムギ類のプラントオパールと家畜化されたヤギ・ヒツジの骨が発見されています。この地域では、西アジア起源の農耕を踏襲しながら、南アジア原産のオオムギも栽培されていたようです。メヘルガルは、四五〇〇年前にはメソポタミアやエジプトと並ぶ巨大都市になりインダス文明の礎になったのです。

西アジア起源の農耕文化の西方への伝播ルートの一つは、黒海と地中海に挟まれるアナトリア（現在のトルコ）とバルカン半島をとおるものです。北緯四〇度あたりを西に進み、ギリシャには九〇〇〇年前、イタリアにも八〇〇〇年前には到達しています。これより北側をドナウ川沿いに北西に進んだルートもあり、ハンガリー平原では七五〇〇年前の農耕遺跡がみつかっています。さらに、ドナウ川の下流域から黒海の北側を東に進んだルートもあり、ドン川やヴォルガ川の下流域でも七〇〇〇年前には農耕が行われていました。一方、アナトリア方面とは別に、地中海の東岸沿いに南下したルートもあり、ナイル川流域に七五〇〇〜七〇〇〇年前に到達しています。

ヨーロッパへの伝播にみられる特徴の一つは、七〇〇〇年前までに農耕がはじまった地域が、北緯五〇度以南に限られていたことです。北緯五〇度より北の地域は気温が低すぎたのでしょう。周囲を海に囲まれ比較的温暖なイギリスでも、農耕が開始されたのは六〇〇〇年前のことでした。

西アジア起源でヨーロッパとアフリカに伝わった農耕文化の最大の特徴は、ムギ類などの主食になる農作物も搾乳できる家畜動物も、すべてが西アジア原産だったことです。伝播先の地域で栽培化されたのは野菜類にほぼ限られ、家畜化された可能性が指摘されているのもネコとイヌくらいです。

ところで、西アジア起源の農耕文化に依拠し、メソポタミア文明、エジプト文明、インダス文明、さらにはこれらから派生した多くの文明が生まれましたが、すべての文明の発祥地は北緯二五度と四〇度の間に位置し、農耕起源地のメソポタミアが位置する北緯三三度から南北に少し離れた範囲に集中していたのです。

アフリカでの展開

農耕の歴史からアフリカ大陸をみるとき、北側の地中海沿岸と、サハラ以南の地域は別に扱うのが適しています（以下、とくに断らない限り、アフリカとはサハラ以南のアフリカを指す）。北アフリカは、気候も地中海を挟んで北側の南ヨーロッパに近く、ナイル川流域を含む地域には七〇〇〇年前に西アジア起源の農耕文化が伝わっていました。

一方のサハラ以南は、ヒトが誕生した地だったにもかかわらず、農耕の歴史からは後進地域なのです。その理由の一つは、栽培化に適す野生植物が少なく、家畜化に適す野生動物がほぼ皆無だったためです。アフリカで食用植物が栽培化されたのは、エチオピア（アビシニア）高原と西アフリカのサヘル地域です。ただし、これらの地域も独自の農耕の起源地というより、西アジア

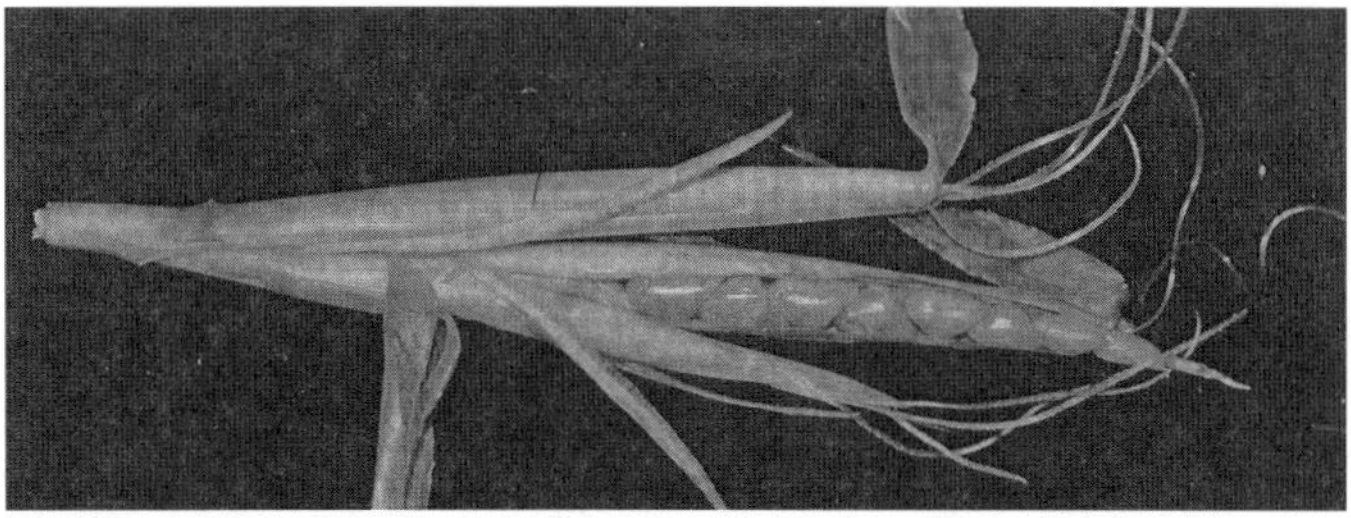

【図 3-6】テオシントの先端部。(国立科学博物館筑波実験植物園で植栽されている。撮影：國府方吾郎)

起源の農耕文化がアフリカ大陸の東北部から伝播した過程で、原産の食用植物が栽培化された可能性が高いのです。

エチオピア高原で栽培化されたのは、小穀類のモロコシ、シコクビエ、テフと、バナナに近縁のエンセーテです。サヘル地域で栽培化されたのは、アフリカイネ、トウジンビエ、ギニアヤム、それにアブラヤシと数種の豆類です。これらのうち、モロコシ、テフ、ギニアヤムをはじめとする多くの作物が現在も栽培されているものの、西アジア原産のムギ類やラテンアメリカ原産のトウモロコシに比べ生産性が低く、それほど多く栽培されているわけではありません。

アメリカ大陸——独自の農耕

アメリカ大陸では、栽培化された植物も家畜化された動物も、旧大陸のものとはまったく異なります。主食作物のうち、トウモロコシだけが穀類でほかは根栽類のことも特徴的です。

トウモロコシの野生種とその栽培化については多くの議論がつづいたものの、二〇〇〇年代にはいり急速に解明が進みました。アメリカ・スミソニアン国立自然史博物館のドローレス・ピペルノらが、メキシコの遺跡から採取したサンプルを用い、プラントオパール分析と遺伝子解析に成功したのです。サンプルが出土したのは、メキシコ西南部のバルサス川流域で標高が九六四メートルのキシュアトキツラ洞窟です。

トウモロコシの野生種は、多くの研究者が予測していたように、外見が大きく異なる一年生のテオシントでした（【図3－6】）。バルサス川流域はテオシントの自生地で、キシュアトキツラ洞窟から出土したトウモロコシの年代は、八七〇〇年前にさかのぼることが明らかにされました。それ以前に、メキシコやグアテマラでみつかっていたトウモロコシ栽培を示す遺跡の年代が六五〇〇年くらい前だったので、アメリカの農耕起源は大幅に古くなったのです。

トウモロコシ以外の主食作物は、ジャガイモ、キャッサバ（マニオク）、サツマイモなどのイモ類です。ジャガイモについては、民族植物学者の山本紀夫が、アンデス高地で長年にわたる研究の結果、栽培化が進んだのは六〇〇〇年ほど前と推測しています。八〇〇〇年ほど前から、カボチャや雑穀の一種であるキヌア（アカザ属）などが栽培されていたようですが、ジャガイモの栽培化によって本格的な農耕がはじまったと考えられています。

アンデス文明を支えたジャガイモが、穀類のような役割を果たしたのは加工技術のおかげです。人びとが、アンデス高地の低温・乾燥・強紫外線という環境を利用し、収穫したジャガイモに凍結と乾燥を繰り返し、重量をわずか二〇～二五％にまで減らすことに成功し、長期保存を可能にしたのです。このジャガイモの加工法、および加工されたジャガイモはチューニョとよばれます。

アメリカ大陸における農耕の伝播は、ジャガイモとトウモロコシの対照的な特徴を反映しています。ジャガイモ栽培が伝播したのは、チューニョに加工する必要もあり、アンデス高地沿いに北は赤道近くまで、南は南緯三五度くらいまでの範囲でした。トウモロコシはさまざまな環境に適応するように改良され、少なくとも四〇〇〇〜三〇〇〇年前までに、高地も低地も含め、北は北緯三五度くらいのアメリカ合衆国南部まで、南はジャガイモの伝播地域と重複するように南緯三五度くらいまで伝播したのです。

キャッサバやサツマイモの栽培化についても、植物遺伝学の研究が進んでいます。最近の報告によると、キャッサバはアマゾン川上流のブラジル西部からボリビア東部で、サツマイモは南アメリカ大陸の北端から中央アメリカにかけての地域で栽培化され、その年代はどちらも五〇〇〇年以上前と推測されています。

一方、北アメリカ大陸の中央南部で種子作物が栽培されていたことが、遺伝子解析を行った考古学者のブルース・スミスにより、一九八九年の『サイエンス』誌に発表されました。その研究によると、ミシシッピー川中流域のイースタン・ウッドランドで、三〇〇〇年くらい前にヒマワリやアカザ科の種子植物の栽培種が発見されたのです。ただし、これらの栽培はトウモロコシが伝播されるとすぐに消滅したようです。ニューギニア島高地とおなじように、かつて独自の農耕が発明された地域でも、生産性の高い作物がもたらされると、痕跡も残らないほど変容してしまうようです。

アメリカ大陸で家畜化された動物で価値が高いのは、ラクダ科のリャマとアルパカです。どちらも、アンデス高地で六〇〇〇年ほど前に家畜化されたと考えられています。主な用途は、毛からつくる衣類ですが、リャマは運搬のためにも利用されました。しかし、どちらの動物も搾乳できるわけではありません。

家畜飼育――さまざまな家畜動物

最初に家畜化された動物がイヌとネコであることは、発見された化石の年代からほぼ確実です。イヌもネコも、人びとが暮らす周辺に出没し食物をあさる習性をもち、イヌは狩猟に役立ち、ネコはネズミをとることで人びとに利益をもたらすうえに、人びとの特段の世話を必要としないことが早く家畜化された理由でしょう。

イヌの野生種は、遺伝子の研究からユーラシア大陸の広域に生息するハイイロオオカミであることがほぼ確実になりました。しかし、家畜化された年代については異なる見解が出されたままです。中国南部あるいはヨーロッパで三万〜二万年前あるいはそれ以前から、狩猟犬あるいは番犬として飼育がはじまったとする説から、一万年くらい前に農耕起源地の中東ではじまったとする説まであります。

ネコの最も古い化石はキプロス島で発見されたもので、約一万一五〇〇年前と同定されています。二〇〇七年の『サイエンス』誌に発表された国際共同研究の成果によると、家畜化されたイエネコの祖先はリビアヤマネコで、西アジアから北アフリカの地域で家畜化が起きたようです。イエネコは、人びとが収穫した穀類の貯蔵庫を狙うネズミを殺すので重用されたのです。

草食動物の家畜化の最古の証拠は、メソポタミアで化石骨が発見されたヒツジとヤギで、顕著に小型化しているのが特徴です。その時期は、定住がはじまってから約三〇〇〇年、農耕がはじまってから約一〇〇〇年経った、今から一万五〇〇〇年ほど前のことです。狩猟の際に生け捕りされた幼獣が飼い馴らされたのでしょう。ヒツジとヤギにつづき、ブタ（野生種はイノシシ）そしてウシが家畜化されたようです。

ブタの家畜化は、メソポタミアだけでなく中国や東南アジアでも起きた可能性が高いのです。これらの地域ではイモ類が栽培されており、ブタの格好のえさになったのでしょう。ニワトリも、東アジアと東南アジアで家畜化されたようです。ブタとニワトリは、ユーラシア大陸の広域とオセアニアで飼育され、肉の供給だけでなく、人糞などの排泄物を清掃することから重用されたのです。

ウマは、いくつかの系統から家畜化された可能性が高そうです。最もよく知られるのは、カスピ海や黒海の北に位置するステップ地帯で発見された六〇〇〇～五〇〇〇年前の化石です。この地域で、ヤギ・ヒツジを飼育していた住民がウマを家畜化したと考えられています。ウマの家畜化がヤギ・ヒツジに比べて遅れたのは、野生ウマの生息地が西アジアの農耕起源地から遠く離れていたためでしょう。

搾乳と犂耕《りこう》

家畜飼育がヒトの適応力の向上に直接かかわった機序は二つあります。一つが、家畜動物の乳あるいはその加工品を摂取することです。もう一つが、家畜動物に物の運搬や犂《すき》の牽引をさせるか、家畜動物に騎乗することで動力源として利用することです。

ヒトは本来、ほかの哺乳類とおなじように、乳幼児期を過ぎるとラクトース（乳糖）を十分に分解できず、とくに生乳は吸収できません。ところが、ヒトがヤギ、ヒツジ、ウシなどの家畜動物の乳とその加工品を摂取することで、ラクトースを効率よく消化できる突然変異が起き、成長してからもラクトースを利用できる唯一の動物になったのです。この変異遺伝子の頻度が高まったのは、ラクトースを利用できるヒトが、栄養状態がよく長命になり子孫を多く残したためと考えられます。

西アジアで、ヤギ・ヒツジついでウシが家畜化されたのは一万年より少し前のことでした。これらの家畜動物を最初に飼育した目的は、肉として利用することではなかった可能性が高そうです。肉を利用するために殺すのでは、大量の草を与えるなどの作業が多すぎるからです。しかし、野生動物が狩猟により捕獲され徐々に減るのにつれ、家畜飼育への移行がはじまったのです。その早い段階から乳の摂取が行われ、乳は生乳としてよりも、乳酸菌を利用して発酵させヨーグルトに加工し保存期間を延ばしてから利用されたのでしょう。

家畜飼育がもたらした、地球規模でのヒトの生存、あるいは地球規模での人口への最大の影響は、植物がほとんど生育しない乾燥地帯への進出を可能にしたことです。乾燥地帯に進出した人びとは、ウシ、ヒツジ、ヤギ、ラクダなどの家畜動物の乳・乳製品と、少量の血を摂取しながら生きてきたのです。

家畜飼育がヒトの生存に及ぼしたもう一つの大きな影響は、物の運搬や犂の牽引などの動力源としての利用で、とくに畑作で犂を引くことによる生産性の向上があげられます。中国の古い文献にはヤギに犂を引かせたとの記載もありますが、世界中のほとんどの地域で犂耕に用いられたのはウシかスイギュウで、後に多くの地域でウマに代わられたのです。家畜動物による犂耕の恩恵を強く受けたのは、西アジアで起源しヨーロッパに伝播したムギ類の畑作で、耕地面積の拡張により生産性を高めたのです。

耕作および物の運搬とは別に、ウマの騎乗も動力源としての利用といえるでしょう。ウマの騎乗は、五〇〇〇年ほど前のエジプトにさかのぼるといわれます。三〇〇〇年ほど前にはウマに騎乗する遊牧民が中央アジアに出現し、その後、ユーラシア大陸の歴史の表舞台に登場するのです。

残されたフロンティアへ

エクメーネとアネクメーネ

一九世紀前半に活躍した博物学者で、近代地理学の祖ともよばれるドイツ人のアレクサンダー・フォン・フンボルトは、グローバルな視点に立って思考する一方で、アンデス高地を踏破するなど、ヒトと環境との関係を具体的に捉えたことで知られます。彼は、「ヒトが生活できる地域」という概念に強い関心をもち、それを「エクメーネ」とよびました。エクメーネは、ヒトの生物としての生存可能性と食物の入手可能性に規定され、どちらも気候条件に強く依存するのが特徴です。エクメーネの反対語は「アネクメーネ」です。

フンボルト自身も、地球上にエクメーネかアネクメーネか判断しにくい場所があることを認識していました。水平方向では、中緯度に広がる砂漠に代表される乾燥地帯、垂直方向では、低温・低圧・低酸素の高地があげられます。生物相が貧弱で飲料水の確保もむずかしい小さな島も、エクメーネかアネクメーネか微妙な場所といえるでしょう。ヒトは、このようなところにも進出したのです。

高地へ――身体を適応させて

標高が二〇〇〇メートル以上の場所を高地とすれば、高地は地球上の陸地の二割以上を占めています。チベット高地やアンデス高地には標高四〇〇〇メートル以上に集落がみられ、チベット高地の牧民たちは標高五〇〇〇メートルを超える草原でヤクを放牧するものの、一般に標高四〇〇〇メートルくらいがエクメーネの限界といわれています。

高地の居住性について、南アメリカ大陸を訪れた多くのヨーロッパ人が書き残しています。一六世紀にインカ帝国を滅亡させたスペイン人の征服者フランシスコ・ピサロも、後の時代にアンデス高地にすみついたヨーロッパ出身の聖職者たちも、高地で生きることの苦労を訴えています。アレクサンダー・フォン・フンボルト自身も、高度順応の厳しさと高山病の危険を十分に理解しており、高地をエクメーネかアネクメーネか判断しかねていました。

ヒトの生存にとって最大の問題は気圧が低いことです。気圧は海水面に比べ、高度二〇〇〇メートルで七八・五％、三〇〇〇メートルで六七・九％、四〇〇〇メートルで六〇・九％しかありません。気圧が低いと酸素分圧も低くなり、ヒトの体内で酸素循環量が減少します。旅行者が高山病にかかるのはそのためです。ところが、高地にすみつづけてきた民族集団は、高山病にならない機能を獲得しているのです。

おもしろいことに、アンデス高地の人びととチベット高地の人びとでは、低酸素への適応機序が異なっています。アンデス高地民は酸素を運ぶ血中ヘモグロビン濃度が高く、チベット高地民は血流量が多くなるように血管が拡張しているのです。機序が異なるとはいえ、それぞれの集団が獲得した生理学的な機序は遺伝し世代を越えて伝えられています。興味深いのは、ヒトが皮膚表面で感知する寒冷には住居や防寒具などにより文化的に適応したのに対し、身体の深部における酸素供給には生物学的に適応したことです。ヒトは優れた酸素供給能を獲得したことで、高地をアネクメーネからエクメーネに変えたともいえるでしょう。

高地におけるヒトの居住年代については、最近の発見により予想以上に早かったことが明らかになりました。チベット高地では、標高約四〇〇〇メートルの地点で人骨をともなう二万年以上前の遺跡が発見され、アンデス高地でも、標高四〇〇〇メートルを超える地点で約九〇〇〇年前の人骨が発見されたのです。

高地という環境は、低温・低圧・低酸素ではあるものの、長年居住してきた民族集団にとって大きな負荷にはならず、ウイルスなどの病原体がほとんど生息しないという利点もあります。また、ヒトが低地から高地に移住すると流産の割合が高くなりますが、高地に居住しつづけている民族集団ではそのような傾向はみられません。したがって、低緯度に広がる高地はヒトの生存に

	メソアメリカ	アンデス	チベット	エチオピア
標高（メートル）	2300	3000-4000	3600	2300
緯度（北緯）	20°	10-20°	20°	0°
主な農作物	トウモロコシ	ジャガイモ	ムギ、ソバ	テフ、エンセーテ
主な家畜動物	シチメンチョウ	リャマ、アルパカ	ヤク	ウシ

【表3-1】 4つの主な高地文明の特徴。
テフ：イネ科の小穀類で、粒径は 1-1.5 ミリメートル。エンセーテ：バショウ科の植物で、果実はバナナに似る。(総合地球環境学研究所, 2010 を一部修正)

不利とはいえず、むしろ人口が増加しやすい環境なのです。

世界には、四つの地域で高地文化（あるいは高地文明）が発達しました。アフリカ大陸のエチオピア文化、アジア大陸のチベット文化、アメリカ大陸のメソアメリカ文化（マヤ文明）とアンデス文化です（【表3－1】）。四つの地域に共通するのは、赤道に近い低緯度に位置し、比較的平坦な台地が広がっていることです。

メソアメリカ高地とアンデス高地は、トウモロコシとジャガイモの野生種の生育地です。それぞれの地域で暮らしていた狩猟採集民が、トウモロコシあるいはジャガイモの栽培化に成功し農耕をはじめたのです。メソアメリカ高地とアンデス高地、さらには独自の農耕がはじまったニューギニア高地は、低緯度に位置し人口が増加していた点で共通していたのです。ただし、チベット高地とエチオピア高地では、それぞれの地域に自生していたオオムギあるいはテフが栽培化された可能性が高いとはいえ、農耕の引き金は西アジア起源の農耕技術の伝播だったようです。

現在、標高二〇〇〇メートル以上に居住する人口は、世界人口の一割程度と推測されています。二〇〇〇メートル以上の高地と二〇〇〇メートル以下の地域を比較すると、人口密度に大差はなく、とくに熱帯の高地には人口密度の高い地域が多くみられるのです。

乾燥地へ——家畜とともに

年降水量が二五〇ミリメートル以下の地域が砂漠です。砂漠は地球上に二二七〇万平方キロメートルもあり、陸地の一六％以上を占めています。人工衛星画像をみると、アフリカのサハラ砂漠から、アラビア砂漠、カヴィール砂漠、カラクム砂漠などをとおり、タクラマカン砂漠、ゴビ砂漠まで乾燥地帯が延びています。この長い帯状の地域は、衛星画像で黄色く見えるので、イエローベルトとよばれます。イエローベルトは北緯一五〜五〇度に位置し、南半球でもほぼ同じ緯度に乾燥地帯がみられます。

イエローベルトの中でも、乾燥が厳しく樹木がほとんど生えない砂漠のような環境は、ヒトの生存に厳しいだけでなく食用になる動植物もほとんど存在しないため、エクメーネにならないのです。といっても、乾燥度や植生は比較的短期間に変化します。最大の面積をほこるサハラ砂漠では、四万〜一万年前の地層からウシ（野牛）、ゾウ、カバなどの骨が見つかり、現在よりはるかに湿潤な気候だったことを示しています。ところが、一万年前以降の地層からは野生動物の骨は出土せず、九〇〇〇年前以降になるとヤギ・ヒツジなどの家畜動物の骨が増加するのです。

砂漠のような乾燥地では農耕を行うことは困難です。ヒトの乾燥地への進出は、わずかに生育する植物を摂食する家畜動物をともなうことで可能になったのです。家畜飼育に依存する人びとは牧畜民とよばれ、その中でも、定着性が低く頻繁に移動する人びとは遊牧民とよばれます。イエローベルト沿いの大半の地域は牧畜民の居住地になっています。彼らが最も多く飼育するのがヤギ・ヒツジとウシで、東アフリカには主にラクダを飼育する牧畜民、アジアの標高が高い地域には主にヤクを飼育する牧畜民も暮らしています。

牧畜民は、家畜動物が摂食する草や木の葉を求め、さらには乾季と雨季の環境変化に合わせて家畜を移動させ、年間をとおし家畜の生存と繁殖を維持するのです。家畜の群れを巧みに管理し、メス個体を出産後の早い時期に乳離れさせ、群れの中に搾乳できる個体が常に存在するようにします。典型的な牧畜民は、家畜飼育以外の生業を行わず、乳とその加工品を主な食物とし、まれに少量の血を採取して食用にします。

農耕をほとんど行わない牧畜民が誕生したのは、数千年前のことのようです。牧畜民は現在では乾燥がとくに厳しい地域だけにみられますが、かつてはより広い地域を居住地にしていました。たとえば、アラビア半島の農村に定住しているアラブ人の大半は、かつては遊動的な生活を送っていたベドウィンとよばれる牧畜民だったのです。

本来はアネクメーネといえる乾燥地でも、わずかに生育する野生植物を家畜に食べさせ、家畜の乳などを摂取してヒトが生存できるようになったことは画期的でした。しかし、植物の生育量が生息可能な家畜の数を決めるという生態的な制約が変化したわけではありません。この点で、乾燥地がエクメーネになったとしても、高地がエクメーネになったこととは大きく異なります。高地では、農耕ができれば食糧の生産量の増加が可能なのに対し、乾燥地では、飼育できる家畜の数は野生植物の量によって一義的に決まるからです。

南太平洋に乗り出す

地球儀で、日付変更線の東をみると、目に入るのはほとんどが太平洋の大海原で、ところどころに小さな島々が点在するだけです。北はハワイ諸島、東はイースター島（ラパヌイ島）、南はニュージーランドに囲まれる広大な海洋世界がポリネシアです。また、グアム島、ヤップ島、パラオ島など、日本列島の南に位置する島々がミクロネシアです。三二〇〇年前ころ、ポリネシアとミクロネシアはすべてが無人島でした。

オセアニアへのヒトの移住には二つの波がありました。第一幕の移住は五万年ほど前に起き、その時の移住者がオーストラリア人（アボリジニ）と大半のニューギニア人の祖先になったのです（66〜67ページ参照）。第二幕の移住は、まったく別のグループによってなされました。

第二幕の移住者は、東南アジアではじまったイモ類やバナナの農耕とブタやニワトリの飼育を行い、カヌーを巧みに操る卓越した航海術をもっていました。彼らは、五〇〇〇年くらい前にウォーレシア（東インドネシア）の島々からニューギニア島に到達し、北海岸沿いに東進してから、三六〇〇年ほど前にニューギニア島の東北に位置するビスマルク諸島に定着しました。この第二幕の移住者とその子孫は、彼らが話す言語にちなみ、オーストロネシアンとよばれます。オーストロネシアンと区別するために、第一幕の移住者の子孫でニューギニア島などにすむ人びとは、非オーストロネシアンとよばれます。

オーストロネシアンは、東南アジア起源の農耕と家畜飼育に加え、海産資源を利用する漁撈技術を発達させ、海洋環境への本格的な適応に成功したのです。オーストロネシアンが発展させた文化は、独特の幾何文様や人面文様をつけたラピタとよばれる土器にちなみ、ラピタ文化複合とよばれます。

オーストロネシアンは、非オーストロネシアンと多少の混血をしたものの、遺伝子の特徴からも文化の特徴からも独自性を保持したまま、三二〇〇年前ころに、ラピタ文化の揺籃の地であるビスマルク諸島とその東南に隣接するソロモン諸島から、東方のポリネシアと北方のミクロネシアに向け本格的な遠洋航海をはじめたのです。

南太平洋の島々への移住を理解するには、ビスマルク諸島とソロモン諸島に代表されるメラネシアをニア・オセアニア、それより東あるいは北に位置するポリネシアとミクロネシアをリモート・オセアニアと二分するほうが適しています。この区分は、ラピタ文化研究の先駆者ロジャー・グリーンによってなされました。リモート・オセアニアは、ラピタ文化誕生の地から遠いだけでなく、島は小さくなり島と島との間隔は長くなり、島影も見えない先を目指して航海しなければ到達できないのです。

ラピタ文化を携えた人びとは、三〇〇〇年前までに、西ポリネシアのフィジー諸島、トンガ諸島、サモア諸島などに、一方でミクロネシアのグアム島をはじめとするマリアナ諸島に到達しています。ポリネシアでは、その後も東へ、さらには北あるいは南へと向かい、二五〇〇年前にソサエティ諸島、二〇〇〇年前にマルケサス諸島やハワイ諸島、一五〇〇年前にイースター島、そして九〇〇年前にはニュージーランドに到達したのです。ポリネシア人の壮大な航海によって、南極大陸を除くと地球上から無人地帯はほぼ完全になくなったのです。

ポリネシアの島々に生きる

オセアニアでは、オーストラリア大陸を別にすると、日本全土の二倍以上の面積をもつニューギニア島と、北海道の二倍近いニュージーランド南島とそれより少し小さいニュージーランド北島が大きな島です。これらを除くと、島々は西から東に向けてサイズが小さくなるとともに、島と島との距離が広がります。とくに、三〇〇〇とも五〇〇〇ともいわれるポリネシアの島々は小さいのです。

一五世紀以降の大航海時代に、ヨーロッパからアメリカ大陸に向かった船団が、多くのポリネシアの島々を発見しています。その中に、居住した跡があるのに無人になっていた島もあり、発見したヨーロッパ人たちにミステリーアイランドとよばれました。赤道に近く西経一五〇度から一八〇度に位置するフェニックス諸島やライン諸島、その南でクック諸島に含まれるホーランド島、キリスィマスィ（クリスマス）島、ファニング島、パーマストン島、ニュージーランドの北に位置するノーフォーク島、ハワイ諸島北部のネッカー島やニホア島、さらにはイースター島の西二〇〇〇キロメートルほどに位置するピトケアン島やヘンダーソン島などです。

ミステリーアイランドは、人間が生存するのに適さないことでは共通しています。サイズが非常に小さかったり、飲料水の確保が困難だったりするのです。それにもかかわらず、ポリネシア人はなぜ移住したのでしょうか。このことはポリネシアの特異性が関係しています。人びとが人口増加あるいは資源の減少に直面すれば、ほかの場所に移住しようと考えたのは当然でしょう。ところが、比較的大きな島々の植民が終わった後のポリネシアで、移住先の候補になるのは遠く離れた無人島ばかりだったのです。これらの無人島は、野生の資源がたとえ乏しいとしても手つかずに残り、周囲の海からの水産資源の入手はしやすかったでしょう。

無人島にすみついた人びとは、しばらくは人口を増加させたかもしれません。しかし、島の資源で養える人口には限りがあり、島が小さく、農耕に向く土地が少ないなど人口支持力が小さければ、人びとは居住をあきらめざるを得なかったでしょう。ミステリーアイランドはまさにそのような島々と考えられます。

最後に、ポリネシア人がポリネシア最東端のイースター島より東、すなわちアメリカ大陸まで到達したかという興味深いテーマが残っています。イースター島は西隣りのピトケアン島から二〇〇〇キロメートル離れ、東の南アメリカまで三〇〇〇キロメートル離れていることから、人びとが南アメリカ大陸を目指した可能性は高いでしょう。ポリネシアのクック諸島で、一〇〇〇年も前に南アメリカ原産のサツマイモが栽培されていたことが判明しており、ポリネシア人が南アメリカ大陸に到達しサツマイモを持ち帰ったと考えられています。ただし、ポリネシア人の末裔が南アメリカ大陸に居住している証拠は得られていません。

イースター島の悲劇

イースター島は、面積が一七〇平方キロメートル以下で、西のピトケアン島と東の南アメリカ大陸との間に位置する絶海の孤島です。イースター島をはじめて見たヨーロッパ人は、オランダ海軍の提督で探検家でもあったヤーコプ・ロッヘフェーンです。彼は一七二二年に上陸し、一〇〇〇体以上のモアイ像に驚くとともに、約三〇〇〇人の住民が日常の食物にもことかく困窮した暮らしを送っていると報告しています。その半世紀後の一七七四年に、イギリスの海軍士官で探検家だったジェームズ・クック（キャプテン・クック）が訪れたとき、人口は約二〇〇〇に減少し、人びとの暮らしはさらに困窮の度を深めていたのです。

約一五〇〇年前に植民されたイースター島で、人びとは森林を開墾しイモ類を中心とする農耕を行い、カヌーを用いて外洋で行う漁撈により豊かな生活を享受したのでしょう。移住時の人口は不明なものの、せいぜい二〇人程度と推測されています。それが、最盛期の一五〜一六世紀には少なくとも七〇〇〇人ほどに増加していたのです。権力をもつ首長を中心とする階層社会がつくられ、モアイ像も宗教的な意味合いをもっていたと考えられています。

最盛期から人口が衰退した原因は、資源を枯渇させ人口支持力を低下させたことです。とくに大事なのは、建材・カヌー材・燃材として用いられた樹木と、焼畑の生産性を保つ土壌の肥沃度です。本来は更新資源であった樹木が、過度な利用のために非更新資源のように枯渇し、一八世紀には漁撈のためのカヌーをつくることもできなかったようです。土壌の劣化も、集約的な耕作をつづけた結果だったのです。

人口の視点から見直してみましょう。紀元五〇〇年ころに植民されたときの二〇人から、ちょうど一〇〇〇年後の一五〇〇年に七〇〇〇人に増加したとすると、年人口増加率はほぼ〇・六％

になります。この増加率は、初期の農耕民の社会よりはるかに高いとはいえ、海産資源を利用したイースター島民にとって不可能ではなかったでしょう。

イースター島の最盛期の人口で興味深いもう一つの点は、当時の人口密度が一平方キロメートルあたり約四五人で、現在の世界全体の人口密度とそれほど変わらなかったことです。

農耕による生存基盤の拡充

土地生産性と労働生産性

農耕は、野生植物の採集とは異なり、技術革新により生産量を増やすことが可能です。その手段の一つが作物の改良です。野生植物から栽培植物がつくられた過程で、穀類の場合は種子の脱粒性を失わせ成熟するまで茎から離れない性質の獲得、イモ類・バナナなどの場合は可食部の大型化や毒性の除去などがなされたのですが、その後も生産性を高めるさまざまな品種改良が繰り返し行われているのです。もう一つの手段は、森林の伐採あるいは乾燥地での灌漑水路の建造などによる耕作地の拡張あるいは生産性の向上です。

農耕の生産性には土地生産性と労働生産性があります。土地生産性とは、面積あたりの農作物の生産（収穫）量を意味し、農作物の重量ではなく農作物に含まれる食物エネルギー量を指すこともあります。一方の労働生産性は、面積あたりではなく労働時間あたりの生産量、すなわち収穫される農作物の重量あるいは農作物に含まれる食物エネルギー量を指します。

食物エネルギーとは、食物に含まれる炭水化物、タンパク質、脂質がヒトの体内で変換されてつくられるエネルギーのことです。それぞれの食物に含まれるエネルギー量は、これらの栄養素の含有量によって決まります。ヒトが生きていくうえで必要なエネルギー摂取量は、性・年齢、体格、活動量などによって異なりますが、さまざまな性・年齢の個人からなる地域集団にとっての必要量を推定するには、便宜的に一人一日あたり二〇〇〇〜二四〇〇キロカロリー（平均して二二〇〇キロカロリー）とみていいでしょう。一人一年あたりにすると、約八〇万キロカロリーになります。

土地生産性も労働生産性も、農耕の技術革新によって向上するのですが、二つの生産性は異なる意味合いをもっています。土地生産性の向上は、人口支持力を向上させるので人口密度を高めるようにはたらきます。一方の労働生産性の向上は、おなじ収量を得るのに必要な労働時間を短くするので、農耕以外に多くの時間をつかうことを可能にします。見方を変えると、食物生産に直接かかわらない人びとが多く生存できるようになるのです。

実測された生産性

農耕の土地生産性と労働生産性が、長い歴史の中でどのように変化してきたかを具体的に把握するのは困難です。しかし、さまざまな社会で農耕（農業）に投入された人力、畜力、石油などのエネルギー量と、収穫された農作物から類推することは可能です。ヒトとエネルギーとの関係を研究しているデヴィッド・ピメンテルとマルシア・ピメンテルの報告から、いくつかの国や地

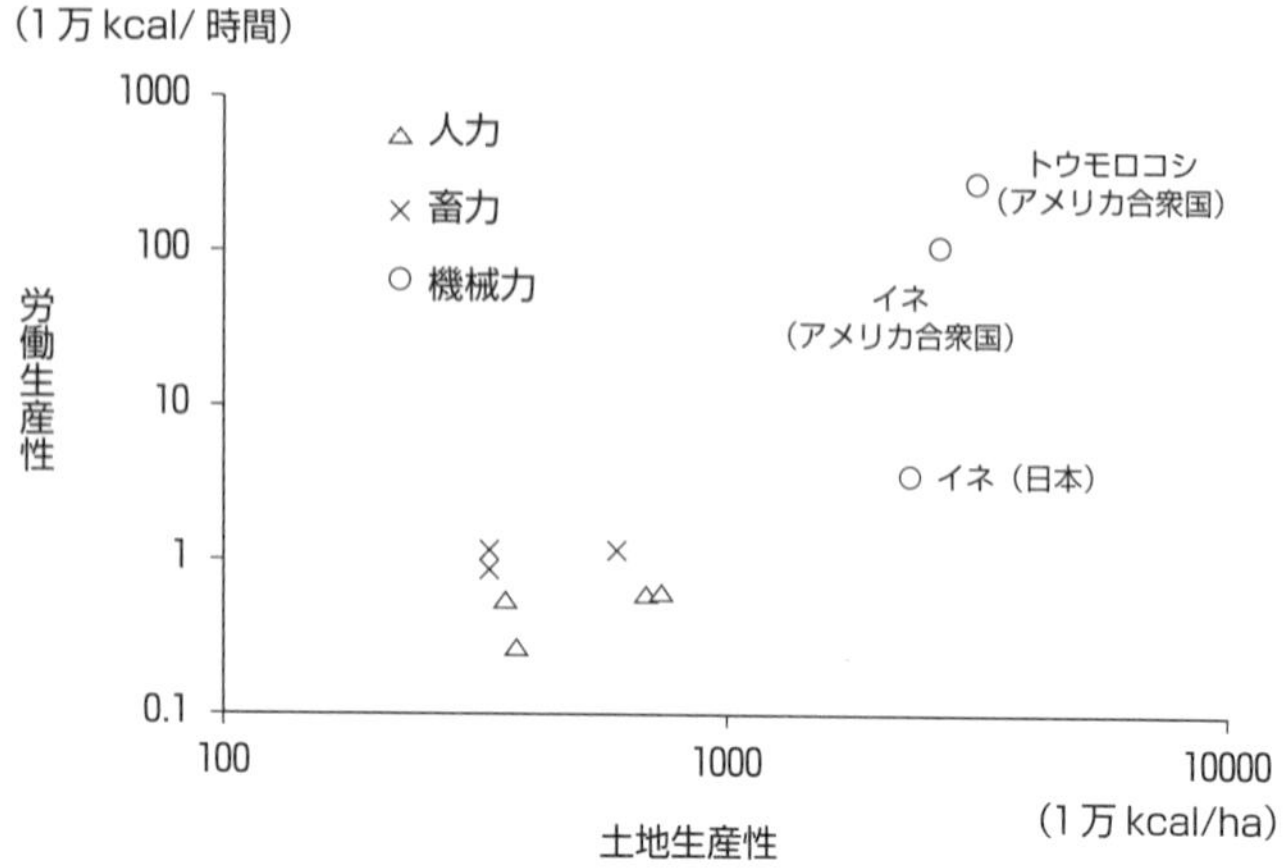

【図 3-7】イネまたはトウモロコシの労働生産性と土地生産性。
（Pimentel D, Pimentel MH, 2008 を基に著者作成）

域社会で二〇世紀後半に行われていた、イネかトウモロコシだけを栽培する一〇のケースについて、土地生産性と労働生産性を比べてみましょう（【図3－7】）。

人力だけを用いる農耕が四ケース、畜力を用いる農耕が三ケース、機械化が進んだ農業が三ケースです。ここで取り上げている畜力を用いる農耕は、一頭のウシかスイギュウを用いるもので、中世のヨーロッパで行われたような複数のウシあるいはウマに犂を引かせる大規模なものではありません。

土地生産性は一ヘクタールから収穫される作物に含まれる食物エネルギー量を、労働生産性は一時間の労働で収穫される作物に含まれるエネルギー量を指しています。このグラフは、横軸も縦軸も対数目盛りになっています。土地生産性も労働生産性もケースによる違いが大きく、とくに化石燃料を用いる近代的な農業の労働生産性がきわめて高いため、ふつうの目盛ではすべてのケースをプロットしにくいからです。

人力だけを用いる農耕、畜力を用いる農耕、機械化農業のそれぞれのカテゴリーの中でも生産性が異なるのは、気温・雨量などの気候条件、土壌の肥沃度、さらには肥料や除草剤の使用量や農業機械用の石油の消費量などに左右されるからです。とはいえ、この図からいくつかの特徴が読みとれます。

人力による農耕と畜力を用いる農耕では、土地生産性の違いは比較的小さく、一ヘクタールあたり三五〇万～七〇〇万キロカロリーの範囲におさまっています。それに対して、労働生産性は人力による農耕で一時間あたり約五〇〇〇キロカロリーなのに対し、畜力を用いる農耕ではほぼ二倍の約一万キロカロリーになります。

人力あるいは畜力を用いる農耕の生産性が、ヒトが必要とする食物エネルギーをどのくらい満たしているのでしょうか。すべての食物エネルギーをトウモロコシまたはイネだけから摂取すると仮定すると、一ヘクタールあたり三五〇万～七〇〇万キロカロリーの土地生産性は、四・四～八・八人分を供給することを意味します。また、一時間あたりの労働生産性を、人力による農耕で五〇〇〇キロカロリー、畜力を用いる農耕で一万キロカロリーとすると、一人が一年間に一〇〇〇時間（一日あたり約二・七時間）働くことによる生産量は、それぞれ六・三人分と一二・五人分に相当します。

機械化農業は、人力による農耕や畜力を用いる農耕より労働生産性がはるかに高く、アメリカ合衆国における畑作は二桁も高いのです。日本の水田稲作の労働生産性が畜力を用いる農耕より数倍しか高くないのは、【図3-7】に取り上げられているケースが、狭い耕地に多くの労働力を投入するアジア型の水田稲作の労働様式を反映しているためです。一方で、アメリカ合衆国にみられる大規模な機械化農業は石油の大量使用に依存しており、石油からのエネルギー投入量を加えた場合のエネルギー収支は、人力あるいは畜力による農耕よりはるかに低くなります。

機械化農業にみられるもう一つの特徴は、労働生産性が人力や畜力を用いる農耕に比べ数百倍も高いにもかかわらず、土地生産性は数倍高いだけなのです。言い換えると、農業の技術革新が進んでも、人口支持力の上昇は緩やかにしか進まないことを意味します。

多様な農耕の戦略

農耕が地球上の広域に伝播した過程で、技術革新が繰り返し行われてきたでしょう。その中で、生産性の向上とともに、長期にわたる生産性の維持を可能にした技術が存続してきたはずです。肝心なのは、土壌中の養分を減少させない技術と、適度な量の水を供給する技術です。そのため、乾燥した環境か湿潤な環境かによって有効な技術は大きく異なります。

西アジアを中心に、インダス川流域から地中海沿岸にかけて、ムギ類の農耕が古くから行われてきた地域は、年降水量が四〇〇ミリメートルにも達しないところがほとんどです。このような乾燥地では、地中の水分が毛細管現象により蒸発するのを防ぐため、表土を浅く耕す農法が発達してきました。それでも、毎年連続して耕作するのはむずかしく、一年耕作し翌年は休閑する二圃式農耕が広く行われてきたのです。

西アジアにおける画期的な技術革新は、川の流域沿いに灌漑用の水路を建造することで、六〇〇〇年くらい前にはじまりました。水が十分に供給されると、作物の生産性は一〇倍以上、場合によっては数十倍も上昇したと推測されています。メソポタミア文明は、灌漑農耕のおかげで成立したともいえるのです。一方、エジプト文明を支えた農耕は、ナイル川が毎年定期的に氾濫し水と養分をもたらすことに支えられました。ナイル川の水位の上昇が六メートル以上の年は豊作だったといわれています。

降水量が多く湿度が高い地域では、乾燥地とはまったく異なり、土壌中の養分の流出の防止が課題になります。また、作物と競合する雑草が繁茂しやすいので除草も欠かせないのです。ユーラシア大陸では、中国南部から東南アジアにかけて湿潤な地域が広がっています。この地域で行われてきたのは、焼畑農耕と水田稲作です。

焼畑農耕は熱帯から温帯にかけて広く行われ、現在でもアジア、アフリカ、オセアニア、南アメリカの山間部などでみられます。栽培される作物は、イモ類やバナナが多く、アジアではイネ（陸稲）、アフリカではトウモロコシなどもよく植えられます。焼畑耕作は、かつては現在よりはるかに広い地域で行われていました。たとえば、スカンディナヴィア半島に広がる、寒冷で北方針葉樹林が優勢なタイガでも、焼畑耕作が五世紀ころから一七世紀まで行われ、主食のムギ類（ライムギ、オオムギ、オートムギ）が栽培されていたのです。

焼畑農耕に共通するのは、化学肥料、農薬、農耕機械を用いず、人力とかんたんな道具だけで、樹木や草本を伐採し、乾燥後に火入れをしてから作物を植えつけることです。火入れの利点は、樹木などの灰が養分になるだけでなく、作物の生長を阻害する雑草や病害虫を駆除することです。休閑期間は、土壌の養分の回復に不可欠です。連続して耕作できる年数や休閑が必要とされる年数は、土壌の性状や雨量などの気候条件によってさまざまで、数年つづけて耕作し数年から一〇年ほど休閑するタイプから、一年だけ耕作し数年から三〇年も休閑するタイプまであります。

焼畑農耕は、自然のシステムを最大限に活用しており環境保全的です。一方で、化学肥料や農薬を用いないから当然なのですが、焼畑農耕は生産性を高める可能性がきわめて限られています。現在も焼畑農耕が行われている地域で、土壌の劣化や森林の荒廃が起きている主な原因は、人口増加や換金作物用のプランテーションの拡大により耕作地が不足し、休閑期間の短縮や傾斜地の耕地化が進んでいることなのです。

アジアの湿潤地帯で、生産性を高めることに成功したのが水田稲作です。苗代を含む水田という人工的な環境は、イネを安定して栽培するのに最適です。水田は土壌に含まれる養分を流出させにくくし、水田の水量を調節することで、イネの生育を助け雑草が繁茂するのを防ぐからです。水田稲作は、温帯から亜熱帯のモンスーン地帯に広く伝播し、平地はもちろん傾斜地にも棚田がつくられてきました。

ムギ類の畑作と水田稲作

農耕の生産性が大きく向上したのは、西アジアではじまり地中海を経由しヨーロッパに伝わったムギ類の畑作と、中国の長江中下流域ではじまり、東アジア、東南アジア、南アジアに伝わった水田稲作です。ムギ類の畑作と水田稲作は水の管理を改良した点で共通しているものの、環境が乾燥地帯と湿潤地帯と違うこともあり、生産性を高めた戦略は大きく異なっていました。

二つのタイプの農耕の生産性の特徴は、「労働（労働時間）」「土地（耕作面積）」「生産物（収穫物に含まれる食物エネルギー量）」の三つの要因に着目し、［生産物］／［労働］で表される労働生産性を、土地生産性を表す［生産物］／［土地］と、［土地］／［労働］との積とする恒等式としてみると分かりやすくなります。

$$\frac{[生産物]}{[労働]} = \frac{[生産物]}{[土地]} \times \frac{[土地]}{[労働]}$$

西アジアではじまったムギ類の二圃式農耕は、ウシに犂を引かせることにより［土地］／［労働］を上昇させ、労働生産性を上昇させたのです。西アジアやエジプトで、効率のよい犂が用いられるようになったのは五〇〇〇年くらい前のことです。その後、三二〇〇年くらい前から、犂をはじめとする鉄製の農具が、地中海地域を皮切りに広域で用いられるようになったのです。なお、古代ギリシャや古代ローマでは、奴隷が長時間の過酷な労働に従事させられ、畜力とおなじような役割を担わされたのです。

一一世紀以降になると、ヨーロッパに伝わっていた二圃式農耕の改革がはじまりました。犂を引く畜力を二頭のウシから六頭かそれ以上のウマに代え、三年に二年耕作する三圃式農耕に移行したのです。三圃式農耕は、三年に二回の収穫を行うので、［生産物］／［土地］すなわち土地生産性をも大きく向上させました。

三圃式農耕に移行したころ、休閑地に家畜を放牧し糞による土壌の肥沃化もはじまりました。イギリスをはじめとする北ヨーロッパでは、土壌の養分を保つため、休閑年にクローバーなどの牧草や家畜の餌になるカブなどを植えることもはじまりました。ほかにも、地中海地域より湿度が高く気温が低い気候にあわせるため、二圃式農耕では休閑年にも土中の湿り気を保つよう浅耕したのに対し、三圃式農耕では休閑年には除草を兼ねて深耕したのです。

三圃式農耕への移行を中心とする農耕の技術革新は、[土地]／[労働]の向上だけでなく、[生産物]／[土地]も大きく向上させたことから、ヨーロッパの大開墾時代あるいは中世農業革命とよばれています。中世農業革命における農耕生産性の向上は、一一世紀半ばから一四世紀初頭までつづいた「中世の温暖期」とよばれる気候にも助けられたと指摘されることもあります。

一方の水田稲作では、[土地]／[労働]はほとんど変化しなかったものの、イネの品種改良に加え、水田の水量の微妙な調節、頻繁な除草、肥料（有機肥料）の使用など多くの人手をかけ、土地生産性（[生産物]／[土地]）を高めることにより労働生産性を高めたのです。そのためには多くの労働力が必要で、労働力としての子どもを多くもつことが有利に作用しました。このことが、アジアの水田稲作地域の高い人口密度をもたらした大きな理由と考えられます。

水田稲作地域の人口密度が、ムギ類の畑作地域より高くなったもう一つの理由として、播種量に対する収穫量の比を指す収穫率が、ムギ類よりイネのほうがはるかに高いことがあげられます。収穫率が高いことは、土地生産性が高いことを意味します。中世のヨーロッパにおけるムギ類の収穫率を推定してきた、農業史家のスリヘル・ファン・バートやジャン・ティトウらによると、コムギの収穫率は一三世紀から一四世紀にかけて三〜五倍、一五世紀に約五倍、一六世紀になってもせいぜい六倍程度で、オオムギやライムギでも大差なかったようです。一方、日本のイネの収穫率ははるかに高く、中世に二〇〜三〇倍程度であり、江戸時代にはいると五〇倍程度まで上昇したのです。

ヨーロッパで、中世にムギ類の畑作の生産性が高まったことは、人口増加率の上昇に反映されています。ヨーロッパ全域の年人口増加率は、歴史人口学者のコリン・マッキーヴディとリチャード・ジョーンズによると、一〇〇〇〜一一〇〇年、一一〇〇〜一二〇〇年、一二〇〇〜一三〇〇年の各一〇〇年間に、〇・一八%、〇・二五%、〇・三五%と推定されています。産業革命以前では最も高い増加率だったのです。

アジアの稲作地帯の人口増加率も同様に高く、日本を例にとると、一〇〇〇〜一一〇〇年、一一〇〇〜一二〇〇年、一二〇〇〜一三〇〇年の各一〇〇年間における年人口増加率は、どの時期も〇・二五〜〇・二七%でした。中国（チベット自治区と新疆ウイグル自治区を除く）ではさらに高く、一〇〇〇年から一二〇〇年までの年平均人口増加率は〇・三%を超えたと推定されています。

第四章　文明――五五〇〇年前＝一〇〇〇万人

文明がもたらす功罪

社会的な階層化

農耕の開始が職業分化や社会的な階層化を引き起こした、とよくいわれてきました。しかし、先に紹介した、北アメリカ北西部で狩猟採集生活を送っていたクワキウトルやヌートカの社会には、貴族・平民・奴隷という階層があり、宗教的な祭祀を司る人びとや、彫刻・絵画などに長時間を費やす人びとも暮らしていました。

階層化の引き金になったのは、狩猟採集社会か農耕社会かを問わず、多くの人びとが密集して暮らす集住という居住形態と、食物を大量に入手できる場所があり、その場所に排他的な所有権が生じることでしょう。クワキウトルやヌートカは、狩猟採集民としては例外的に多い数百人にもおよぶ人びとが集落をつくり、その近くの川の瀬に季節的に遡上してくるサケやマスなどを大量に捕獲していたのです。漁場になる川の瀬は、首長を中心とする貴族階層に所有されていました。

　多くの狩猟採集民は、クワキウトルやヌートカとは異なり、成員が五〇人くらいのバンドとよばれるコミュニティをつくり遊動的な生活を送っていました。現生する狩猟採集民の調査からも推察されるように、彼らの社会は平等主義に基づき、個人間の軋轢を大きくしない仕組みができていたのでしょう。また、集団間で摩擦が生じたとしても、どちらかの集団あるいは両方の集団が居住地を移動することで、深刻な状況を回避できたでしょう。

　ところが、農耕の生産性が高まり人口が増加し、地域社会の規模が数百人、数千人、さらには数万人になるにつれて、平等な人間関係に基づく社会システムだけでは、地域社会が機能しにくくなったのです。地域社会内での個人間の軋轢は複雑化・深刻化したでしょうし、隣接する地域社会間で土地や農作物をめぐる摩擦も増したでしょう。また、農耕用の大規模な灌漑水路などをつくろうとするときにも、農作物の貯蔵施設を他集団の襲撃から守るためにも、リーダーが必要になったにちがいありません。このような状況の中で、社会的な階層化が進み支配階層の権力が増大したのです。

　社会的な階層化とともに、農耕をはじめとする食物生産に従事しない人びとが増加したのですが、彼らの生存を保証するには農耕の労働生産性の向上が不可欠です。農耕の生産性の向上と社会的な階層化は、同時並行的に進んだのです。

古代文明の成立

社会の階層化が進み、宗教や芸術あるいは科学や技術に専念する人びとが現れたのと同時に、都市が形成され、人びとの生活や社会の在り方が大きく変わることになりました。人口が集中する都市が、周辺地域を巻き込む社会経済的なユニットになったことが、古代文明の基本的な特性ともいえます。古代文明の発祥地については、歴史家によって見解が異なりますが、旧大陸ではメソポタミア文明、エジプト文明、インダス文明、中国文明（長江文明と黄河文明）を、アメリカ大陸ではアンデス文明とメソアメリカ文明をあげることに問題はないでしょう（94ページの【図3-1】参照）。この中でアンデス文明を除くと、文字が発明されたことも大きな特徴です。

地球上で最初に興ったのがメソポタミア文明で、その年代は五五〇〇年くらい前にさかのぼります。メソポタミア文明は、ほかの多くの古代文明でもみられたように、文明を中心的に担った民族集団も文明の中心地も変遷をつづけました。最初はシュメール人（系譜は不詳）がつくったシュメール文明（都市国家）であり、その後、アムル人（セム語派）による古バビロニア王国、ヒッタイト人（インドヨーロッパ語族）によるヒッタイト帝国、アッシリア人（セム語派）によるアッシリア帝国へと受け継がれ、中心地も移動を繰り返したのです。なお、都市国家、王国、帝国、あるいは王朝という呼称は、集団の規模や支配力の強さなどに関係するものの明確に区別されているとはいえません。

メソポタミアでつくられた最初の文字は、ユーフラテス川の下流域に位置するウルクとよばれる古代都市（現在のイラクのサマーワ付近）で発見された楔形文字で、その年代は五二〇〇年前にさかのぼります。このころには都市への人口集中が進み、ウルクをはじめ一万を超える人口をもつ都市が複数存在したのです。メソポタミア文明の影響を受けたエジプト文明とインダス文明は、それぞれ五一〇〇年前ころと四六〇〇年前ころに成立しました。

メソポタミア文明の中心地とエジプト文明の中心地は地理的に近く、両地域の周辺にはさまざまな文明が誕生しました。四六〇〇年ほど前、エジプト文明とほぼ同時期に、アナトリア半島のダーダネル（チャナッカレ）海峡に面したトロイ（または、トロイアあるいはイリオス）を中心にトロイ文明が興りました。その後、クレタ島のクノッソスを中心に四〇〇〇年ほど前に興ったミノア文明、ペロポネソス半島のミケーネを中心に三五〇〇年ほど前に興ったミケーネ文明へと引き継がれたのです。

三二〇〇年ほど前、「紀元前一二〇〇年のカタストロフ（破局）」によりミケーネ文明は崩壊しました。「紀元前一二〇〇年のカタストロフ」とは、エジプト、西アジア、アナトリア半島、クレタ島、ギリシャなど広域を席巻した出来事で、原因は諸説あるものの、重大な結果として、ヒッタイト帝国が占有していた鉄の生産技術が広域に伝わり、青銅器時代から鉄器時代への移行がはじまったのです。その後、地中海地域における文明の主な担い手は、地中海の東端に位置する現在のレバノンを故地とするフェニキア人、ついで古代ギリシャ人の一グループのドーリア人へと受け継がれました（148〜150ページ参照）。

中国の古代文明については、最近も新しい発見がつづいていますが、長江文明が最も古く五三〇〇年前には成立したようです。黄河文明も、長江文明の成立からそれほど遅れることなく成立しました。それぞれの文明の遺跡が、長江流域と黄河流域を中心とする広域で発見されており、北緯二七度と三七度に挟まれる地域が文明化されたともいえそうです。黄河文明を支えた農耕は、水田稲作ではなくアワを主作物とする畑作だったのですが、きわめて肥沃な黄土地帯のおかげで高い生産性をもっていたのです。

アメリカ大陸においても、南アメリカのペルーを中心とするアンデス高地でアンデス文明が興り、北アメリカ南部のメキシコ、グアテマラ、ベリーズ、ホンジュラスにまたがる地域でメソアメリカ文明が興りました。旧大陸の文明に比較すると遺跡の数は少ないものの、発見された神殿の建設年代などから、両文明とも三五〇〇年前には成立したとみていいでしょう。

アンデス高地では、最初のチャビン文明が標高三二〇〇メートルのペルー高地で興って以来、複数の文明（小都市国家）が興亡を繰り返しました。メソアメリカでは、メキシコ東南部（北緯一八度周辺）の肥沃な扇状地でオルメカ文明が興って以来、ユカタン半島からベリーズ、グアテマラにかけての地域で諸文明が興りました。その中で、紀元前五世紀ころに興ったマヤ文明が紀元後四世紀から隆盛したのです。

アンデス高地でもメソアメリカ地域でも、小都市国家を統一し大帝国が出現したのははるか後のことで、アンデス高地でインカ帝国が成立したのは一四三八年、メソアメリカでアステカ王国（正式名称はメシカ王国）が成立したのは一三二五年でした。そして、アステカ王国は一五二一年に、インカ帝国は一五三三年に、ともにスペイン人に滅ぼされたのです。

都市の出現と人口の集中

古代文明の成立とともに、その中心部には都市がつくられました。都市は人口が集中するとともに、食物生産に直接かかわらない人びとが居住する空間です。濠で囲まれた城郭で、人びとの住居や農作物の貯蔵庫が他集団から襲われないように備えていたのです。都市の周囲には耕地が広がり、農民がすむ集落が配置されていました。都市がつくられた初期には、域内で農耕が行われることもあったようですが、整備が進んだ都市域はほとんどが建物で埋め尽くされていたのです。

メソポタミア文明の発祥地である西アジアでの発掘調査によると、顕著な人口集中がみられた最古の遺跡は、現在のシリア北部で、ユーフラテス川中流域に位置するテル・アブ・フレイラです（147ページの【図4-1】参照）。テル・アブ・フレイラは、一万一〇〇〇年以上前にさかのぼる最古の農耕遺跡の一つでもあり、その後しばらく放置されてから、八五〇〇年くらい前に、以前の一〇倍にあたる一五ヘクタールもある集落がつくられたのです。このときの居住人口は、少なくとも二〇〇〇～三〇〇〇、最大で四〇〇〇～六〇〇〇に達したと推測されています。

五五〇〇年くらい前になると、発掘された環濠や城郭などから、はっきりと都市の形状をもち人口が一万をこえたと推測される遺跡が現れます。よく知られるのは、メソポタミア文明の中心地だった現在のイラクに位置するウルクとエリドゥ、イランに位置するスーサなどです。五〇〇〇年前になると、エジプト文明も隆盛し中心地だったメンフィスの人口が急増し、ウルク、スーサとともに三万以上の人口をもつ世界最大の都市になったのです。

五〇〇〇年前までに人口が一万以上になった都市は、すべてがメソポタミアとエジプトに限られていました。その後、インダス文明と中国文明が隆盛し、インダス川流域のモヘンジョダロとハラッパーでは四五〇〇年前までに人口が二万を超え、中国の日照市（山東省）と臨汾市（山西省）などでも、四〇〇〇年前までに人口が一万を超えたのです。

都市の大規模化はその後も進み、三〇〇〇年前ころには、メソポタミア、エジプト、インド・パキスタン、中国に五万〜一〇万の人口をもつ都市が数多く現れました。このころから商業や交易の発展も目覚ましく、都市の大規模化を加速したのです。二〇〇〇年前の紀元元年ころになると、イタリアのローマは一〇〇万の人口をもつ世界最大の都市になり、ついで、エジプトのアレクサンドリアと漢の都になった長安も人口が四〇万〜五〇万に達したのです。

五〇〇〇年前ころからの変化の特徴は、都市の規模の拡大とともに、都市の数も増加し都市が存在する地理的な範囲も拡張をつづけたことです。都市人口の増加は、周辺の農村部における食物生産量の増加によって可能になったはずです。それだけでなく、都市の中心部は周辺の農村部より衛生状態が悪く、女性の居住者が少なく出生率は低かったと推測されており、都市の人口は、現代でもみられるように、農村部からの若い人びとの移入によって支えられていたのです。言い換えると、古代文明の中心地を取り巻く広域が社会経済的なユニットになり、その全体で人口が増加したのです。

西アジアにおける人口増加

古代文明の成立と都市の出現が、人口増加を加速したのはまちがいありません。人口増加率の上昇は、死亡率の低下か出生率の上昇、あるいはその両方によって起きます。この時代に死亡率と出生率が変化したことを示す具体的な情報は限られるものの、多くの発掘調査が行われた西アジアではある程度の推測が可能です。

信頼性の高い情報の一つは、古人類学者のジョン・ローレンス・エンジェルが、西アジアと地中海東部で発掘された多くの古人骨の推定死亡年齢から、平均成人死亡年齢を計算した結果です。平均成人死亡年齢とは、幼少時に死亡した人骨が残存しにくいことを考慮した指標で、二〇歳以上と判定された人骨の死亡年齢の平均値を指します。したがって、平均寿命よりはるかに大きな値になります。

エンジェルによると、農耕がはじまっていなかった一万年以上前の旧石器時代には、平均成人死亡年齢が男性で三三歳、女性で二九歳でした。それが、農耕に依存するようになった五〇〇〇年ほど前には、男性で三四歳、女性で三〇歳に、さらに四〇〇〇年ほど前には男性で三七歳、女性で三一歳に延長したのです。死亡年齢が延びた要因としてエンジェルが注目したのは、骨に残る事故や外傷の痕跡が減少したことで、遊動的な生活から定着した生活への移行が大きく影響したのです。エンジェルは、紀元二世紀のローマ帝国の住民や、紀元一四〇〇年ころと一七五〇年ころのローマ地域の住民でも、平均成人死亡年齢が男性で三八〜四〇歳、女性で三一〜三七歳の範囲にあることをも見出し、四〇〇〇年前からそれほど変化しなかったと指摘しています。

出生率についても、間接的な推測が可能です。一万年以上前の旧石器時代から四〇〇〇年ほど前までに、平均成人死亡年齢が男性で四年（歳）ほど、女性で二年（歳）ほど延長したことは、人口増加率の上昇に大きく寄与したはずです。とくに、死亡年齢の延長にともない、女性の出生力（妊孕力《にんようりょく》）が高い年代（約二〇～三五歳）における生存率が、一割ほど上昇したと考えられるからです。

なお、エンジェルが推定した平均成人死亡年齢が、いつの時代にも男性より女性で低いのは、出産にともなう妊産婦死亡が多かったためです。

一方で、西アジアで人口増加率が上昇したことは、遺跡の発掘によって明らかにされた、都市域や居住域の面積の増加からも指摘されてきました。西アジアの多くの地域で、都市が形成された時期の人口増加率が推測され、どの場合も判で押したように、年人口増加率がほぼ〇・一％だったのです（96～97ページ参照）。

最後に、西アジアで推測された〇・一％という年人口増加率を、古人口学者のフェクリ・ハッサンが推測した農耕開始前の旧石器時代の年人口増加率と比較しましょう。ハッサンは、三万年以上前の中期旧石器時代の増加率を〇・〇〇五％程度、三万～一万年前の後期旧石器時代の増加率を〇・〇一％程度と推測しています。旧石器時代の人口増加率を検証することは困難ですが、農耕が浸透し古代文明が栄えた時代の西アジアの人口増加率が、おおよそ一桁上昇したのはまちがいなさそうです。

奴隷という階層

奴隷の存在は、世界の多くの社会で知られています。本書で幾度か紹介した、狩猟採集民のクワキウトルやヌートカの社会にも奴隷は存在しました。しかし、古代文明が興り人口が増加し、都市国家、王国、帝国がつくられ、君主を頂点に貴族からなる支配階層、兵士としても徴用される農民などの平民の階層に加え、奴隷という階層が位置づけられてから、その存在は以前とは大きく異なるものになったのです。

奴隷制社会とは、たんに奴隷が存在する社会という意味ではなく、社会全体における奴隷の役割が大きく、総人口の二〇％以上になる場合を指すのがふつうです。この条件に最初に合致したのは、古代ギリシャと古代ローマです。古代ギリシャ・ローマで行われた、西アジア起源のムギ類の畑作は、ウシやウマという畜力だけでなく奴隷の労働力を利用し「土地」／「労働」を向上させながら発展を遂げたのです（129ページ参照）。古代ギリシャの賢人アリストテレスが「奴隷と家畜の用途には大きな違いがない」と述べているように、奴隷は長時間にわたる過酷な労働を強いられていたのです。

古代ローマでは、農耕に限らず生業の多くを奴隷労働に依存していたのですが、古代の終焉ともいえる西ローマ帝国が崩壊した五世紀ころには、奴隷の確保が困難になるとともに奴隷の地位向上の動きも活発になりました。奴隷の多くが、「小作人」に相当するコロヌスとよばれる階層に移行し、コロヌスが中世ヨーロッパの農奴の起源になったのです。

奴隷制社会では、奴隷が主人の所有物で、ヒトよりモノに近い存在とみなされるところは共通しているものの、与えられた地位や権利・義務などは、社会によっても時代によってもきわめて多様でした。奴隷が身分を変える可能性をもつか、主人が奴隷の生殺与奪の権利をもつか、奴隷に結婚が許されるかなども、社会によっても時代によってもさまざまだったのです。ただし、人口の変化を大きく左右する女性（女奴隷）の妊娠・出産に着目すると、その機会が大きく制約されたことは少なかったようです。

水田稲作を発展させたアジアでは、南アジアに独特のカースト制が紀元前一〇世紀ころから徐々に制度化され、中国でも戦争捕虜や罪人が「奴婢《ぬひ》」とよばれた奴隷として政府や豪族に使役されました。しかし、奴隷が農耕の主たる労働力にはならず、水田稲作には家族（大家族や親族を中心とする共同体）の労働力が主として投入されたようです。日本でも、縄文時代にも水田稲作が伝えられた弥生時代以降にも奴隷が存在した可能性はあるものの、奴隷の数も少なく奴隷への依存度も低かったのはまちがいありません。

感染症のリスクの増大

ヒトの歴史のなかで、多くの生命を奪ってきた病気は感染症です。感染症とは、病原微生物である細菌、ウイルス、リケッチア、寄生虫などの病原体が、ヒトの体内にはいりこむことによって感染します。

病原体も生物ですから、みずからの生命を維持し増殖するように進化しつづけるのです。そのための基本戦略は、ヒトを含む宿主の動物種の多くの個体にはいりこむことと、それにもかかわらず感染した個体を殺さないことです。宿主である動物種と病原微生物の間には、長い進化の過程で、ともに死なないか死ににくい状況がつくられてきたのです。

ヒトが狩猟採集民として遊動的な生活を送っていた時代には、罹患した感染症はごくわずかだったはずです。ところが、ヒトが定住をはじめてから、多くの感染症に罹患するリスクが高まりました。集住という居住形態は、病原体が宿主であるヒトをつぎつぎに見つけられるのです。病原体を媒介する蚊、ノミ、シラミなども、ヒト以外の宿主であるネズミなどの動物も、集住の度合が増すほど生息しやすいのです。感染症のリスクをさらに高めたのが家畜飼育の開始です。家畜動物はヒトの生活圏にはいりこみ、一方で野生動物とも接触しながら生存します。とくにヒトへの感染リスクを高めたのは、家畜動物の糞便に接触する機会の増加です。

ヒトがかかる感染症の多くは動物由来です。熱帯を中心に流行する感染症と温帯を中心に流行する感染症を比べると、前者は野生動物由来のものが多く、後者は家畜動物由来のものが多いのです。その理由は、家畜飼育が開始され広く行われた地域が温帯だったからです。家畜由来と考えられているのは、天然痘、麻疹《ましん》、百日咳、ジフテリア、A型インフルエンザ、ハンセン病など、多くの数にのぼります。

結核とマラリア

現在も死亡数が最も多い感染症は、結核とマラリアです。結核を発症させる結核菌は、感染したヒトを生き延びさせながら、咳やくしゃみをとおして別のヒトに感染するように進化したのです。

二〇一三年に、スペインのイニャキ・コマスらの国際研究チームが、結核の歴史にかかわる新たな発見を『ネイチャー・ジェネティックス』誌に報告しています。世界各地の二五九にのぼる結核菌のゲノムを解析した結果、結核菌は約七万年前に、ヒトの「出アフリカ」とともにユーラシア大陸に広がったと推測されたのです。コマスらの研究は、結核菌の進化が農耕社会に移行し集住が進んだことで加速されたことも示唆しています。

マラリアは、原虫によって引き起こされます。ヒトに感染するマラリア原虫は、最近発見された種を含め五種で、野生動物とくにサルのマラリア原虫に由来すると考えられています。マラリアへの感染は農耕の開始以前にもあったでしょうが、感染が広まったのは、ヒトが定住生活に移行した一万年くらい前のことと考えられています。ヒトが高密度で居住することに加え、気候が高温湿潤になりマラリア原虫を媒介するハマダラカの活動が活発になったためです。

マラリアは免疫がほとんどできないため、同一の個人に何度も発病させ死亡させることも多く、人口に大きく影響します。このことは、アフリカ、地中海沿岸、熱帯アジアなどのマラリア感染域で、鎌形赤血球遺伝子やサラセミアなどの異常へモグロビンの遺伝子頻度が高まったことにあらわれています。異常へモグロビン遺伝子を両親からもらい受けた子どもは胎児期にほとんど死亡するものの、この遺伝子を片方の親だけからもらい受けた子どもは、感染しても軽い溶血性貧血を起こすくらいで、その際にマラリア原虫の生活環が断ち切られるため発症しにくいのです。

天然痘の流行

一九八〇年に世界保健機関（ＷＨＯ）が根絶宣言を出した天然痘は、感染症の中でも、広域で流行し致死率も約四〇％と高く、古代文明が栄えた時代から最も恐れられていた感染症の一つです。天然痘は起源地がインドかアフリカか議論がつづいていますが、古代ギリシャ・ローマの時代から多くの記録が残されています。

最初の詳細な記録は、紀元一六四年にローマ軍がパルティア王国（現在のイランを中心とし、最大領域はペルシャ湾西岸からアフガニスタンやトルクメニスタンの西部におよぶ）に攻め入ったときに軍人の多くが感染し、その一〜二年後にローマ市内でも感染がはじまったときのものです。感染がつづいた約一五年間に、ローマ帝国で五〇〇万人が死亡したといわれます。ローマ帝国が最大の版図に達したときの人口が約六〇〇〇万と推定されているので、一割近い人口が失われたことになります。

多くの感染症は、古くから特定の地域に蔓延し、その地域の住民の多くが免疫を獲得しています。そのような地域に外部から人びとが移住するか、そのような地域から病原体が外部に運びだされると、免疫をもたない人びとが感染し重篤な症状に陥ります。ローマ軍のパルティア王国への遠征にともなう天然痘の流行は、感染症が高死亡率をもたらす典型的なパターンを示しています。

このローマ帝国における天然痘の流行で、五〇〇万人もの人びとが死亡したのですが、後に広域を結ぶ遠洋航海などが盛んになると、感染症は遠い地域へ短時間に伝播されるため、はるかに多くの人命を奪うことになるのです。

コア・ユーラシアという地域

今から五〇〇〇年くらい前までに、地球上の半分近い地域で農耕が行われていました。その中で、穀類など長期保存できる作物が栽培されていた地域で古代文明が興り、古代文明を受け継いだ地域で人口が大きく増加したのです。旧大陸で人口がとくに多かった都市が、【図4-1】に示されています。世界最初の都市といわれるテル・アブ・フレイラ、五〇〇〇年前に人口が一万以上の都市、四五〇〇年前に人口が二万以上の都市、そして二〇〇〇年前の紀元元年ころに人口が二〇万以上の都市です。

五〇〇〇年前に人口が一万を超えたのは、メソポタミアのウルク、エリドゥ、スーサなど約一〇にのぼる都市と、エジプトのナイル川下流域のメンフィスとアビドスです。インダス川流域では、ハラッパーとモヘンジョダロ（ともに、現在のパキスタン領）の人口が四五〇〇年前に二万以上になったようです。

紀元元年ころまでに人口が二〇万を超えた都市は約二〇にのぼり、その分布域は格段に広がりました。地中海地域ではローマ、アレクサンドリア、カルタゴ（現在のチュニジア領で、最盛期は紀元前三〇〇年ころ）、シラクーザ（イタリア・シチリア島に位置し、最盛期は紀元前三〇〇年ころ）、南アジアではガンジス川沿いのヴァイシャリとパータリプトラ（ともに、現在のインド・ビハール州

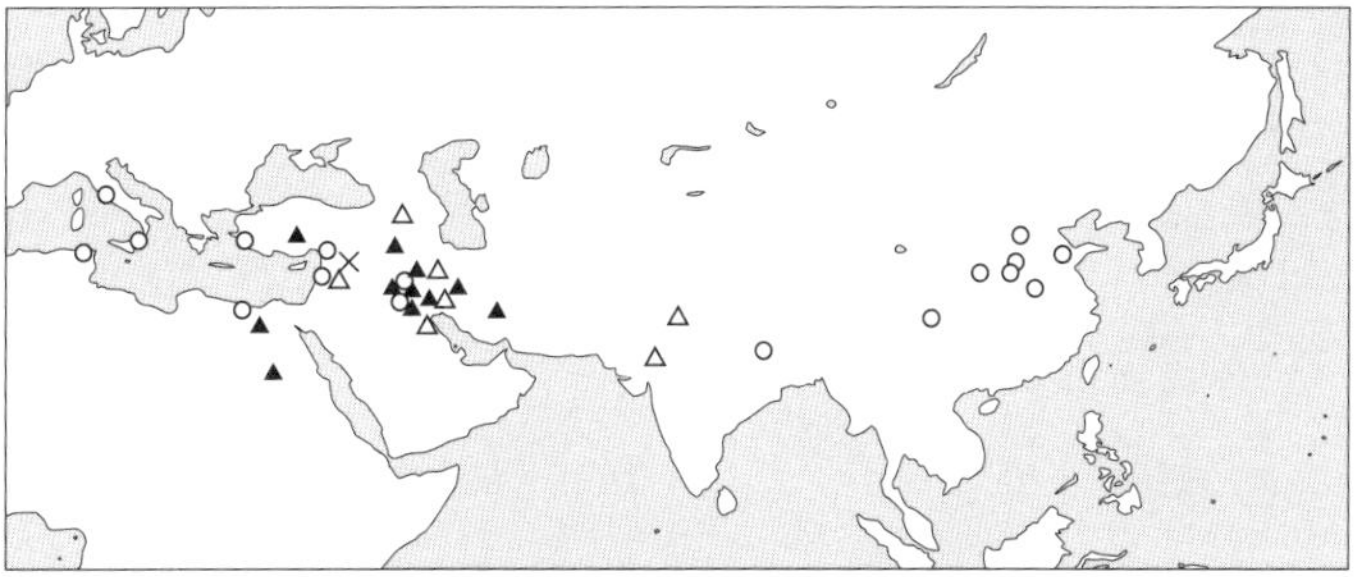

【図 4-1】旧大陸における古代の主要都市。×：最古の都市といわれるテル・アブ・フレイラ、▲: 5000 年前に人口 1 万以上の都市、△: 4500 年前に人口 2 万以上の都市、○: 2000 年前に人口 20 万以上の都市。

に位置し、最盛期は紀元前三〇〇～二〇〇年ころ）、中国では長江流域の蜀（現在の成都）と黄河流域の長安（西安）と洛陽などがあげられます。とくに人口が多かったのは、一〇〇万都市になったローマとアレクサンドリア、五〇万都市になったカルタゴと長安です。

【図４－１】の地図からわかるように、これらの都市は地中海から中国の長江・黄河流域まで、北緯二五度と四二度に挟まれ、ほぼ東西方向に約八〇〇〇キロメートル延びています。この帯状の地域は、乾燥し植生が乏しいために人工衛星から黄色く見えるイエローベルトの一部なのです。河川やオアシスがところどころにみられるとはいえ、年降水量はほとんどの場所が一〇〇〇ミリメートル以下で、二〇〇～三〇〇ミリメートルのところもめずらしくありません。降水量が一〇〇〇ミリメートルを超えるのは長江流域くらいです。

【図４－１】に示される古代都市の分布域を、アジアとヨーロッパという地理用語で分断することに意味はないでしょう。中央アジア史の研究者の杉山正明は、古代文明が栄えたユーラシア大陸の中国から西アジアおよびアフリカ大陸のエジプトを括る用語として、アフロ・ユーラシアを提唱しています。ただし、「アフロ」に相当するエジプトなどの地中海沿岸は地中海世界に含まれ、サハラ以南の典型的なアフリカとは自然も文化も住民の特性も大きく異なるので、本書では、地中海沿岸から長江・黄河流域に延びる古代都市の分布域をコア・ユーラシアとよぶことにします。

コア・ユーラシア西部―西アジアと地中海地域

【図4－1】の地図に示される古代都市は、三つのかたまりのように分布しています。西側のかたまりは、メソポタミア文明の中心地の西アジア東部のスーサ（エラム王国の都で現在のイラン領）から、アレクサンドリアに代表されるエジプト文明の中心地、さらにはカルタゴやローマが位置する地中海の中央部まで達しています。

地中海地域の目覚ましい発展は、三二〇〇年ほど前にはじまりました。レバノン沿岸域を故地とするフェニキア人が、地中海とアラビア海で活発な交易活動を開始したのです。それ以前から、ペルシャ湾やアラビア海では海上交易が行われていたのですが、フェニキア人は順風でなくても航海できる帆船の建造に成功し、紀元前一〇世紀には全長が三〇メートルもある大型船をつくったのです。

フェニキア人の交易圏は、東はペルシャ湾を越えインドやセイロン島（スリランカ）、西は地中海を越えアフリカ西海岸やヨーロッパのバルト海およびブリテン島（イギリス）にまでおよびました。彼らが扱った交易品は、レバノンの杉材、キプロス島の鉛、エジプトの麻やパピルス紙、イベリア半島の銀や錫、さらにはアフリカの象牙、ブリテン島の錫など多岐にわたります。

フェニキア人が活躍しはじめた三二〇〇年前は、「紀元前一二〇〇年のカタストロフ」が東地中海地域を襲い、ミケーネ文明が崩壊したときです。製鉄技術を発明し独占していたヒッタイト帝国が滅亡し、製鉄技術が地中海世界に広まったのです。鉄は青銅に比べ豊富に存在するため、鉄製の農具をはじめとする道具が安価になり「庶民化」が進みました。鉄製の鎌や鍬、ついで犂がつくられ、紀元前七〇〇年ころには鉄製の斧もつくられ、森林の開墾が飛躍的に進むことになったのです。

ミケーネ文明の崩壊後しばらく停滞していたギリシャでは、ギリシャ人の一グループのドーリア人が、紀元前九世紀ころからエーゲ海とアナトリア半島を中心に活動を活発化させました。独立性の高い都市国家(ポリス)が数多く形成され、成人男性からなる「自由民」が哲学や科学を発展させたのです。一方で、多くの人びとは郊外や周辺の農村部に居住し、奴隷をつかって農耕を行っていました。

地中海は冬季には海が荒れる日が多いものの、船による物資の大量輸送に適しています。メソポタミアやエジプトなどの穀倉地帯を背後にもつ地中海地域で、鉱業・加工業・商業・輸送業などが目覚ましく発展しました。このような状況の変化を受け、人口増加の引き金が農業だけでなく産業総体の発展にとって代わられるようになったのです。

人口増加が加速され、人口がとくに稠密になった現在のギリシャやイタリアでは、紀元前一〇〇〇年ころに人口密度が一平方キロメートルあたり五~一〇人に達しました。注目されるのは、フェニキア人もギリシャ人も人口過剰に陥ったと認識していたことで、住民の一部が移住するための植民都市の建造も行っていたのです。フェニキア人がつくった都市は、カルタゴなどの地中海地域だけでなく、ジブラルタル海峡を越えアフリカ大陸北西部にまでおよんでいます。ギリシャ人がつくった都市も、地中海東部や黒海の沿岸を中心に九〇にものぼり、その中にはナポリ、マルセイユ、イスタンブールなどが含まれます。

メソポタミア文明が栄えたペルシャでは、紀元前六世紀半ばに、全土を統一したアケメネス王朝が成立しました。アケメネス朝ペルシャは、紀元前五二五年にエジプトを征服し、黒海の西のマケドニアからインダス川流域まで、史上空前の大帝国を出現させたのです。アケメネス朝ペルシャとギリシャの都市国家は、交易や文化交流を進める一方で、厳しい緊張関係にも陥ったようです。紀元前五世紀に起きたペルシャ戦争では、ギリシャの都市国家連合軍が、遠征してきたペルシャ軍に勝利したのですが、その後もギリシャでは都市国家間で戦争が頻発する状況がつづいたのです。

ギリシャをはじめとする地中海地域で戦争が頻発した背景として、社会の進展が人口増加と生活の質の向上をもたらした結果、衣食住だけでなく商工業用にもさまざまな資源が必要になったことがあげられます。言い換えると、古代文明以来の狭い地域内で完結する生産と消費のシステムが機能しにくくなり、不足する物資を周辺地域から入手するために、交易か戦争、あるいはその両方が引き起こされるようになったのです。

コア・ユーラシア東部――中国とインド

【図4-1】に示される古代都市の東北部のかたまりの中国では、地中海世界が成立したのとほぼ同じ紀元前一一世紀半ばに、黄河流域から長江流域までの広域を統治する周王朝が成立しました。それ以前にも黄河流域には夏王朝や殷王朝が成立したのですが、周王朝になって、封建制に基づく統治体制が強化されたのです。その後、周王朝が衰退しはじめた紀元前八世紀ころから、多くの国々が覇権を競う春秋戦国時代が紀元前三世紀までつづきました。この時代に、それぞれの国が農民への支配を強めるとともに、鉄製の農具の使用やウシに引かせる犂耕が普及したこともあり、農耕の生産性は急速に向上したのです。

一方の東南部に位置するインド（パキスタン、バングラデシュなどを含むインド亜大陸）では、紀元前一〇世紀ころから、文明の中心がインダス川流域からガンジス川流域に移りました。このころから、鉄器が広く用いられ森林の開墾が盛んに行われました。カースト制の骨格をなす、四つの世襲的な身分（司祭・僧侶のバラモン、王族・武士のクシャトリア、農民・商人のヴァイシャ、奴隷のシュードラ）に分けるヴァルナ制が、労働力の安定的な確保を目的にはじまったのもこのころです。紀元前六世紀ころから、クシャトリアが実権を握るようになり、多くの王朝が並立した「十六大国」時代にはいり、インドのほぼ全域が統一されたのは紀元前四世紀後半になってからでした。

紀元前五～四世紀まで、中国でもインドでも地中海地域と同じように、鉄の利用をはじめとする技術革新により農作物の生産量が増加し、一方で鉱業・工業・商業・運輸業なども発展し、人口が大きく増加したのです。同時に、人口増加が国家間での交易の拡大と戦争の引き金にもなったのです。

シルクロード

コア・ユーラシアには、遠距離を結ぶ通商路が切り開かれました。よく知られる「絹の道」を意味するシルクロードは、ドイツの地理学者フェルディナント・フォン・リヒトホーフェンが一八七七年に、東トルキスタン（現在の中国・新疆ウイグル自治区）を東西にとおる交易路を指した言葉です。しかし現在では、中国の長安（西安）や洛陽と地中海世界のローマあるいはアンティオキア（シリア西北部）を結ぶ、近代以前の通商路の総称として用いられています。

【図4-2】に示すのが、主なシルクロードです。最も古いのが、狭義のシルクロードに含まれないこともある西南シルクロードです。長安から長江上流の蜀（現在の成都）、ついで大理（中国・雲南省）をとおりミャンマーを経由し、ガンジス文明が栄えていたインドに向かうもので、三〇〇〇年前には利用されていたようです。なお、インドからはペルシャ湾を航行する船で地中海世界と結ばれていました。

二五〇〇年前ころ、長安から北に向かいモンゴル、カザフスタン、ロシア南部をとおり黒海にいたる、ステップ・ロードとよばれるルートが開発されました。このルートは、遊牧民の居住地をとおります。秦の始皇帝が没した紀元前二一〇年ころ、遊牧国家として勢力を拡大していた匈奴の領土は、東はアムール川中流域から西は天山山脈まで達しており、その中央部を東西にステ

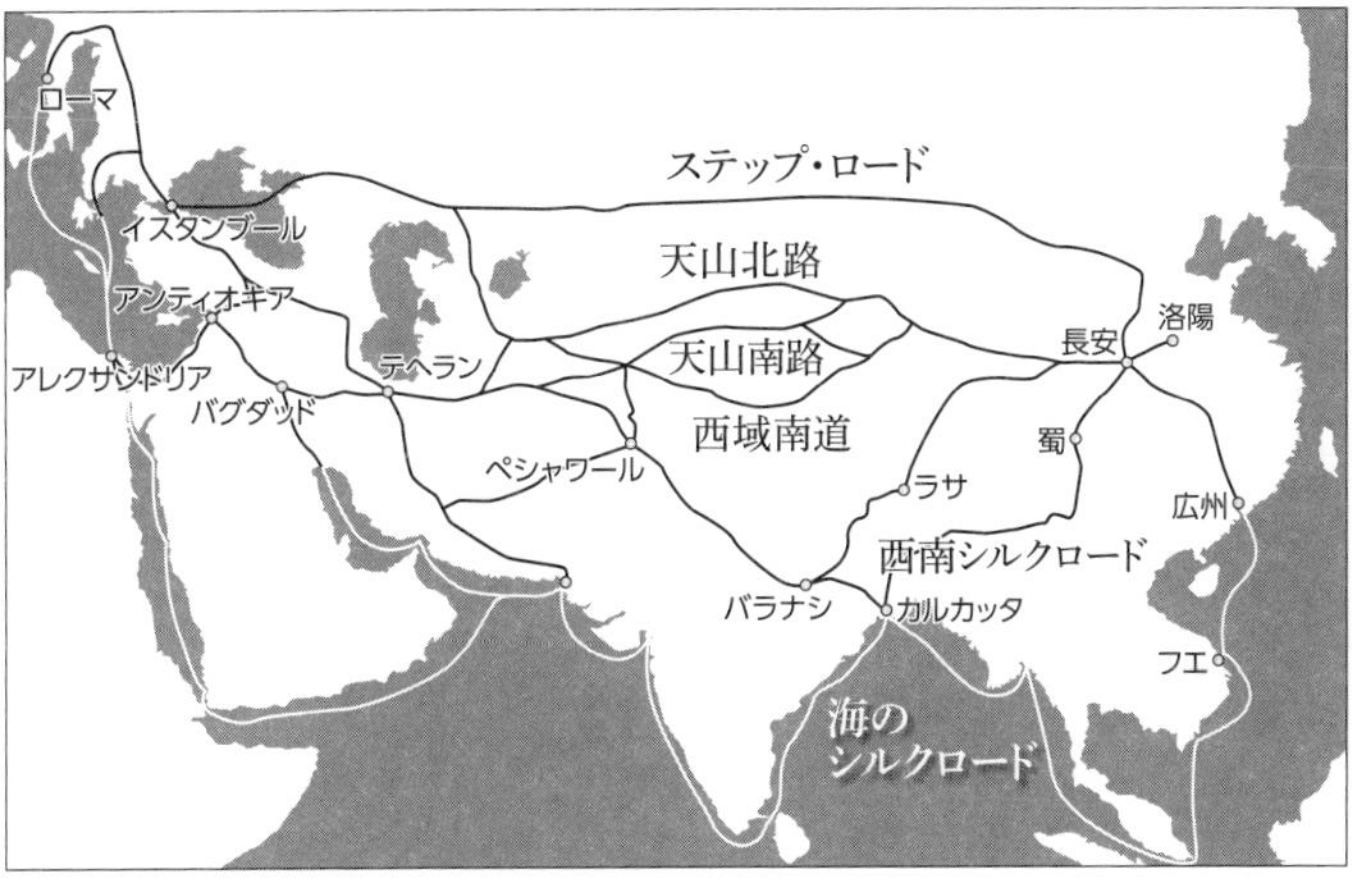

【図 4-2】東西文明の交流を促進した複数のシルクロード。

ップ・ロードが貫通していたのです。地球儀を見るとわかるように、このルートが長安とローマを結ぶ最短コースです。

紀元前二世紀になると、西南シルクロードとステップ・ロードの間に、典型的なシルクロードともいえる天山南路、西域南道、天山北路が開かれました。世界最大の都市であったローマ、アレクサンドリア、カルタゴ、長安は、これらのシルクロードを利用する交易によって繁栄したのです。このころの主な交易品は、東からは絹、西からは宝石、ガラス、絨毯などでした。

また、紀元前二世紀ころには、東西方向のシルクロードだけでなく、北側の黄河流域や中央アジアの草原と南側のインドシナ半島やインドとを結ぶ南北方向の通商路もよく利用されていました。さらに、紀元二世紀には中国とインドを結ぶ「海のシルクロード」もつくられました。中国南部からインドシナ半島沿いに南下し、タイランド湾をとおり、マラッカ海峡を経由するかマレー半島中央部を陸路で横断し、ベンガル湾からインドに達するルートです。東南アジア産のコショウなどの香辛料、香木、宝石類、象牙などを中国に、あるいはインド経由で地中海世界に運ぶために開かれたのです。

紀元二～三世紀までに、コア・ユーラシアの全域を結ぶ陸上および海上の交通網ができあがり、ヒトとモノの移動とともに、思想や宗教、文化や科学技術などが交流する基盤が整ったのです。

地中海世界で、紀元前五世紀に『歴史』を著した古代ギリシャの歴史家ヘロドトスが、人間の住む土地として認識していたのは、地中海地域を中心とするヨーロッパ、西アジア、サハラ以北のアフリカ、そしてインドでした。インドより東の地域が地中海世界に知られるようになったのは、紀元二世紀に、プトレマイオスが著した『地理学』に収められた地図に、インドシナ半島と中国が不正確な位置とはいえ示されてからなのです。

巨大帝国の興亡

コア・ユーラシアでは、交通網の整備に合わせるように巨大帝国が出現しました。その最初は、マケドニア出身のアレクサンドロス三世（大王）が、紀元前三三四年に開始した東方遠征からほぼ一〇年間でつくりあげたアレクサンドロス帝国です。それ以前に最大の領土をほこっていたペルシャ帝国を撃破し、西はギリシャとエジプト、東はインダス川流域まで、東西に四五〇〇キロメートルにおよぶ帝国をつくったのです。

アレクサンドロス帝国は、紀元前三二三年にアレクサンドロス三世の死去とともに衰退し、後継のヘレニズム諸国は、かつての勢力に回復できないまま紀元前一世紀に滅亡しました。アレクサンドロス帝国が後世に残した最大の貢献は、ギリシャに起源した科学技術を尊重し育成したことでしょう。科学技術の伝統が、ヘレニズム諸国、ついでローマ帝国を経て、中世以降のヨーロッパで飛躍的な進展を遂げることになるのです。

アレクサンドロス帝国を超えたのがローマ帝国です。紀元前八世紀にテヴェレ川の畔で誕生した都市国家から発展したローマは、紀元前二七年に帝政に移行し、最盛期の二世紀前半には、北ヨーロッパを除くヨーロッパ大陸の大半とスコットランドを除くブリテン島、さらに東はアルメニアとメソポタミア、南はアフリカの地中海沿岸まで領土に組み入れたのです。ローマ帝国は三九五年に東西に分裂したのですが、西ローマ帝国が滅亡した四七六年までに限っても五〇〇年以上にわたり存続したのです。

中国では、長い戦国時代を経て、秦の始皇帝が紀元前二二一年に初の全国統一に成功しました。その領土は、匈奴をはじめとする遊牧国家の勢力圏より南で、現在の中国の領土からチベット自治区と新疆ウイグル自治区を除く広域におよびました。秦は始皇帝が紀元前二一〇年に没すると衰退し、つぎに全国統一に成功した漢は、紀元前二〇六年から四〇〇年間にわたり中国を治め、ベトナム北部も領土に組み入れました。シルクロードを利用した漢王朝とローマ帝国との交易が盛んになり、前漢時代の都の長安や後漢時代の都の洛陽は、文字どおり国際都市として賑わったのです。

インドでは、紀元前四世紀後半にマウリヤ朝マガダ国がほぼ全土の統一に成功し、ガンジス川沿いのパータリプトラ（現在のビハール州の州都パトナ）を都に、アショカ王が即位した紀元前三世紀に全盛を迎えました。しかし、アショカ王の死後は勢力が衰え、紀元前二世紀にマウリヤ朝が滅亡してから小王国が並立する状況がつづいたのです。

その後のインドでは、地中海世界と中国との交易路の周辺で、さまざまな王朝が興亡を繰り返しました。たとえば、紀元二世紀にプルシャプラ（現在のパキスタンのペシャワール）を都に栄えたクシャーナ朝は、中央アジアに起源する騎馬遊牧民がつくったもので、シルクロードの交易路を支配しました。同じころ、デカン高原を中心に栄えたサータヴァーハナ朝は、海のシルクロードの恩恵を受けて栄えたのです。

これらの王朝よりも広域の支配に成功したのが、ヒンドゥー教を隆盛させたことで知られるグプタ朝です。三二〇年から五五〇年ころまで、パータリプトラを都に栄えたグプタ朝は、最大版図が、西はアフガニスタンの南半分とイラン東部から、パキスタンと北インドをとおり、東はバングラデシュにまでおよんだのです。とはいえ、インドのほぼ全土が統一されたのは、はるか後にムガール帝国が出現した一六世紀のことでした。

支配力の強い巨大帝国の興亡は、人口に大きく影響します。帝国の成立直後に人口が急増するものの、徐々に農業を含む産業の進展が人口増加に追いつかず、反作用ともいえる経済の停滞が起き、人口も停滞あるいは減少したのです。このことは、ローマ帝国と漢王朝が最盛期を過ぎた後に人口の激減を経験したのと対照的に、巨大帝国の誕生が遅れたインドでは人口がほぼ安定して増加をつづけたことにあらわれています。

コア・ユーラシアの北と南

コア・ユーラシアの北あるいは南に広がる地域で、紀元前後の数百年から一〇〇〇年くらいの間、人びとはどのような社会でどのように暮らしていたのでしょうか。自然環境と文化の特徴から四つの地域に大別できそうです。

第一の地域は、コア・ユーラシアの北縁に沿うように黒海の北側からモンゴルにかけて広がる、低温で乾燥し草原が優勢な中央アジアです。この地域は農耕に適さず、人びとは遊牧を中心とする生活を営んでいたのですが、二八〇〇年ほど前に騎馬が一般化してから、騎馬遊牧民として強大な力をもちはじめました。

騎馬遊牧民として最初に大きな勢力になったのは、コーカサス（カフカス）山脈北麓から黒海北方の草原地帯に居住していたスキタイです。スキタイは東方に進出し、紀元前八〜四世紀にはオビ川上流域、さらにはエニセイ川上流域までを勢力圏に組み入れました。

スキタイにとって代わったのが匈奴です。匈奴は、紀元前三世紀ころから勢力を伸ばし、中国の秦王朝と、その後に漢王朝と勢力争いをつづけました。匈奴の領土が最大になったのは紀元前二世紀で、西は天山山脈から東は大興安嶺山脈、北はバイカル湖から南は黄河流域までおよんだのです。匈奴は紀元一世紀には勢力が衰えはじめるのですが、シルクロードを介したコア・ユーラシアの東西交流に貢献した最初の騎馬遊牧民だったのです。

匈奴が衰えた後、最もよく知られる騎馬遊牧民は、匈奴の末裔との説も出されているフン（フン人）でしょう。フンはカスピ海の北でヴォルガ川の東に広がる平原を生誕の地とし、紀元三七〇年ころからヨーロッパに侵入し、最盛期には黒海からバルト海までを領土とする帝国をつくったのです。

第二の地域は、長江流域起源の水田稲作が伝わった東南アジアです。温暖で湿潤な気候のため、人びとは水田稲作、畑作、漁撈、採集を組み合わせ安定した生業を営んでいました。ただし、高木が密生する森林が優勢なため、大規模な耕地の開墾や灌漑水路の建造などは進みにくかったようです。東南アジアにおける最初の王国は、ベトナムから中国南部を領土とし都を広州においた南越国で、その成立は紀元前二〇三年のことでした。南越国は、紀元前一一一年に漢に滅ぼされています。

東南アジアでは、その後も中国とインドの影響を受けながら、海のシルクロードを介する恩恵がもたらされ、港湾に基盤をおく都市国家が数多く存立しました。その中で規模が比較的大きかったのは、カンボジアで紀元一世紀に成立し三〜六世紀に隆盛した扶南国、インドシナ半島東南部で二世紀末ころから勢力を拡大したチャンパー国でしょう。東南アジアの特徴は、五世紀ころまで巨大な帝国が成立しなかった一方、中国あるいはインドの巨大な帝国に組み込まれなかったことです。

第三の地域がアルプス山脈以北のヨーロッパで、メソポタミア起源のムギ類を中心とする農耕が古くから伝わり、古代ギリシャ文明をはじめとする地中海世界の影響を濃厚に受けてきました。地中海世界の文明は数百年遅れて伝わったようで、たとえば、ヨーロッパの広域が鉄器時代に移行したのは紀元前八〇〇年ころで、中部ヨーロッパを中心に栄えていたハルシュタット文化の後期にあたります。ハルシュタット文化は紀元前六五〇年ころからラ・テーヌ文化へ移行したのですが、そのころからヨーロッパでは多くの小王国が戦争を繰り返しました。そして、紀元前一世紀にはほぼ全域がローマ帝国に征服されたのです。

ヨーロッパで、民族集団の分布に変化が起きたきっかけは、バルト海沿岸を故地とするゲルマン民族が、紀元前後にライン川流域からドナウ川北岸域にまで進出し、ローマ帝国と境界を接するようになったことです。その後、ゲルマン民族は三世紀ころからはじまった寒冷化による農作物の不足に加え、四世紀にフンの侵入を受け大移動をはじめました。ゲルマン民族の移動は、スラブ民族の移動をも誘発しながら八世紀までつづいたのです。その結果、ヨーロッパにおける現在の民族分布の骨格が固まったのです。

第四の地域が、サハラ以南に広がるアフリカです。メソポタミア起源の農耕が、最初にアフリカ大陸東北部、そして周辺地域に伝播しました。サハラ砂漠でも、比較的湿潤だった一万〜五〇〇〇年前には農耕と家畜飼育が行われていたのです。その後、乾燥化が進むにしたがい、農耕技術をもったバントゥー民族が南下をはじめたことが、サハラ以南のアフリカに農耕の開始をもたらしたのです。主に栽培されたのはアフリカ原産のモロコシやヒエで、地域によってはアジア起源のイモ類やバナナも早くから栽培されていたようです。

アフリカにおける考古学的な証拠は限られているものの、東部での発掘調査の結果、北緯五度のあたりで五〇〇〇年前、南緯五度のあたりで二〇〇〇年前には農耕が行われていたようです。

その五〇〇年後には、アフリカ大陸の南端に近い地域にも農耕が伝えられたようで、南アフリカ共和国の東南に位置するクワズール・ナタール州の遺跡から、紀元五〇〇年の鉄製の農具が発見されています。

アフリカ西部は東部より考古学的な証拠が少なく、農耕についてもよく分かっていないのですが、東部に比べて農耕の開始がいちじるしく遅れたことはなさそうです。アフリカ北西部の沿岸域がフェニキア人の交易圏に組み込まれたのは三〇〇〇年以上前のことで、サハラ砂漠西南部のマリとニジェールにすむソンガイ人が金や塩の交易を行っていました。しかし、広域を支配する勢力が現れたのは紀元九〜一〇世紀以降のことで、ソンガイ王国がつくられたのは紀元一五世紀にはいってからだったのです。

二回の「人口循環」

「第一の人口循環」

今から一八〇〇年ほど前、コア・ユーラシアの東と西で、長期におよぶ人口減少がはじまりました。中国では後漢が二二〇年に、ヨーロッパでは西ローマ帝国が四七六年に滅亡したのですが、この二つの大帝国の滅亡の前から、中国でもヨーロッパでも人口が大きく減少しはじめ、三〇〇〜四〇〇年にもわたり減少がつづいたのです。

この人口減少が起きたころ、中国とヨーロッパの人口を合わせると約八〇〇〇万で、世界人口

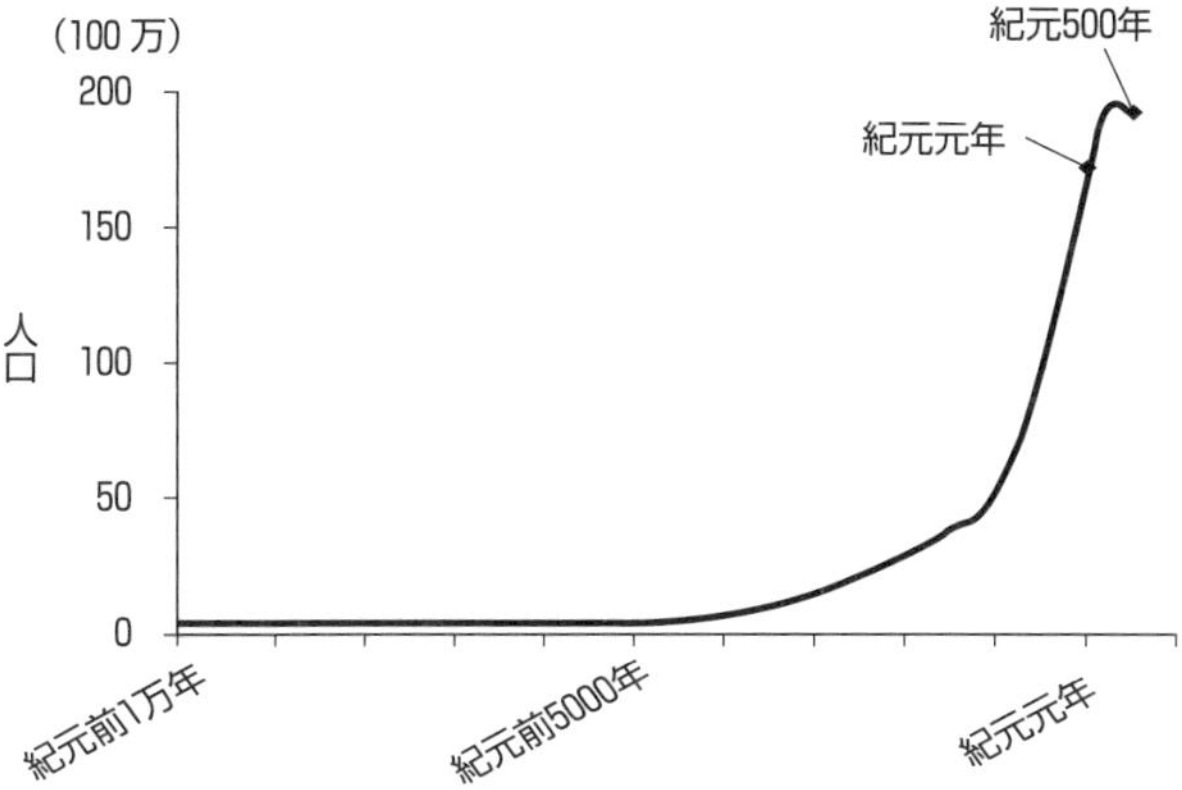

【図4-3】「第一の人口循環」。人口が急増した後、停滞・減少に向かった。

のちょうど半分ほどあったため、世界人口そのものが紀元二〇〇年ころから紀元五〇〇年ころまで停滞あるいはわずかに減少したのです。世界人口の長期的な変化としてみると、農耕がはじまったころからつづいた人口増加が、今から一五〇〇年前の紀元五〇〇年ころに終焉したことを意味します。この一連の過程を、歴史人口学者は「第一の人口循環」とよんでいます（【図4－3】）。

「人口循環」という表現に込められたもう一つの意味合いは、人口停滞がはじまる直前に人口の急増がみられたことです。「第一の人口循環」の場合、中国では紀元前三世紀における秦王朝の成立とその後の漢王朝の成立のころから、ヨーロッパでは紀元前一世紀におけるローマ帝国の成立のころから、人口が急増していたのです。新たな国の体制が固まり、農地の開墾をはじめ人口増加をもたらす政策が進んだことが大きな原因と考えられます。

一方、「第一の人口循環」が終焉した原因はそれほ

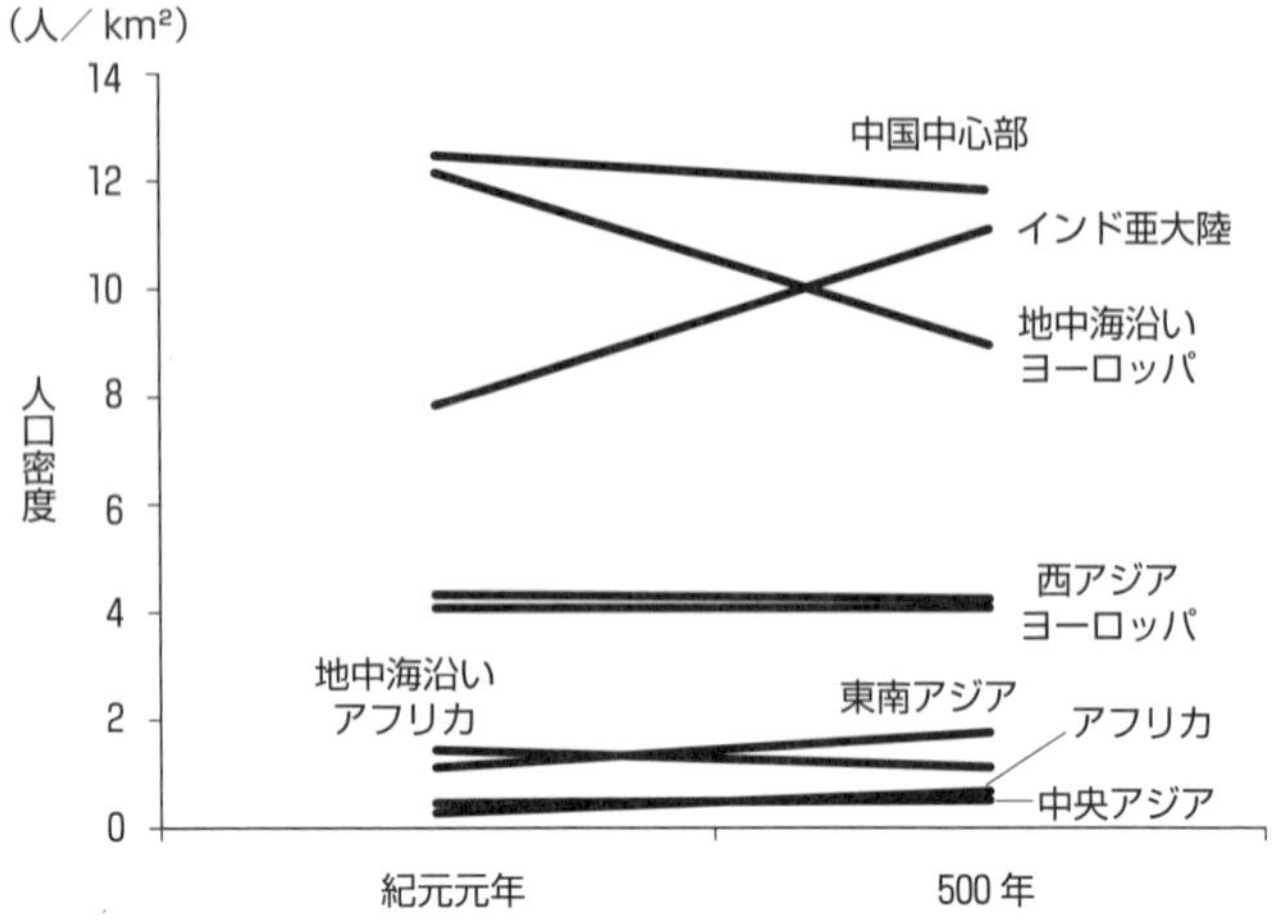

【図 4-4】 旧大陸の 9 地域別の紀元元年と 500 年における人口密度（人/km²）。

どはっきりしていません。その可能性の一つに、地球規模での気温の低下があげられてきました。地球は三世紀から五世紀にかけてわずかに寒冷だったのです。しかし、人口停滞を引き起こした主な原因だったかは不明です。世界人口が増加に転じた六世紀になっても気温はほとんど変化せず、「中世の温暖期」が到来したのは一一世紀、早目に見積もっても一〇世紀だったからです。

「第一の人口循環」が終焉した原因を探るために、人口の変化を地域別にみることにします。ここでは、コア・ユーラシアを「中国中心部」「インド亜大陸」「西アジア」「地中海沿いヨーロッパ」「地中海沿いアフリカ」の五つに細分化し（細分地域とよぶ）、周辺部を「中央アジア」「東南アジア」「ヨーロッパ」「アフリカ」の四つに分けています。

コリン・マッキーヴディとリチャード・ジョーンズによる世界の国・地域別の推定人口から求め

た、これら九地域の紀元元年と五〇〇年の人口密度が【図4－4】に示されています。コア・ユーラシアの「中国中心部」「地中海沿いヨーロッパ」「インド亜大陸」の三地域で人口密度が高いとともに、五〇〇年間の変化に大きな地域差が目につきます。なお、当然のことですが、各地域の面積は変わっていませんから、人口密度の変化は人口の変化をそのまま反映しています。

五〇〇年間に人口が減少したのは、「地中海沿いヨーロッパ」「中国中心部」「地中海沿いアフリカ」で、とくに「地中海沿いヨーロッパ」で顕著でした。「地中海沿いヨーロッパ」に隣接する「西アジア」と「ヨーロッパ」で人口はほとんど増減がなく、地中海から離れた「インド亜大陸」「東南アジア」「中央アジア」「アフリカ」で人口は増加したのです。

このような地域差から、「第一の人口循環」の最終局面における世界人口の停滞が、ヨーロッパと中国の人口減少によって生じたことは明らかでしょう。その原因は、歴史人口学者のジーン＝ノエル・ビラバンや、コリン・マッキーヴディとリチャード・ジョーンズが指摘するように、ヨーロッパおよび中国で巨大帝国の崩壊とともに、戦争をはじめとする社会の混乱がつづき、農作物の不作や病気の罹患により死亡率の上昇と出生率の低下が起きたためなのです。

対照的に、人口が増加した四地域の五〇〇年間の年平均人口増加率を計算すると、「アフリカ」が〇・一一％、「東南アジア」が〇・〇九％、「中央アジア」と「インド亜大陸」が〇・〇七％で、西アジアで古代文明が開化し都市が形成されたころとほぼ同じだったのです。

紀元五〇〇年の世界

「第一の人口循環」の終盤に人口が減少したヨーロッパと中国でも、ヨーロッパ史で「中世」とよばれる五〇〇年ころから人口が増加に転じました。以前から人口が増加していた東南アジア、インド、アフリカでも、人口は増加をつづけました。すべての地域で人口が増加することとなり、世界全体で「第一の人口循環」が終わり「中世の人口循環」にはいったのです。

五〇〇年ころの旧大陸を見渡すと、寒冷地帯、乾燥地帯、高山帯を除き、農耕が広い地域に普及していました。ヨーロッパ北部の亜寒帯に位置するスカンディナヴィア半島でも、アフリカ大陸の南端でも、焼畑農耕が行われていました。日本では、弥生時代が終わり古墳時代にはいり、水田稲作を含む農耕が北海道を除く広域で行われていました。

農耕に適さない乾燥地帯あるいは寒冷地帯には牧畜民が進出していました。西アジア、アラビア半島、東アフリカに広がる乾燥地帯にはヤギ・ヒツジ、ウシ、ラクダなどを飼育する牧畜民、ヨーロッパアルプスやヒマラヤ周辺の高山帯にはヤギ・ヒツジあるいはヤクなどを飼育する牧畜民、シベリアをはじめとするユーラシア大陸北部にはトナカイを飼育する牧畜民が暮らしていたのです。

狩猟採集民は旧大陸の全域で大きく数を減らし、アフリカとアジアの乾燥地帯や熱帯雨林に点在するだけになっていました。

世界の八つの地域――自然と文化に基づく区分け

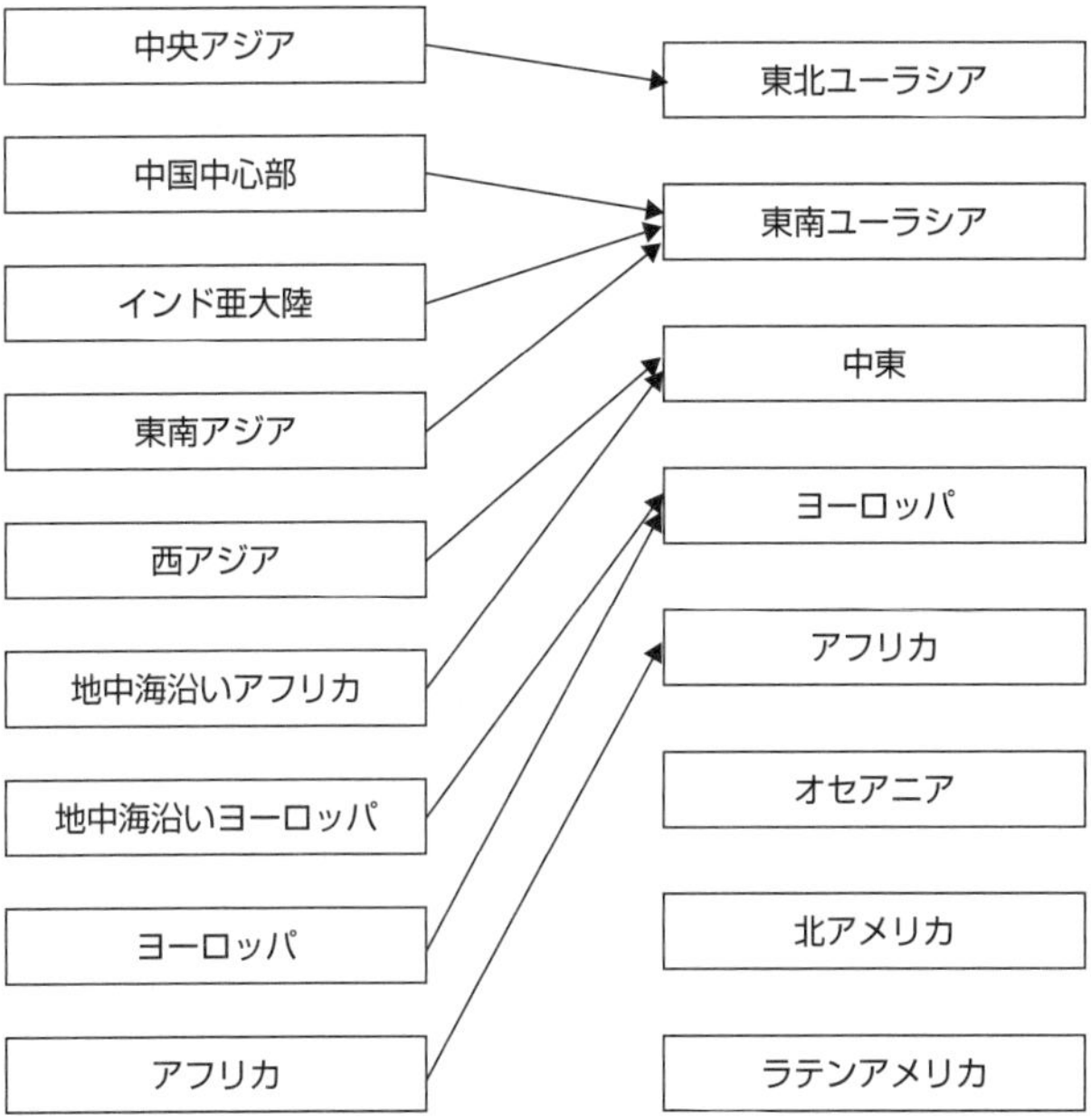

【図4-5】本書における世界の地域分け。左：旧大陸で5つに細分化されたコア・ユーラシアと周辺の4地域、右：旧大陸の5地域と新大陸の3地域。

五〇〇〇年ころの旧大陸は、自然環境の特徴と生業をはじめとする文化的な特徴から、「東南ユーラシア」「中東」「ヨーロッパ」「アフリカ」「東北ユーラシア」の五つの地域に区分けできそうです。古代文明の影響が顕著だった時代の旧大陸を、コア・ユーラシアの五細分地域と周辺の四地域に分けましたが、ここで新たに区分けした五地域との関係が【図4-5】に示されています。九地域に含まれていなかったロシアをはじめとする旧ソ連邦の国々は東北ユーラシアに、韓国、北朝鮮、日本は東南ユーラシアに、アラビア半島の国々は中東に含めました。バルト三国などの旧ソ連邦西部は、自然環境からも農耕の特徴からもヨーロッパに近いものの、過去の人口情報に制約があるため東北ユーラシアに含めています。

これら五地域に新大陸の「オセアニア」「北アメリカ」「ラテンアメリカ」を加えた八地域別に、五〇〇年ころから一四〇〇年ころまでつづいた「中世の人口循環」を追うことにします。興味深いことに、八地域に現在もみられる典型的な生業パターンの原型は、このころに既にできあがっていたのです。

東南ユーラシアは、水田稲作を生業の基本とする地域で、中国と朝鮮半島および日本からなる東アジア、インドシナ半島と島嶼部からなる東南アジア、インドを中心とする南アジアからなっています。湿潤な気候が優勢で、牧畜民はほとんどおらず、狩猟採集民がアンダマン諸島や東南アジアの熱帯雨林のところどころに暮らすだけでした。

ムギ類の農耕を基本とする地域は、中東とヨーロッパの二つです。本書における中東は、アフガニスタン以西でアラビア半島を含む西アジアに加え、地中海に面するアフリカ北部を含んでいます。この地域は乾燥しており、乾燥がとくに厳しいところは牧畜民の居住地になっています。文化面ではイスラーム帝国が七世紀から一〇世紀にかけて栄えるなど、世界の文明の中心になった時代があるものの、乾燥地のため農耕の生産性の向上が進まず社会的にも不安定な状況がつづきました。一方のヨーロッパは、中東に比べるとはるかに湿潤で、古代ギリシャ・ローマに淵源をもつ文明を受け継いできました。ムギ類の農耕がほぼ全域で行われていたものの、スカンディナヴィア半島の一部はトナカイ牧畜民の居住地になっていました。

アフリカは、サハラ以南を指しています。五〇〇〇年ころには、小穀類あるいは根栽類を栽培する農耕が大半の地域で行われ、東部を中心に広がる乾燥地帯には牧畜民が暮らし、中央部の熱帯雨林と南部および東部の乾燥地帯のところどころに狩猟採集民が暮らしていました。

東北ユーラシアは、ロシアを含む旧ソ連邦の国々、中央アジア諸国、中国のチベット自治区、新疆ウイグル自治区、内モンゴル自治区、東北三省（黒竜江省、吉林省、遼寧省）を含んでいます。大半の地域が寒冷地帯、乾燥地帯あるいは高山帯のため農耕は低調で、農耕を行う集団も多くは野生動植物の採集、漁撈、狩猟も行っていました。南部の高山帯や乾燥地帯には、騎馬遊牧民とともにヤギ・ヒツジおよびヤクの牧畜民が暮らし、北部の寒冷帯にはトナカイの牧畜民も暮らしていました。東北ユーラシアは、旧大陸の中で人口密度が最も低い地域なのです。

オセアニアでは、オーストラリア大陸と島嶼部で人びとの生き方が大きく異なります。オセアニアの陸地面積の九〇％近くを占めるオーストラリアでは、先住民のオーストラリア人（アボリジニ）が狩猟採集生活をつづけていたのに対し、島嶼部のメラネシア、ポリネシア、ミクロネシアでは根栽農耕が古くから行われていました。なお、ポリネシアの島々の中で、東端に位置するイースター（ラパヌイ）島は五〇〇年ころに、西南端に位置するニュージーランドは一一〇〇年ころに最初の移住がなされています（118ページ参照）。

アメリカ大陸では、ラテンアメリカの広域でジャガイモをはじめとする根栽類、あるいはトウモロコシを主作物とする農耕が行われていたのに対し、北アメリカで農耕が行われていたのは南部の狭い範囲に限られていました。北アメリカの大半の地域は狩猟採集民の居住地で、トウモロコシを主作物とする農耕がアメリカ合衆国の南部まで伝わったのは一〇〇〇年ほど前のことだったのです。

「中世の人口循環」前半

世界人口は、五〇〇年から一四〇〇年までつづいた「中世の人口循環」の間に、一億九〇〇〇万から三億六六〇〇万へと二倍近く増加しました（【図4―6】）。「中世の人口循環」の場合も、「第一の人口循環」と同じように、人口増加速度が途中から加速され、その後に人口の減少期に移行していきます。加速がはじまったのが一〇〇〇年ころ、減少がはじまったのが一二〇〇年代、そして一四〇〇年ころに終焉を迎えたのです。

「中世の人口循環」では、五〇〇年から一〇〇〇年までの前半の五〇〇年間と、一〇〇〇年から一四〇〇年までの後半の四〇〇年間で、変化のパターンが大きく異なります。【図4―7】と【図4―8】は、五〇〇年と、一〇〇〇年から一四〇〇年までの一〇〇年ごとの人口密度を、人口密度が高い三地域と低い五地域に分けて示しています。

前半の五〇〇年は、八地域のすべてで人口がほぼ単調に増加したのですが、人口密度に大きな地域差がみられます。紀元五〇〇年における一平方キロメートルあたりの人口密度が、八・一人の東南ユーラシア、五・三人のヨーロッパ、ついで二・一人の中東は、古代文明を受け継ぎ穀類の農耕が行われていた地域です。ほかの五地域では、農耕の生産性が低いか農耕が広域に浸透していなかったため、人口密度は〇・六人以下だったのです。

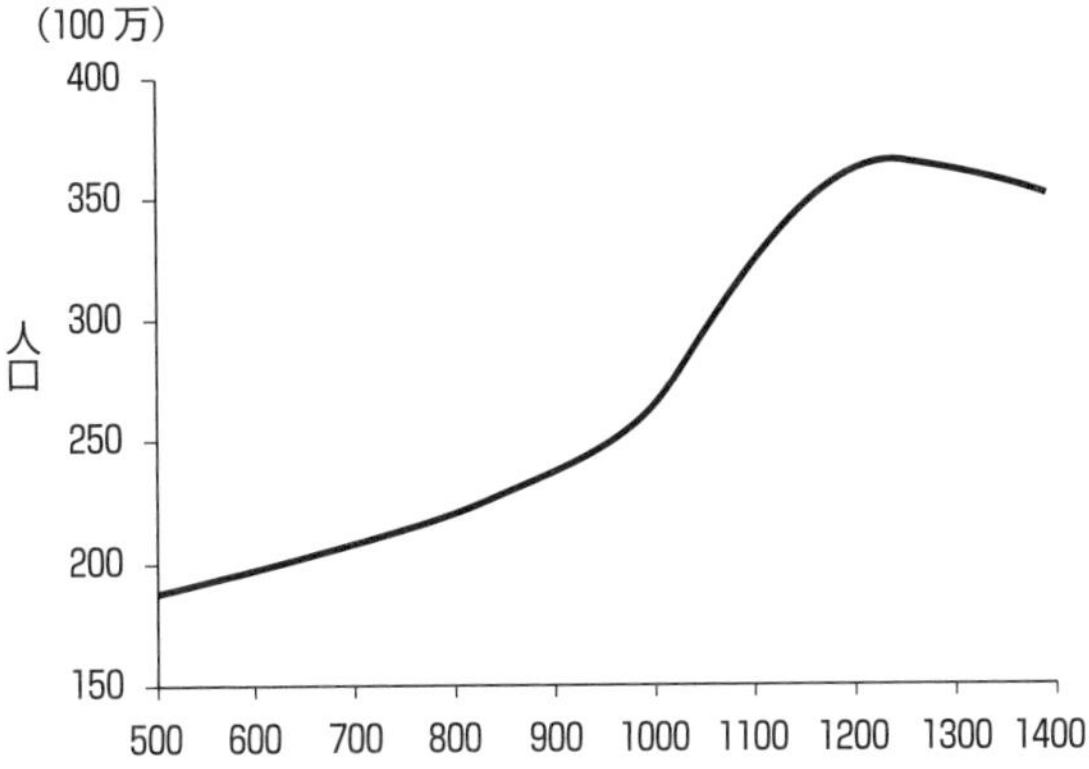

【図4-6】「中世の人口循環」

もう一つの特徴は、五〇〇年間における人口増加率の地域差です。増加率が高かったのがアフリカ（年平均増加率にして〇・一一％）、東南ユーラシア（〇・〇八％）、ラテンアメリカ（〇・〇七％）です。これらの三地域は、人口密度のレベルが異なり農耕のタイプも異なるものの、ほぼ全域に農耕が普及していたことで共通しており、増加率を〇・一％前後まで高くした原因と考えられます。

ほかの五地域の人口増加率は、〇・〇三～〇・〇五％でした。農耕が早くからはじまっていた中東とヨーロッパで人口増加率が高くなかったのは、農地の開墾や耕作技術の進歩が頭打ちになったためと考えられます。残りの三地域は、もともと農耕が低調な地域です。むしろ、東北ユーラシアではヨーロッパに近い西部、オセアニアでは島嶼部、北アメリカではメキシコに近い南部で農耕が進展し、人口増加率を〇・〇三～〇・〇五％まで押し上げたことが注目されます。

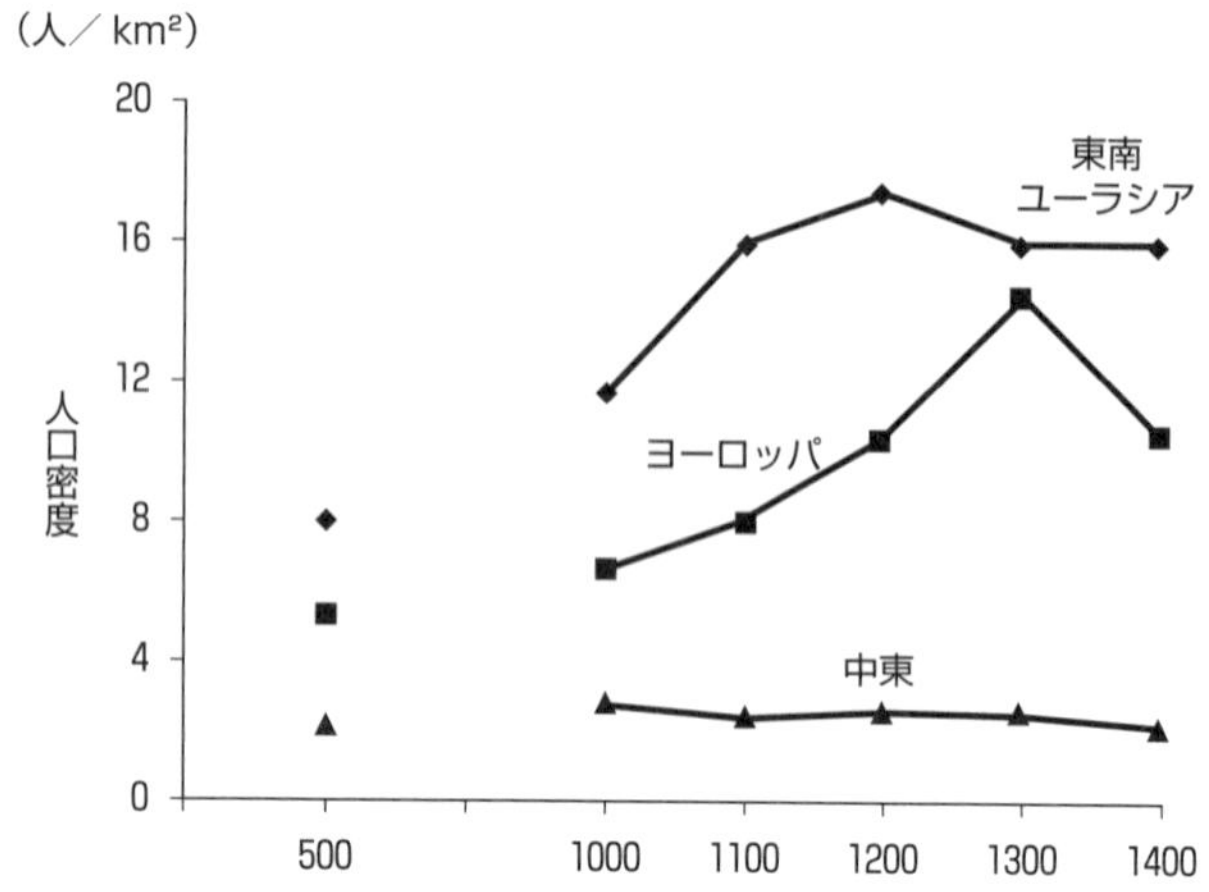

【図 4-7】世界の高人口密度の 3 地域における 500 年と 1000 年から 1400 年までの 100 年ごとの人口密度。

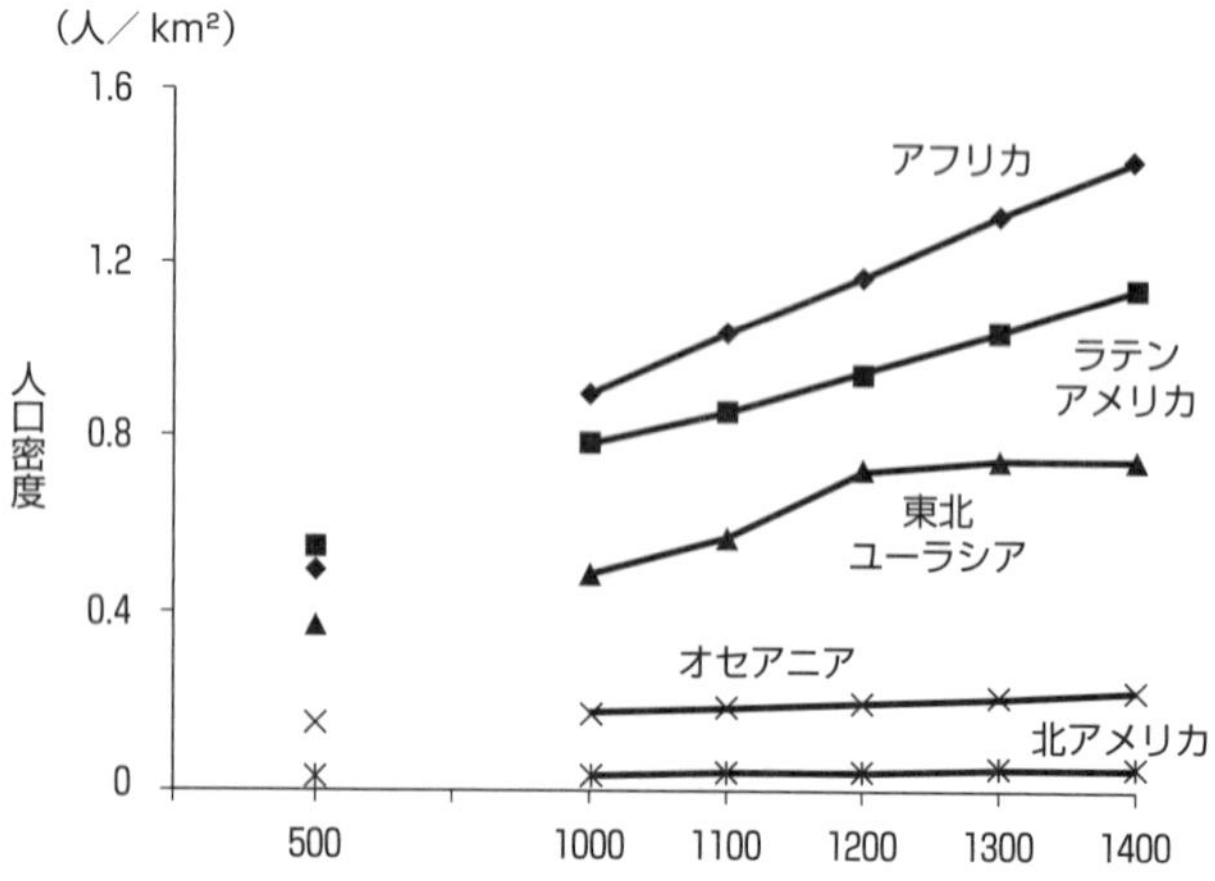

【図 4-8】世界の低人口密度の 5 地域における 500 年と 1000 年から 1400 年までの 100 年ごとの人口密度。

「中世の人口循環」後半

世界人口の年平均増加率は、「中世の人口循環」後半の四〇〇年間と前半の五〇〇年間とほぼ同じ〇・〇七％（前半が〇・〇六七％、後半が〇・〇七二％）だったものの、その内容は大きく異なっています。地域による違いがはるかに大きくなり、地域によっては急激な人口減少も起きたのです（【図4‐7】【図4‐8】）。

東南ユーラシアの人口は、一一世紀と一二世紀に急速に増加した後、一三世紀に減少に転じました。人口増加率の急上昇も人口の減少も、東南ユーラシアの人口のほぼ半分を占めていた中国の変化を反映しています。人口が減少した主な原因は、モンゴル帝国の建国と領土拡大によって引き起こされた社会的な混乱です。一方、ヨーロッパでは一一世紀から一三世紀にかけ人口増加率が急速に上昇したものの、一四世紀に急にマイナスに転じました。その原因は、黒死病として知られるペストの大流行でした。

中東は、「中世の人口循環」後半に人口が一貫して減少した唯一の地域で、一〇〇〇年に三三一〇万だった人口が一四〇〇年に二六五〇万へと二割も減ったのです。乾燥地のため農耕の生産性が上がりにくかったうえに、一一世紀にはイスラーム帝国内の勢力争いや十字軍の侵攻があり、一三世紀から一四世紀にかけてはモンゴル帝国の領土拡張の影響を受けたのです。

ほかの五地域は、人口がはるかに少なく人口密度も低かったのですが、一三〜一四世紀にモンゴル帝国の勢力拡大の影響を受け人口が停滞した東北ユーラシアを例外とすれば、一貫して人口が増加をつづけました。増加速度も「中世の人口循環」前半の約二倍、年平均増加率にすると〇・〇六〜〇・一二%になったのです。農耕の後進地域でも、耕地の開墾などが進み人口支持力を上昇させたのです。

地域による違いから明らかなように、「中世の人口循環」の終焉も、「第一の人口循環」と同様、人口の多い東南ユーラシアとヨーロッパで起きた、急激な人口減少によって引き起こされたのです。対照的に、「東南ユーラシア」「ヨーロッパ」「中東」以外の地域では、四〇〇年間の年平均人口増加率にすると〇・一%前後で、ほぼ安定したペースで人口が増加をつづけたのです。

ところで、一一世紀半ばから一四世紀初頭は「中世の温暖期」で、温暖な気候が農耕の生産性を高め人口増加を促進したとよく指摘されてきました。しかし、「中世の温暖期」の中で最も高温だったころの気温と、その後の一四世紀半ばから一九世紀半ばの「小氷期」の中で最も低温だったころの気温との差はわずか一度程度であり、人口増加の決定的な原因だった可能性は高くなさそうです。

技術の「大衆化」——人口支持力の向上

「中世の人口循環」後半の特徴の一つは、ヨーロッパと東南ユーラシアでみられた非常に高い人口増加率です。一〇〇年ごとの年平均増加率が最も高かったのは、ヨーロッパでは一二〇〇〜一三〇〇年の〇・三五%、東南ユーラシアでは一〇〇〇〜一一〇〇年の〇・二八%でした。なお、東南ユーラシアの人口のほぼ半数を占めていた中国の一〇〇〇〜一一〇〇年の人口増加率は実に〇・五一%でした。

このような高い人口増加率をもたらした理由は二つ考えられます。第一は、古代ギリシャ・ローマあるいは古代中国で開発された道具や技術が、中世にはいって農民の間に広く普及したことで、いわば技術の「大衆化」が進んだのです。たとえば、耕地開墾の効率を高める鉄製の斧や、牛馬に引かせ深耕するための鉄製の重輪犂《じゅうりんすき》が広く用いられ、牛馬の蹄《ひづめ》の損耗を防ぐ鉄製の蹄鉄も使用されるようになりました。

第二に、新たな技術革新が進んだことがあげられます。ヨーロッパにおける最大の技術革新は、一一世紀から一二世紀にかけて、耕地を冬ムギ（コムギとライムギ）の畑、夏ムギ（オオムギとオートムギ）の畑、休耕地に三分する三圃式農法が開発され普及したことです。作物の品種改良も進みました。オランダの農業史家のスリヘル・ファン・バートらがヨーロッパ諸国の歴史資料を整理した結果、コムギの収穫率（種子あたりの収穫粒数）は九世紀に三倍未満だったのが、一一世紀ころから向上し一五世紀には五倍に達したのです。既に述べたように、この時代のヨーロッパにおける農耕の進歩は中世農業革命とよばれています（130〜131ページ参照）。

東南ユーラシアでもイネの生産性が高まりました。たとえば、一一世紀初頭には長江流域をはじめとする中国南部に、ベトナム原産の占城稲《せんじょうとう》とよばれる、日照りや虫害に強く痩せた土地でも生産性の高い早稲品種が導入され、イネの二期作およびイネとムギの二毛作が可能になったのです。イネはムギ類よりも収穫率がはるかに高く、日本を例にとると八〜九世紀に七倍程度だったものが、一五世紀には二〇倍以上になったと推測されています。

中国のもう一つの文明の中心地だった北部の黄河流域でも、アワとコムギの二毛作が行われるようになりました。なお、コムギは一〜二世紀にシルクロード経由で中国に伝えられ、とくに北部でアワとともに重要な作物になっていたのです。

交易圏の拡大――戦争と感染症の大規模化

「中世の人口循環」後半に、東南ユーラシアとヨーロッパの人口増加率が農耕の生産性の向上などにより飛躍的に上昇した一方で、この両地域は急激な人口減少も経験しました。人口減少の原因は異なりますが、この両地域がコア・ユーラシアの東と西に位置し、シルクロードなどを利用する交易の恩恵を受けたことに関係していたのです。

中国の人口減少を引き起こした直接的な原因は、モンゴル高原を故地とする遊牧民のモンゴル人が勢力を拡大したことです。モンゴル帝国が、チンギス・カンを初代皇帝に一二〇六年に建国され、満州を故地とする女真人《じょしん》による中国北部の金王朝を撃破したのを皮切りに、最盛期の一四世紀初頭には東ヨーロッパまで支配下においたのです。

モンゴル帝国の騎馬軍団は、一四世紀後半までの約二〇〇年間にわたり、征服した民族の兵士をも取り込みながら戦闘をつづけたのです。この間、中国をはじめとする東南ユーラシアの人口はほぼ一貫して減少しました。中国では、一二〇〇年に一億一五〇〇万だった人口が、一〇〇年後の一三〇〇年には七四%にあたる八五〇〇万に、さらに一〇〇年後の一四〇〇年には六五%にあたる七五〇〇万になったのです。東南ユーラシア全体の人口も、一二〇〇年から一三〇〇年にかけて二億三〇〇〇万から二億八〇〇〇万へと一割ほど減少しました。さらに、中東の一四世紀における人口減少の一端も、モンゴル軍の侵入によるものだったのです。

ヨーロッパにおける人口減少は、黒死病とよばれるペストの流行で引き起こされました。ペストの流行は、一三四七年に中東とイタリアのシチリア島ではじまり、翌年にアルプスを越えヨーロッパに広がり、一四世紀中に少なくとも三回の大流行があり、ヨーロッパ人口の約三分の一が死亡したのです。なお、最近の研究によると、一四世紀のヨーロッパは一三一三年、一三二八—二九年、一三四六年に農作物の不作による飢饉に見舞われており、住民の栄養状態の悪化がペストの流行にかかわったのも事実のようです。

ペストの起源については、アイルランドの細菌学者マーク・アフトマンをリーダーとする国際チームが、二〇一〇年の『ネイチャー・ジェネティックス』誌に論文を発表しました。彼らは、世界で広くみられる一七株のペスト菌のＤＮＡと、ヨーロッパ各地の墓地に埋葬されていたペスト患者の骨から抽出したＤＮＡを分析した結果、ペスト菌は二六〇〇年以上前に中国南部に出現し、二〇〇〇年も経過した一四世紀にシルクロード経由で中東・ヨーロッパにもたらされたと結論づけました。当時はシルクロードがモンゴル帝国の支配下にあり、シルクロードを往来する東西交易が活気を呈していたときだったのです。

食にみる一五〇〇年ころの世界

アメリカ大陸がヨーロッパ人によって一五世紀末に再発見されたことは、旧大陸と新大陸との間でヒトとモノが移動する契機になりました。文字どおり、グローバル化の先駆けだったのです。

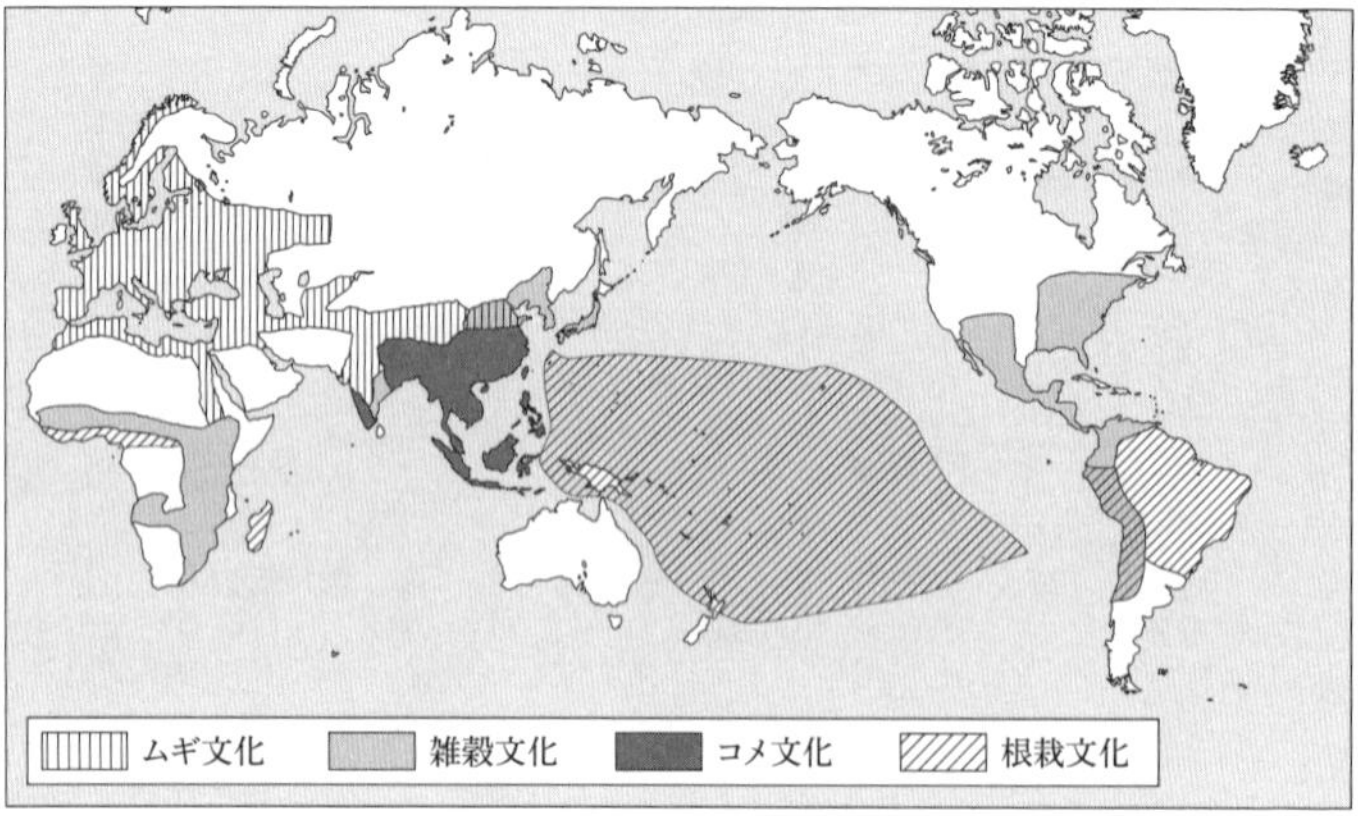

【図4-9】1500年ころの世界の食文化圏。（石毛直道, 1993を基に著者作成）

新大陸が再発見される前、世界各地で営まれていた人びとの生活は多様性に富んでいました。石毛直道らのグループが、一五〇〇年ころを想定し、食生活の中でも主食食物や乳・乳製品の利用などに焦点をあてて類型化し、世界地図に表しています。

【図4－9】に示すのが、この研究グループが主食作物に焦点をあて四類型に分けた「食文化」の分布です。本書における八地域とも深く連関しています。「コメ文化圏」が東南ユーラシアに、「ムギ文化圏」が中東とヨーロッパにほぼ相当します。「雑穀文化圏」は、アフリカ、東北ユーラシア、南北アメリカに分布していますが、主な作物はそれぞれの地域で栽培化されたもので、アフリカではソルガム（モロコシ）などの小穀類、東北ユーラシアではアワ、南北アメリカではトウモロコシを指しています。

「根栽文化圏」で栽培されていた主作物も地域によって異なります。とくに多く栽培されていたのは、ラテンアメリカでは在来のジャガイモが高地で、キャッサバあるいはサツマイモが低地で、オセアニア島嶼部では東南アジア原産で移住者が持ち込んだタロイモやヤムイモ、アフリカではアジア原産と考えられるイモ類でした。

食文化でもう一つ重要なのは、搾乳可能な家畜を飼育し乳を食用するか否かです。乳利用が盛んなのは、西アジアに起源するムギの畑作と家畜飼育を受け継ぐヨーロッパおよび中東の「ムギ文化圏」の人びとと、アフリカに散在する牧畜民です。

ところで、【図4-9】には空白地帯も広がっています。農耕がほとんど行われていなかった地域です。ユーラシア大陸の寒冷が厳しい地域と、アフリカ大陸の乾燥が厳しいところは、主に牧畜民の居住地になっていました。一方、オーストラリア大陸および南北アメリカ大陸の北部と南部には、狩猟採集民が居住していました。

【図4-9】に示される食文化圏の分布は、地球上のいくつかの地域ではじまった農耕文化が広域に伝播した結果を反映しています。このパターンは、現在までつづく側面をもつ一方で、一六世紀から本格化する旧大陸と新大陸との交流によって変容もするのです。

現代の幕開け

「現代の人口循環」

一五世紀にはいると、中国をはじめとする東南ユーラシアとヨーロッパを含むすべての地域で人口が増加しています。当然のことながら、世界人口も大きく増加に転じ、一般にヨーロッパ史

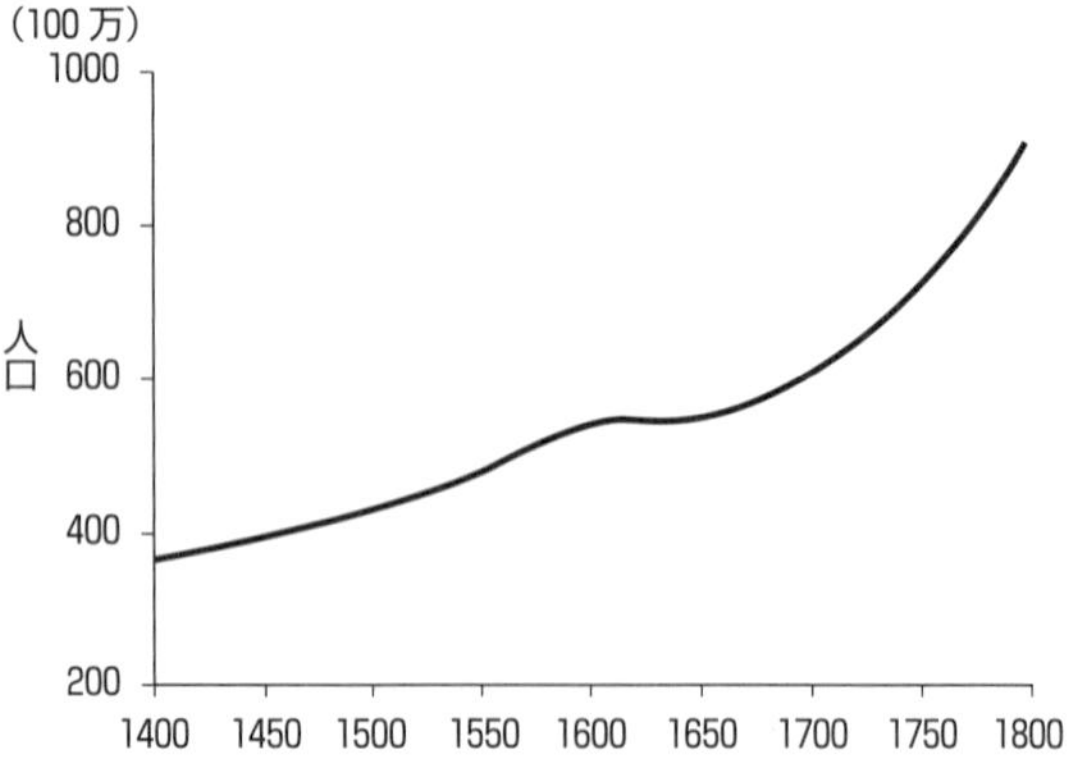

【図 4-10】「現代の人口循環」前半（1800 年まで）。

などで中世の終焉とみなされるより前に、「中世の人口循環」が終わり「現代の人口循環」にはいったのです。「現代の人口循環」の前半にあたる一四〇〇年から一八〇〇年までの世界人口を、五〇年ごとに表したのが【図4-10】です。人口増加速度が、一六〇〇〜一六五〇年を除き、上昇をつづけています。一〇〇年ごとの年平均増加率にすると、一四〇〇〜一五〇〇年が〇・一七％、一五〇〇〜一六〇〇年が〇・二二％、一六〇〇〜一七〇〇年が〇・一二％、一七〇〇〜一八〇〇年が〇・四〇％になります。

一七世紀に人口増加率が低かった理由として、地球規模での気温の低下がよく指摘されてきました。しかし、寒冷だった小氷期とよばれる期間は一四世紀半ばから一九世紀半ばまでつづき、一七世紀だけがとくに低温だったわけではありません。その上、地域別にみると、人口が減少したのは中東だけで、人口増加率が一六世紀より低かったのも東南ユーラシアとヨーロッパだけでした。東南ユーラシアでは、人口の四五％を占めていた中国の人口が、一六〇〇年の約一億五〇〇〇万から一六五〇年に約一億三〇〇〇万へと減少したことが大きく影響したのです。ほかの、アフリカ、東北ユーラシア、オセアニア、ラテンアメリカ、北アメリカでは、一七世紀の増加率は一六世紀と同じかそれ以上でした。

一七世紀前半に、中東、ヨーロッパ、中国で、長期にわたる戦争とそれにともなう社会的な混乱が起きていたのです。中東では、一四世紀から台頭したオスマン帝国が勢力を伸ばし、一六八三年にハンガリーなど東欧の一部をも領土とする最大版図に達しています。ヨーロッパでは、宗教対立が絡んだとはいえ、主権国家間の対立を主な原因とする三〇年戦争が、一六一八年から一六四八年まで断続的につづきました。中国では、一六世紀に明王朝が衰退してから混乱がつづき、満州人（女真人）による後金《こうきん》が建国されたのが一六一六年、後金を引き継いだ清朝による治世がはじまったのが一六四〇年代だったのです。

これらの地域では、社会的な混乱とともに兵士などの移動が頻繁になったため、感染症が流行しやすい状況が生じていました。ペストは、三〇年戦争のころにヨーロッパで、一六世紀末から一七世紀前半にかけて中国の華北地方で大流行しました。とくに中国・華北地方では、それ以前にペストの流行がなかったため、一〇〇〇万にのぼる死者が出たと推測されています。

一七世紀半ばから人口増加が再び加速し、一八世紀の年平均増加率は過去最高の〇・四〇％に達したのです。当時、世界人口の六割以上を占めていた東南ユーラシアの年平均人口増加率が、前世紀に低下していたことへの反動のように、〇・四三％に上昇したことが大きく影響しました。ヨーロッパも人口増加率が上昇し、〇・三九％に達しています。

一八世紀には、さらに注目すべき二つの出来事が起きました。一つは、南北アメリカ大陸へのヨーロッパ人の移住と、奴隷としてのアフリカ人の強制移住が本格化したことです。もう一つは、死亡率と出生率を劇的に変化させた人口転換が、イギリスを皮切りにヨーロッパではじまったことです。

新大陸の「発見」と新大陸への移住が本章のこれからのテーマで、人口転換が次章以降のテーマです。

遠洋航海のはじまり

人間は古代文明の時代から、地中海、黒海、ペルシャ湾などで航海術の改良をつづけてきましたが、外洋での航海が本格化したのは一五世紀にはいってからです。そのための画期的な技術革新である羅針盤は古代中国の四大発明の一つで、一一世紀につくられたといわれます。

本格的な遠洋航海の口火を切ったのも中国です。よく知られるのは、雲南省生まれでイスラーム教徒だった鄭和《ていわ》が明の皇帝の命を受け、一四〇五年から一四三三年にかけて、合計七回も大船団を率いて行った航海です。最大の船団は六二隻にのぼり、最大の船は全長が一二〇メートル以上もあり、総乗組員は二万七、八〇〇〇人にのぼったといわれます。主な目的は、見知らぬ世界から珍しい物品を持ち帰ることで、東南アジアと南アジアをとおり、アラビア海のホルムズ海峡、紅海のメッカ（マッカ）、さらにはアフリカ大陸東岸のケニアのマリンディまで訪れています。

ヨーロッパ世界は、中世前半まで科学技術の面で後れをとっていましたが、一〇九六年から一二八一年まで断続的に行われた十字軍の遠征や、七一八年から一四九二年までつづいたレコンキスタ（イベリア半島のスペインとポルトガルのキリスト教徒によるイスラーム教の支配から脱する再征服活動）などを経験し、イスラーム社会が保持していた、古代ギリシャや古代中国に由来する先端科学技術に触れることになりました。羅針盤を用いる航海術も、アジアとアフリカ東岸の海域で交易を行っていたイスラーム商人によって、一三世紀までに伝えられたようです。

南ヨーロッパでルネサンスが進行した一五世紀には、ヨーロッパ人による遠洋航海が盛んになりました。遠洋航海の目的は、インドをはじめとするアジアから「東方の富」を手に入れることでした。その口火を切ったのがポルトガルとスペインです。両国はレコンキスタを終え、国王を中心とする中央集権制を最初に確立していたのです。

レコンキスタを先に終えたポルトガルが先行し、一四八八年にバルトロメウ・ディアスがアフリカ最南端の喜望峰に達し、一四九八年にはヴァスコ・ダ・ガマが喜望峰回りでインドに到達しています。ポルトガルに後れをとったスペインは、イタリアのジェノヴァ出身のクリストファー・コロンブスに、西回りでインドに達する航路を開拓させようとしたのです。

新大陸の「発見」

コロンブスの船団は一四九二年に、カリブ海に浮かぶ西インド諸島のサン・サルバドル島に到達しました。コロンブスは、三回の航海で、カリブ海の島々とアメリカ大陸中央部の東海岸に上陸していますが、すべての場所をインドと信じていました。とはいえ、一四九二年がヨーロッパ人によるアメリカ大陸「発見」の年になったのです。

南アメリカ大陸のブラジルには、スペイン人のビセンテ・ヤーニェス・ピンソンとポルトガル人のペドロ・アルヴァレス・カブラルが、一五〇〇年に相前後して到達しています。コロンブスが上陸した土地をインドと信じていたように、彼らもブラジルをインドと誤解していました。

アメリカが新大陸であることが実証されたのは、一五一三年に、スペインの探検家バスコ・ヌーニェス・バルボアがパナマ地峡を横断したときです。そのしばらく後に、ポルトガル人のフェルディナンド・マゼランが、スペインの艦隊を率いて初の世界一周に成功しています。彼の船団は一五一九年八月一〇日にスペインを出航し大西洋を西進し、南アメリカ大陸南端を回り太平洋とインド洋を西進し、アフリカ大陸南端を回り一五二二年九月六日にスペインに帰還しました(マゼラン自身は一五二一年にフィリピンで死去)。

もう一つの新大陸である、オーストラリア大陸を含むオセアニアの「発見」は、アメリカ大陸より遅れました。最初の「発見」は、マゼラン一行が世界一周の途中の一五二一年に、ミクロネシアのマリアナ諸島にたどりついたときでした。少し後の一五二六年に、ポルトガル人のジョルジェ・デ・メネセスがニューギニア島を「発見」し、一六〇六年には、スペイン人のルイス・ヴァエズ・トレスがニューギニア島とオーストラリア大陸の間の海峡を航海しています。しかし、オセアニアでは貴金属などが発見されたこともなく関心が高まらなかったのです。

オーストラリア大陸の「発見」は、オランダ人のアベル・タスマンが一六四二年に、西海岸から回り込むように航海し東南部に位置するタスマニア島に到達したときにさかのぼるのですが、大陸の全貌が明らかになったのは一八世紀後半のことです。イギリスの海軍士官のジェームズ・クック（キャプテン・クック）が、一七六八年から一七八〇年にかけて三度にわたる航海を行い、オーストラリア大陸の東海岸だけでなく、タヒチ諸島、ハワイ諸島、ニュージーランドを含むポリネシアの島々を「発見」したのです。

クックによるオーストラリア大陸の「発見」を受け、イギリスは一八世紀終盤からオーストラリアの開発に取組みました。しかし、牧羊業などがある程度発展したとはいえ、移住者が大幅に増加したのははるかに遅く、金鉱が発見された一八五一年以降だったのです。一八五一年の段階で、オーストラリアに居住していたヨーロッパ出身者は四五万にも達しませんでした。

アメリカ大陸の征服

アメリカ大陸の真の発見者は、一万年以上も前にシベリアからアラスカに渡った人びとです。その後、紀元一一世紀ころにも、スカンディナヴィア半島を故地とする北方系ゲルマン民族のノルマン人（ヴァイキング）が、北アメリカ大陸の東岸に到達し植民を試みています。しかし、彼らは世代を超えて居住するにはいたりませんでした。アメリカ大陸に本格的に人びとが移住する契機になったのは、ポルトガルとスペインの両国が国策として行った航海だったのです。

アメリカ大陸がヨーロッパ人によって「発見」された一五世紀末はもちろんのこと、少なくとも一六世紀半ばまで、中国とインドをはじめとするアジアが世界経済の中心でした。ポルトガルとスペインが強い関心をもっていたのもアジアで、アメリカ大陸でもインドに求めていたように、金銀などの貴金属や香木などの発見とキリスト教の布教を目指したのです。とくに、スペイン国王から派遣された「征服者」を意味するコンキスタドールは、各地で伝統文明を破壊し住民と戦闘を繰り広げました。

よく知られるように、メソアメリカ文明を受け継いだアステカ王国と、アンデス文明を受け継いだインカ帝国は、それぞれ一五二一年と一五三三年に、エルナン・コルテスとフランシスコ・ピサロというコンキスタドールの軍団に滅ぼされました。スペインの軍団は、鉄製の兵器をもっていたとはいえ、どちらも二〇〇〜三〇〇人程度の兵士からなっていたようです。このことからも、アステカ王国とインカ帝国の滅亡の原因は、戦闘そのものに加え、スペイン人が持ち込んだ感染症が猛威をふるったためと考えられています。

ラテンアメリカでは天然痘が一六世紀に五〜六回流行したほか、チフス、インフルエンザ、ジフテリア、麻疹が一六世紀か一七世紀に少なくとも一回は大流行したことが、多くの研究者により明らかにされています。とくに天然痘により、再生産年齢にあった女性や子どもの死亡率が高まり、長期にわたる人口減少を引き起こしたのです。これらの感染症は、どれもが家畜由来という点で共通しています（142〜143ページ参照）。アメリカ大陸では家畜化がほとんどなされなかったため、住民は動物由来の感染症への免疫をもっていなかったのです。

アメリカの先住民の人口については分からないことが多く、アステカ王国とインカ帝国がヨーロッパ人によって「発見」されたときの推定人口も研究者により大きく異なりますが、最近のメソアメリカ文明とアンデス文明の遺跡の発掘などから、アステカ王国もインカ帝国も最盛期には一〇〇〇万程度の人口をもっていたと推測されます。本書では、アメリカ大陸全域における一五〇〇年の人口を二六〇〇万、一六〇〇年の人口を一〇五〇万と推定しています。これらの値にも不確実性があるとはいえ、一六世紀の一〇〇年間に、ヨーロッパ人が持ち込んだ感染症などにより人口が半分以下に減少したのはまちがいなさそうです。

プランテーションと奴隷貿易

南アメリカ大陸のほぼ全域を征服したスペイン人とポルトガル人は、当然のことながら経済的な利益を追求しました。「発見」直後に交易品としてヨーロッパに持ち帰られたのは、赤色の染料用の色素を採取できるブラジルボクとよばれる高木（ブラジルの国名になった植物）くらいでしたが、一六世紀半ばから、ボリビアのポトシ銀山をはじめとする鉱山が開発され、アメリカ大陸産の鉱物が国際市場に持ち込まれるようになります。とはいえ、採掘された貴金属は質的にも量的にもアジア産のものに及びませんでした。

アメリカで、最初に世界的な産業になったのはサトウキビ栽培と製糖です。サトウキビは、オセアニア島嶼部（おそらくニューギニア島）が原産地で、紀元前にインドに伝えられ製糖技術が開発され、インドから中東に伝わった栽培・製糖技術が、一一世紀に十字軍によってヨーロッパに伝えられたのです。ヨーロッパにおける砂糖の需要の急増とともに、サトウキビ産業は地中海東部で隆盛しました。その中心が徐々に西方に移動し、一四二〇年代には、大西洋に浮かぶポルトガル領マデイラ諸島やスペイン領カナリア諸島がサトウキビ産業の中心になったのです。

アメリカ大陸「発見」から間もない一五一六年に、ポルトガル人がサトウキビをマデイラ諸島からブラジル東部に移植しました。ブラジルの気候はサトウキビの生育に適しており、それまで以上の高い生産性をあげたのです。一五三〇年代になると、サトウキビ農場と製糖工場から成るエンジェーニョが、マデイラ諸島とおなじようにブラジルにもつくられたのです。

サトウキビ栽培と製糖は、多くの人手を必要とします。先住民のインディオの人口は少なく、サトウキビ産業の労働力としてはまったく不足でした。そのため、マデイラ諸島で一五世紀半ばからはじまっていた、西アフリカ出身の奴隷に労働させるシステムが、ブラジルに持ち込まれたのです。このシステムが成功し、スペイン領のカリブ海の島々に波及し、大規模なプランテーションがつくられ、サトウキビ以外にコーヒーやタバコなども栽培されるようになったのです。

スペインとポルトガルの両国は、サトウキビのプランテーション経営にみられるように、土地も住民も支配する植民地帝国をラテンアメリカにつくりあげたことになります。この状況が一七世紀初頭までつづきましたが、その後、勢力を増強させていたオランダ、フランス、イギリスが、スペインとポルトガルが独占していた権益に割り込みはじめたのです。その主な対象は、スペインが植民地化していなかったカリブ海の島々と、北アメリカ大陸の東海岸でした。

イギリスは、現在のアメリカ合衆国のニューハンプシャー州からジョージア州までの一三植民地（独立一三州ともよばれる）を開拓し、多くのイギリス人が移住しました。一三植民地のうち、南部では大規模なプランテーションが営まれることが多く、奉公人として移住したヨーロッパ人とともに、奴隷貿易された多くのアフリカ人が働かされたのです。

一七世紀、さらに一八世紀に、奴隷貿易は拡大をつづけました。「西アフリカ」「カリブ海諸島・北アメリカ」「ヨーロッパ」の三地域間で、異なる「モノ」が一方通行的に運ばれたことから大西洋三角貿易とよばれます。西アフリカからカリブ海諸島・北アメリカへは奴隷が、カリブ海諸島・北アメリカからヨーロッパへは砂糖が、ヨーロッパから西アフリカへは繊維製品・ラム酒・銃などが運ばれたのです。アフリカ人は奴隷という「商品」として扱われたわけで、以前からアフリカ社会で行われていた、部族間戦争の捕虜が奴隷になったのとは本質的に異なるものになったのです。

一八世紀後半から、北アメリカ南部のプランテーションで、奴隷労働による綿花の大規模栽培がはじまりました。イギリスの産業革命を牽引した紡績業の原材料の多くが、アメリカのプランテーションで生産されたのです。

移住者と奴隷移住者の数

アメリカ大陸が「発見」されてから一八〇〇年までの約三〇〇年間に、どのくらいの人びとが移住し、人口のどのくらいの割合を占めたのでしょうか。ここでは、移住者をヨーロッパ人と、奴隷として強制移住させられたアフリカ人に分けることにします。先住民については、ラテンアメリカではインディオ、北アメリカではインディアンとよばれることが多いのですが、ここからは、すべての先住民をアメリンディアンとよぶことにします。

移住者数、とくに奴隷として強制移住させられたアフリカ人の数と、ヨーロッパ人に「発見」

移住年	人数
1451-1600	274,900
1601-1700	1,341,000
1701-1800	6,051,700
1801-1870	1,898,400
合計	9,566,000

移住先	人数
ヨーロッパ	175,000
北米・中米	651,000
カリブ海諸島	4,040,000
南米	4,700,000
合計	9,566,000

【表4-1】大西洋奴隷貿易による奴隷の数の移住年と移住先による内訳。北米・中米は、パナマ以北を指す。（フィリップ・カーティンの推定に基づく）

された時点でのアメリンディアンの数は、研究者による推定値に大きな差異がみられます。奴隷については、アフリカからの移動中の死亡者の扱いや、移住後に混血した両親から生まれた子どもの出自などで見方が分かれることも一因です。アメリンディアンについては、文字による資料がなく、人口推定に有用な遺跡の発掘調査なども不十分だからです。

ここでは、アフリカ人の人口については、アフリカ史の研究者で奴隷貿易をライフワークとした、フィリップ・カーティンの推定値に準拠します。また、アメリンディアンの人口については、最近の遺跡の調査結果なども参照しています。

カーティンが推定した奴隷の数が、【表4－1】に示されています。大西洋奴隷貿易が一五世紀半ばにはじまった当初は、西アフリカにおける部族戦争による捕虜が、奴隷としてポルトガル商人に買いとられヨーロッパで売られていたのです。奴隷が急増したのは、大西洋三角貿易がはじまった一七世紀からです。奴隷貿易は、一八世紀に最盛期を迎え、その後は徐々に下火になったとはいえ、一八七〇年までつづきました。

アメリカ大陸「発見」直後の一五〇〇年から一八〇〇年まで、ラテンアメリカと北アメリカの人口を、三つの出自集団別にまとめたのが【図4-11】です。

メソアメリカ文明とアンデス文明を受け継いだラテンアメリカでは、アメリンディアンの人口が、ヨーロッパ人の侵略を受けはじめた一六世紀に激減し、その後も一九世紀になるまで減少をつづけました。一方、大半が狩猟採集民だった北アメリカのアメリンディアンの人口は、一五〇〇年の時点ではラテンアメリカのアメリンディアンよりはるかに少なく、その後にラテンアメリカほど極度に減少したことはないものの、一八〇〇年にも一五〇〇年のレベルを超えることはありませんでした。

ヨーロッパ人の移住者とアフリカ人の奴隷移住者の数は、一七世紀まではラテンアメリカのほうが多かったものの、一八世紀になると、北アメリカに移住したヨーロッパ人が増加しています。一八世紀には、ラテンアメリカに移住させられたアフリカ人も増加していますが、彼らの移住先の大半は大陸ではなくカリブ海諸島でした。

一八〇〇年における状況を整理すると、ラテンアメリカの人口のほぼ半分がアメリンディアンで、残りの半分ずつがヨーロッパ人とアフリカ人でした。ラテンアメリカでは、ヨーロッパからの移住者の大半が男性だったため、メスティーソとよばれるアメリンディアンとヨーロッパ人の混血がきわめて多くなったことも特徴です。一方、北アメリカではアメリンディアンの人口が少

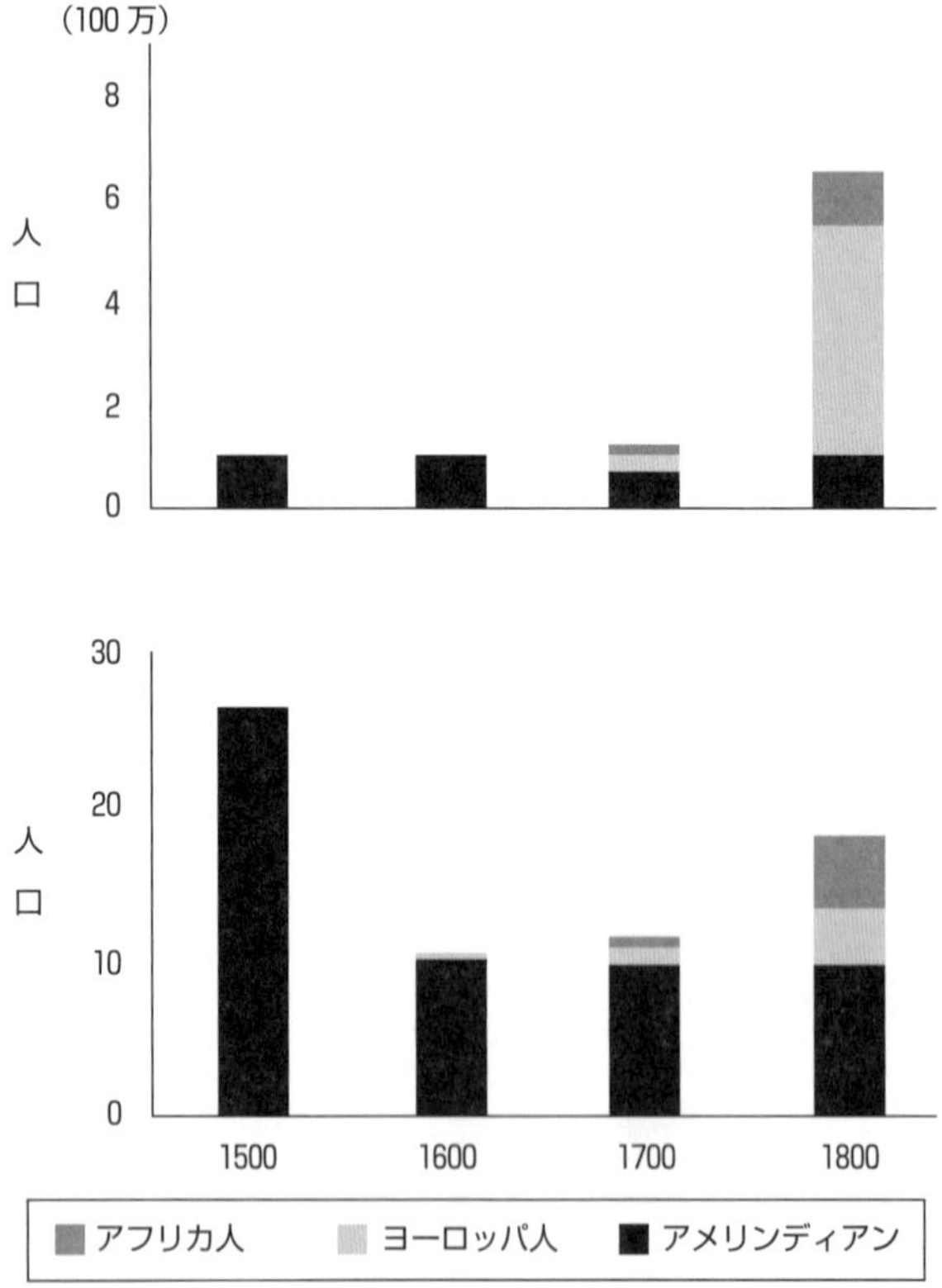

【図 4-11】アメリカ大陸の出自集団別の人口の推移。上は北アメリカ、下はラテンアメリカ。1500 年から 1800 年まで、総人口はラテンアメリカのほうがはるかに多かった。

なかったこともあり、ヨーロッパ人がほぼ七割と最大の集団になり、アメリンディアンとアフリカ人がそれぞれ約一五％を占めたのです。

世界人口にとっての新大陸

新大陸の存在は、世界人口に大きな意味をもっています。「北アメリカ」「ラテンアメリカ」「オセアニア」の陸地面積を合わせると約五〇〇〇万平方キロメートルになり、地球上の全陸地面積の三七％を占めています。その上、人口がはるかに希薄で、一五〇〇年の一平方キロメートルあたりの人口密度は、東南ユーラシアとヨーロッパが一八・六人と一四・二人だったのに対し、新大陸はどこも一人未満でした。

一六世紀ころから、東南ユーラシアとヨーロッパでは、増加した人口のためにも農耕の生産性の向上が必要になり、とくにムギ類の畑作に依存するヨーロッパ人にとっては農地の拡張が不可欠で、アメリカ大陸がそのための恰好のフロンティアになったのです。ヨーロッパ諸国が、植民地化したアメリカ大陸に一七世紀から一八世紀にかけて多くの移住者を出し、大規模なプランテーション農業に成功したことは、経済発展を押し進める原動力になったのです。

ヨーロッパ列強の植民地政策の対象は、アメリカ大陸だけでなく、アジアとアフリカにも向けられていました。イギリスが一六〇〇年に東インド会社を設立し、マドラス（チェンナイ）、ボンベイ（ムンバイ）、カルカッタ（コルカタ）を拠点にムガール帝国の支配下にあったインドを実質支配したこと、オランダが一六〇二年にオランダ東インド会社を設立しジャワ島西部のバンテン

農作物	生産量（億トン）	原産地
トウモロコシ	8.5	ラテンアメリカ
コムギ	6.5	中東
イネ	4.5	東南ユーラシア
ジャガイモ	3.3	ラテンアメリカ
キャッサバ	2.4	ラテンアメリカ
オオムギ	1.3	中東
サツマイモ	1.1	ラテンアメリカ

【表4-2】現在（2010年）の世界における主な農作物の生産量。

王国を植民地化したこと、スペインが一五六五年からフィリピンを長期にわたり植民地支配したこと、オランダが南アフリカにケープ植民地を建設したことなどがあげられます。ただし、大量の移住者を出すことはありませんでした。

先に述べたように、ヨーロッパの一八世紀における人口増加速度は速く、年平均人口増加率は〇・三九％でした。しかし、この値はヨーロッパ在住の人口だけから計算されたもので、一八〇〇年にアメリカ大陸に居住していたヨーロッパ出身者の八五〇万人を加えると、増加率は〇・四五％になり、東南ユーラシアの〇・四三％を超えていたのです。なお、アフリカ人についてもおなじように計算すると、年平均人口増加率は、アフリカ在住者だけから計算された〇・一五％より高く、〇・二三％になります。

アメリカ大陸が世界人口に与えた大きな影響がもう一つあります。それは、アメリカ原産の農作物が世界の広域に伝播し、食物の生産性の上昇とその結果として人口支持力の上昇をもたらしたことです。現在の世界で一億トン以上生産されている七種類の農作物のうち、四つがアメリカ原産なのです（【表4－2】）。

人口支持力の上昇に最も貢献したのは、トウモロコシがスペインとポルトガルの商人によって、一六世紀の早い時期にアフリカとアジアの広域に伝えられたことでしょう。トウモロコシは、アジアやアフリカが原産の小穀類だけでなく、西アジア原産のコムギなどのムギ類よりも土地生産性が高いのです。

ジャガイモも、トウモロコシほど早い時期ではなかったものの、ヨーロッパをはじめとする世界の広域に伝えられ、一七世紀にはやや寒冷な地域でも栽培されていました。たとえば、三〇年戦争でヨーロッパの土地が疲弊し飢饉が多発したとき、ドイツをはじめとする国々の救荒作物として多くの人命を救ったのです。

サツマイモは、オセアニア島嶼部の多くの地域で現在も主食作物になっていますし、アジアの広域で栽培され、日本でも江戸時代や第二次世界大戦後に救荒食として重要な役割を果たしました。キャッサバも、広域に伝播したのは比較的新しいものの、現在ではアフリカ、アジア、オセアニアの熱帯地域で重要な作物になっています。

第五章　人口転換——二六五年前＝七億二〇〇〇万人

ヨーロッパではじまった人口転換

イギリスではじまった産業革命

人間の長い歴史の中で、ヨーロッパアルプスより北の地域が興隆し世界をリードするようになったのは新しく、一八世紀半ばといっていいでしょう。その前兆は、一六世紀ころからイギリス、フランス、オランダなどが中央集権的な国家体制を強化したことや、これらの国々で、農業と工場制手工業（マニュファクチャー）とともに商業が発展したことにみとめられます。

ヨーロッパ諸国は、一七世紀にはいるとアジアを中心とする植民地経営により莫大な利益をあげはじめました。とくに、国際的な交易で多額の資本を蓄えたイギリスは、一八世紀半ばには、産業革命の中核ともいえる工業化を進める経済基盤を整えました。イギリスは工業化に必要な技術面でも、毛織物の工場制手工業の伝統に加え、製鉄技術、石炭を用いる蒸気機関、精密機械の製作などの分野をリードしていたのです。

一八世紀のイギリスでは、農業改革も進行しました。四輪作（四年周期でオオムギ、クローバー、コムギ、カブの順に植えつけるシステム）への転換を軸に、作物の品種改良、マメ科植物の植えつけなどによる農地の改良、農具の改良、畑作と畜産との連携などが進んだのです。その結果、コムギを例にとると、一五世紀には五倍程度だった収穫率（種子あたりの収穫粒数）が一〇倍を超えるまで向上しました。

農業改革とともに生産性が高まった農業は多くの労働力を必要とし、「囲い込み運動」とよばれる、少数の地主による排他的な土地利用も広まりました。しかし、時間経過とともに、増加した農村人口は徐々に過剰となり、工業化の進展に不可欠な工場労働者の供給源になったのです。

イギリスにおける工業化を中心とする産業革命は、一八世紀半ば、一七四〇年から一七六〇年ころにはじまりました。手工業生産から機械工業生産への移行、風力・水力から石炭への動力源の移行が本格化したのです。これらの移行には時間がかかり、移行が終わったのは約一〇〇年後の一九世紀半ばでした。一万年以上前のメソポタミアで、狩猟採集生活から農耕と家畜飼育に依存する生活に移行した新石器革命が、数千年かかったのと相通じるところがあったようです。

ほかの国々における産業革命の開始はイギリスよりはるかに遅く、フランスとベルギーで一八三〇年代、ドイツで一八五〇年代、アメリカ合衆国とロシアではさらに遅く一九世紀終盤でした。

人口転換とその引き金

一八世紀には、ヨーロッパの国々で死亡率と出生率を劇的に変化させた人口転換がはじまりました。先陣を切ったのはイギリスで、その開始は産業革命の開始とほぼ同じ一七五〇年ころでした。ほかのヨーロッパの国々でも、一八世紀後半から一九世紀初頭に人口転換がはじまっています。そして、人口転換はイギリスを含むどの国でも一九三〇年代ころに終結したのです。

ヨーロッパでは歴史人口学の研究が進んでいます。特筆されるのは、一九五〇年代にフランスのルイ・アンリやミシェル・フリュリらが、キリスト教会の教区簿冊に残されている洗礼・結婚・埋葬の記録を分析する「家族復元法」を発展させたことです。この方法により、出生・結婚・死亡にかんする精度の高い復元が可能になったのです。「家族復元法」の手法は、寺院の過去帳や江戸時代の宗門人別改帳《しゅうもんにんべつあらためちょう》などを分析する、日本の歴史人口学の発展にも大きく影響しました。

「家族復元法」ではないのですが、伝統的な人口転換論に基づくイギリス（イングランドとウェールズ）の人口転換期における死亡率と出生率の変化を、模式的にあらわしたのが【図5-1】です。ここで用いられている粗死亡率（普通死亡率）と粗出生率（普通出生率）とは、一年間に死亡あるいは出生した総数を総人口で除した値を千分率（パーミル）で表すものです（42ページの【表1-1】参照）。当然ですが、粗出生率と粗死亡率の差が人口増加率になります（本節では、「粗死亡率」と「粗出生率」を、たんに「死亡率」と「出生率」と表記することもあります）。

人口転換の過程は、四つのフェーズに分けられます。第一フェーズは、人口転換前の死亡率も出生率も高い段階です。出生率は年変動が小さいのに対し、死亡率は飢饉や感染症の流行などにより大きな年変動がみられるのも特徴です。たとえばイギリスとフランスでは、一六五〇年から

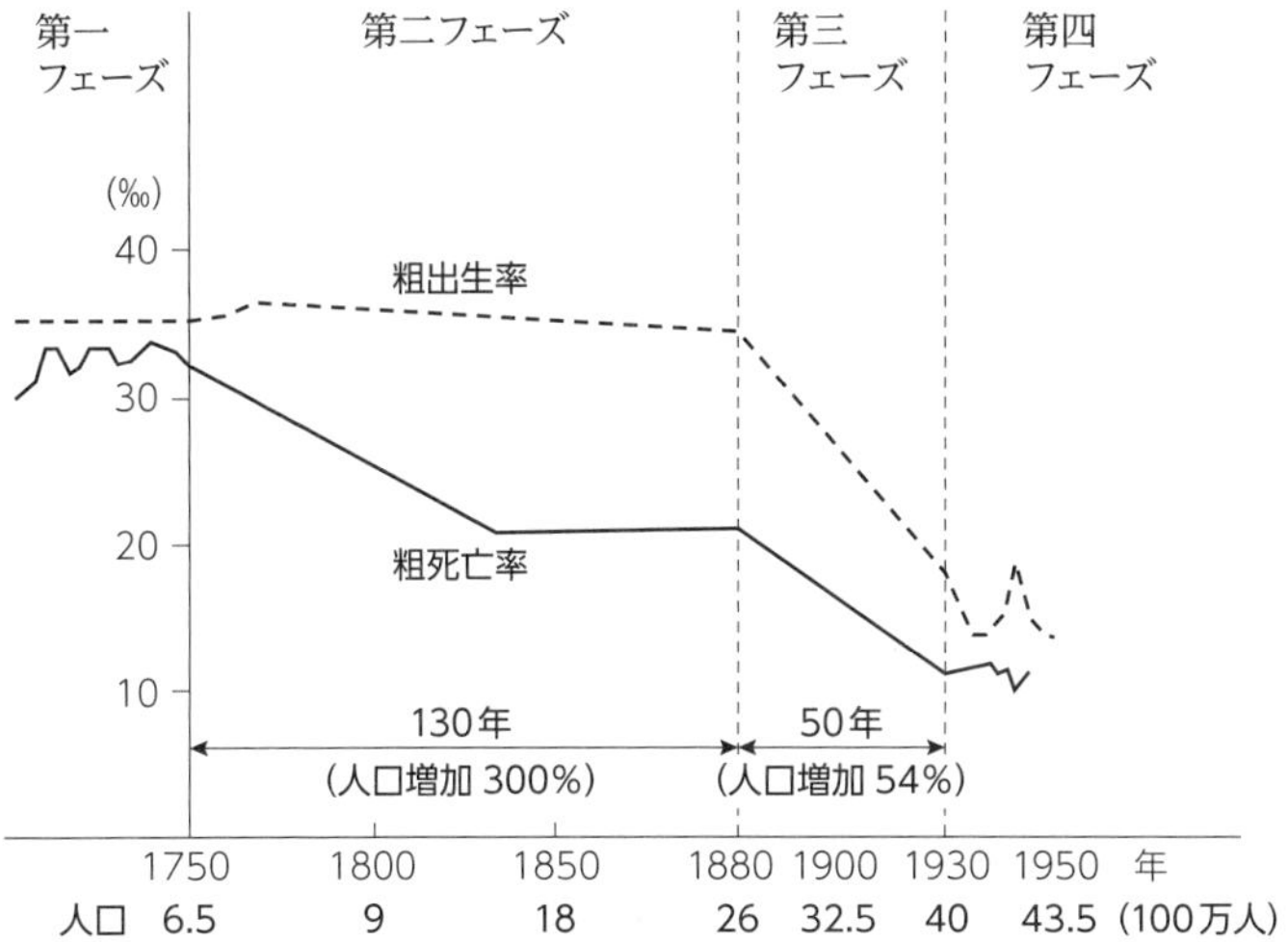

【図5-1】イギリス（イングランドとウェールズ）における人口転換の模式図。

一七五〇年までの一〇〇年間に、両国で年が違うものの、死亡数が平年より二〜三倍も多い年（二年以上におよんだ場合もある）が五回もあり、どの年も農作物が凶作でペストなどの感染症の流行が確かめられています。

第二フェーズは、人口転換が実質的に開始された一七五〇年ころにはじまりました。最大の特徴は死亡率だけが顕著に低下したことですが、極端に死亡の多い年も消滅しています。なお、第二フェーズにはいった直後に、出生率がごくわずかながら上昇したことも確かめられています。

一八八〇年ころにはじまった第三フェーズでは、死亡率が緩やかに低下をつづけるなか、出生率が急速に低下しています。出生率の低下速度が死亡率の低下速度を上回り、両者の差が徐々に縮まっています。

第四フェーズの開始は一九三〇年ころで、出生率が死亡率に近づき人口転換が終了したことを示しています。イギリスでは、人口転換に一八〇年かかったことになります。

四つのフェーズの変化は、「多産多死」から「多産少死」を経て「少産少死」に移行したことを意味します。「多産多死」の第一フェーズと「少産少死」の第四フェーズは、人口増加が緩やかなのに対し、「多産少死」の第二フェーズと第三フェーズが人口の急増期にあたります。

イギリスの人口転換期における人口増加率の推移を、一七〇〇年から一九五〇年までの五〇年ごとの年平均増加率でみると、第一フェーズに相当する一七〇〇〜五〇年には〇・〇九％でした。第二および第三フェーズに相当する期間では、一七五〇〜一八〇〇年が〇・八七％、一八〇〇〜五〇年が一・三三％、一八五〇〜一九〇〇年が一・二一％と高く、第三フェーズから第四フェーズに移行した一九〇〇〜五〇年には〇・五八％に低下しています。なお、第二フェーズと第三フェーズを合わせた一七五〇年から一九三〇年までの年平均人口増加率は、ほぼ一・〇％になります。

人口転換における死亡率と出生率の低下の原因は、長年議論されてきたものの十分な結論に達していているわけではありません。とくにむずかしいのは、出生率低下の原因です。その理由は、出生に影響する要因が多く複雑に関連しあっている上に、同一の要因が地域や時代によって同じように作用しなかった可能性もあるからです。

とはいえ、ヨーロッパのどの国でも死亡率と出生率の変化のパターンが類似していたのは事実ですし、それぞれの国の死亡率と出生率が、それぞれの国で起きた死亡と出生の集積だったことも事実なのです。

死亡率の低下

死亡率には、粗死亡率のように総人口あたりの死亡数を指すもののほかに、年齢別の死亡割合に基づくものがあります。出生した子どもの中で、出生後の一年間に(一歳の誕生日以前に)死亡した者の割合が乳児死亡率とよばれます。出生後の一年間でなく、たとえば五年間あるいは二五年間に死亡した者の割合は、五歳未満死亡率あるいは二五歳未満死亡率とよばれます。そして、五歳未満死亡率あるいは二五歳未満死亡率を一から引いた値が、五歳生存率あるいは二五歳生存率になります。

平均余命も死亡率の指標で、それぞれの年齢における、その年齢以降の平均生存年数を意味します。たとえば、一五歳におけるそれ以降の平均生存年数は一五歳平均余命とよばれます。最もよく用いられるのが出生時における平均余命で、平均寿命とよばれているものです。

これらの死亡にかかわる諸指標は相互に高い関連を示し、どの指標をとってもほかの指標がかなり高い精度で推測できます。たとえば、平均寿命が三五歳、四五歳、五五歳、六五歳、七五歳に相当する一五歳平均余命は、おおむね三八年、四四年、五〇年、五六年、六二年になり、乳児死亡率はおおむね一八%、一三%、九%、五%、二%になり、二五歳生存率はおおむね五八%、七一%、八二%、九〇%、九六%になります。

一八世紀前半、すなわち人口転換以前の第一フェーズにおけるイギリスとドイツの平均寿命は、

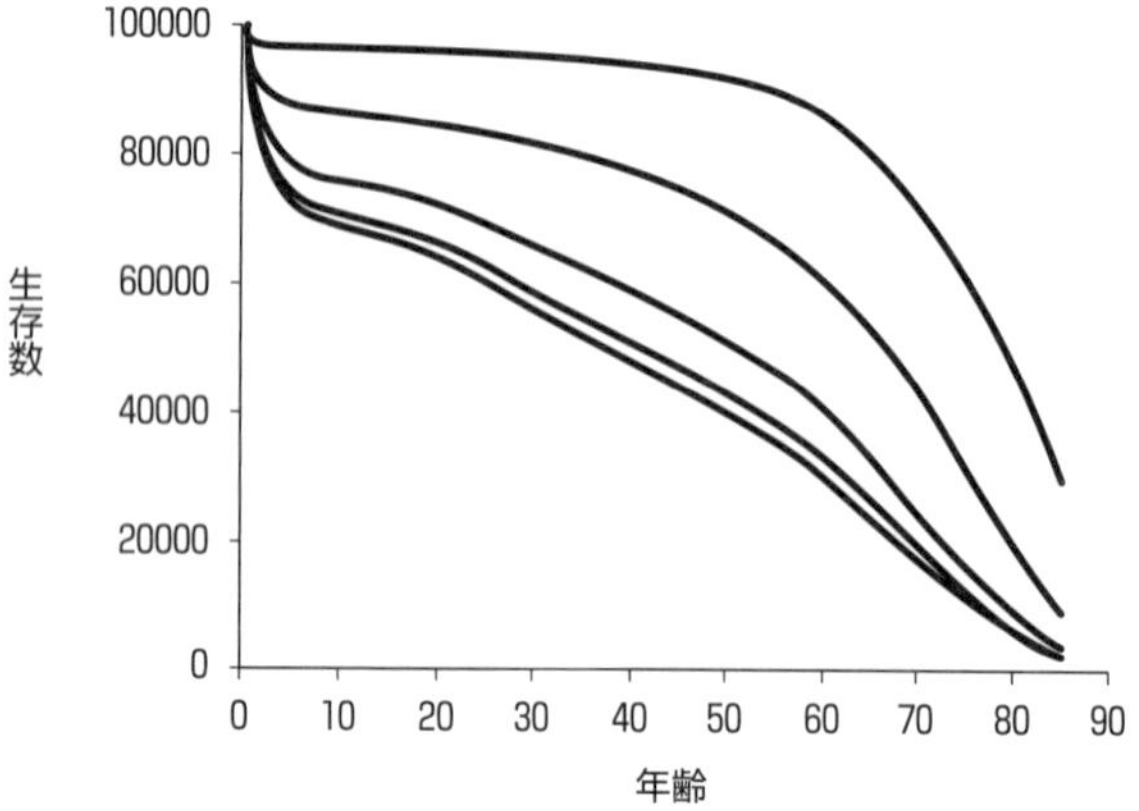

【図 5-2】スウェーデンの女性の生存曲線の変化。
下から、1751-90 年、1791-1815 年、1851-60 年、1901-10 年、1951-60 年。
（スウェーデン政府統計局発表の資料を基に著者作成）

「家族復元法」を用いた研究によると三五～三七歳でした。この平均寿命のレベルでは、乳児死亡率は二〇％に近く、女性が当時の平均的な初婚年齢の二五歳まで生存した割合は六〇％に達しなかったと推測されます。このような死亡のレベルが、ヨーロッパにおける人口転換がはじまる前の状況だったのです。

スウェーデンも歴史人口研究が進んでいる国で、スウェーデン政府統計局から、一八世紀半ば以降の多くの年次について、いくつかの年齢における平均余命が公表されています。【図５－２】は、五つの年次における女性の平均余命から推測した生存曲線を示しています。人口転換の四つのフェーズにあてはめると、一七五一―九〇年が第一フェーズ、一七九一―一八一五年と一八五一―六〇年が第二フェーズ、一九〇一―一〇年が第三フェーズ、一九五一―六〇年が第四フェーズに相当します。

人口転換がはじまった第二フェーズから、変化が速くなったことが一目瞭然でしょう。五つの生存曲線に見合う平均寿命は、年代の古い順に、ほぼ三七歳、三九歳、四四歳、五七歳、七四歳になります。一七五一―九〇年と一九五一―六〇年の平均寿命を比べると、三七歳から七四歳へと倍増したのです。なお、スウェーデンは一九五〇年代にはトップクラスの長寿国で、七四歳という女性の平均寿命は日本の女性の平均寿命より五年以上も長かったのです。

死亡率低下の原因

第二フェーズにおける死亡率の低下に、農業生産性の向上による食物供給量の増大が大きな役割を果たしたのはまちがいありません。工業化を支えるために一八世紀後半から一九世紀前半に数多く建設された運河を用いる水上輸送も、都市域や工業地帯への農作物の輸送を安定化させ、地域的な農作物の不作による影響を緩和したはずです。

食物摂取が安定し人びとの栄養状態が向上したことが、当時の死因の多くを占めていた感染症の罹患の減少と重篤化の防止をもたらしたのです。一七世紀までヨーロッパで猛威をふるったペストを例にとると、フランスのマルセイユにおける一七二〇年の流行を最後に、西ヨーロッパでは流行がみられなくなりました。

産業革命は社会の多くの側面の変革をともなったのも特徴で、人びとの考え方や日常生活の変化が死亡率の低下にかかわったはずです。影響が大きかったものに、石鹼の使用、建物の窓ガラスの使用（冬季に日光を浴びにくいヨーロッパ北部ではとくに有効でした）、綿製品の普及により衣類の洗濯の頻度が高まったことなどがあげられます。これらが、衛生状態の改善をとおして死亡率の低下に寄与したのです。

とはいえ、産業革命が人びとの健康に良い影響だけをもたらしたわけではありません。工業化の進行とともに、高温・粉塵《ふんじん》・悪臭などによる劣悪な職場環境が増え、危険をともなう労働も増加しています。さらに深刻だったのは、人口が集中した都市の劣悪な環境、とくにし尿が処理されず放置されたことです。その最大の影響は、コレラの蔓延にみられます。

コレラは、患者の糞便や嘔吐物に汚染された水や食物を経由して感染します。インドの地方病（風土病）だったコレラが、世界規模の交易の進展とともに一九世紀にヨーロッパに伝わり、都市部を中心に流行を繰り返しました。一八五六〜五八年には、フランスで一四万以上、イタリアで二万四〇〇〇、イギリスで二万の死亡が記録されています。なお、コレラは一八二六年にヨーロッパ経由でアメリカ大陸にも伝播し、その後、パンデミックとよばれる世界的な大流行を何度も引き起こしたのです。

このように、産業革命と都市化の進行により新たな死亡が増えたのは事実ですが、日常的に起きる低栄養や感染症による死亡の減少の影響のほうがはるかに大きく、死亡率は低下をつづけたのです。ヨーロッパにおけるコレラの被害は、一九世紀後半における下水道の敷設、一八八三年のロベルト・コッホによるコレラ菌の発見を受け、一九世紀中に下火になりました。ただし、インドをはじめとするアジアの国々では二〇世紀にはいっても多くの死者が出ています。

近代医学が人口転換中の死亡率の低下に最も貢献したのは、エドワード・ジェンナーが一七九

	合計有配偶出生率
ベルギー	9.12
フランス	9.05
ドイツ	8.55
スカンディナヴィア	7.69
イングランド	7.29

【表5-1】18世紀前半のヨーロッパ諸国における合計有配偶出生率。（日本人口学会、2002、p746）

八年に天然痘ワクチンの種痘法を開発したことでしょう。ヨーロッパでは一九世紀に種痘が普及し、天然痘の罹患率が急速に低下しました。ただし、種痘以外の結核（BCG）、破傷風、黄熱病などのワクチンがつくられたのは、人口転換が終了に近づいた一九二〇年代以降でした。ワクチン接種を含む近代医療と公衆衛生による死亡率の低下への貢献は、二〇世紀における途上国で驚異的な成果を上げたのとは対照的に、人口転換期におけるヨーロッパ諸国では、第三フェーズに限定的な成果を上げただけだったのです。

出生率の低下

年齢別死亡率とおなじように、年齢別出生率という指標があります。年齢別出生率は、各年齢の女性の一年間における平均出産数を指し、再生産年齢である一五歳から四九歳までの年齢別出生率を加えたものが、「女性が一生に産む子どもの数」を意味する合計出生率（合計特殊出生率）とよばれます。

経済史・人口史の研究者である斎藤修が、人口転換前の一八世紀前半におけるヨーロッパのいくつかの国を対象に、合計有配偶出生率を推定しています（【表5－1】）。ここで用いられた合計有配偶出生率は、有配偶状態にあった二〇歳から四四歳までの女性を対象に求めた年齢別出生率を足し合わせたものので、「家族復元法」に基づき精度の高い推計が可能なのが特徴です。

【表5-1】の合計有配偶出生率から通常の合計出生率を推定するには、有配偶状態になかった独身女性について考慮する必要があります。当時のヨーロッパ諸国では、女性の初婚年齢は二三～二七歳に集中し、生涯未婚者割合は一〇%以上のことが多く一五%を超えることもありました。なお、未婚女性の出産は無視できるレベルでした。これらのことを考慮し、生涯独身者と二〇歳から二三～二七歳までの未婚女性が出産しない分を差し引くと（二五～一九歳と四五～四九歳の女性の出産数を加える必要がありますが、これらはごく少ない）、【表5-1】の七・二九～九・一二という合計有配偶出生率は、五～六の合計出生率に相当するでしょう。

【図5-1】（197ページ）に示されるように、人口転換期のイギリスの粗出生率は第二フェーズにはいってごくわずかに上昇した後は、三五パーミル程度でほぼ横ばいに推移し、第三フェーズにはいり急速に低下しています。総人口あたりの出生数である粗出生率と、年齢別出生率に基づく合計出生率に直接の関連はないのですが、イギリスの第一フェーズと第二フェーズでは、粗出生率は約三五パーミルで合計出生率は五～六程度だったのです。

第二フェーズをとおして、出生率はほぼ一定に推移しました。ところが、最近の研究で実際には複雑な変化が起きていたことが明らかになってきました。

イギリスの経済史・人口史研究者のニール・カミンズが、イングランド東南部の三つの州（エセックス、サーフォーク、サリー）で一八〇〇～一九二〇年に死亡した男性を対象に、三〇〇〇にのぼる遺書を収集し分析しました。分析に用いられた指標は、夫婦（女性）あたりの出生数ではなく成年（一五〜二九歳）に達した子ども数ですが、子どもの生存率を推定することにより、一八〇〇年以前と以後のそれぞれ約一〇〇年間における合計出生率を求めています。彼の分析の特徴は、夫婦を高所得層と低所得層に分けたことです。

分析の結果、高所得層の女性（夫婦）の合計出生率が一八〇〇年以前には五・七で、一八〇〇年以降に四・一に大きく低下したのに対し、低所得層の女性（夫婦）の合計出生率は三・九から四・一にわずかに上昇したのです。もう一つ興味深い結果は、子どもの一五〜二九歳生存率の変化で、低所得層の夫婦の子どもでは一八〇〇年を境に約六二％から約七〇％に上昇したのに対し、高所得層の夫婦の子どもでは変化がみられず両時期とも約七〇％だったのです。

出生率が高所得層で大きく低下し、低所得層でわずかに上昇したのですが、全体の出生率は、多数を占めていた低所得層のパターンを強く反映しほとんど変化せずに推移したのです。ニール・カミンズが強調しているのは、当時の高所得という属性はたんに経済面で裕福というよりも、社会的なステータスが高く教養に富んでいたことです。高所得層における出生率の低下が、二世代にもならない五〇年ほどの間に進んだことは、第三フェーズにおける出生率の低下を理解する上でもヒントになりそうです。

出生率低下の原因

死亡の回避は、自殺のような場合を除けば、自らの意思で行いにくいでしょう。それに対して、出生の回避には成人女性あるいは夫婦の意思が強くはたらきます。もう一つの大きな違いは、死亡の回避はほとんどすべての社会で望まれているのに対し、出生の回避はむしろ逆で、時代をさかのぼるほど、家族、親族、あるいは地域社会が多くの成員からなることを望む傾向が強く、出生は回避されにくかったことです。

出生の回避、すなわち出産抑制の主な手段は、二〇世紀半ばまで周期的禁欲法（リズム法）と膣外射精（性交中絶法）でした。また、出産抑制の手段と認識されなかったとしても、長い授乳期間はホルモン作用により次の妊娠を遅らせるので出生率を低下させます。たとえば、【表5-1】でイギリスの合計有配偶出生率がほかの国より低かったのは、イギリスの女性の授乳期間が長かったためと推察されています。

出生率に影響する人口要因は、生涯独身者割合、初婚年齢、出産間隔にほぼ限られます。人口転換の第三フェーズにおける出生率の低下は、生涯独身者割合の上昇あるいは初婚年齢の上昇よりも、出産間隔の延長によるものでした。より正確には、米国のアンスレイ・コールらの研究グループが明らかにしたように、四人程度の希望子ども数を超えると意識的な出産抑制が多くなされたのです。

夫婦が出産抑制を行うようになった原因として、産業構造の変革にともない、多くの労働力を必要とする農業から工業へ比重が移り、子どもを多くもつ必要性が減ったこと、逆に子どもの養育に必要な費用が増したこと、他方で大家族から核家族への移行が夫婦の判断による出産抑制をしやすくしたことなどがあげられてきました。また、人口転換という言葉の生みの親でもある、アメリカの社会学・人口学者のキングスレー・デーヴィスが強調するように、子どもの死亡率が低下したことが、夫婦に出産を抑制する意識を高めさせたのもまちがいないでしょう。

最後に、『人口論』で知られるトマス・ロバート・マルサスの主張にふれておきます。彼が『人口論』初版を著した一七九八年ころ、イギリスでは人口が急増する人口転換の第二フェーズにはいり、一方で工業化が進行し貧困な工場労働者が激増していました。そのような中で、彼が警告した食糧危機は実際には起きなかったとはいえ、一八二六年に刊行された最終版になる『人口論』第六版で示された、「人口は幾何級数的に増加し食糧は代数級数的に増加する」との見方は、現在まで大きな影響を与えつづけているのです。

人口爆発と新大陸への移住

ヨーロッパの人口転換期における人口増加は人口爆発とも表現されます。ヨーロッパの人口増加率が高かったことは、東南ユーラシアと比較すると明らかです。人口転換前の一七〇〇〜五〇年の五〇年間の年平均人口増加率は、東南ユーラシアで〇・三九%だったのに対し、ヨーロッパでは〇・二八%でした。

人口転換がはじまってからの一七五〇〜一八〇〇年、一八〇〇〜五〇年、一八五〇〜一九〇〇年の年平均増加率を比較すると、東南ユーラシアで〇・四八%、〇・四八%、〇・三七%だったのに対し、ヨーロッパでは〇・五〇%、〇・六七%、〇・七一%だったのです（【図5－3】）。ただし、東南ユーラシアで一八五〇〜一九〇〇年の増加率が低かったのは、史上最大の内戦といわ

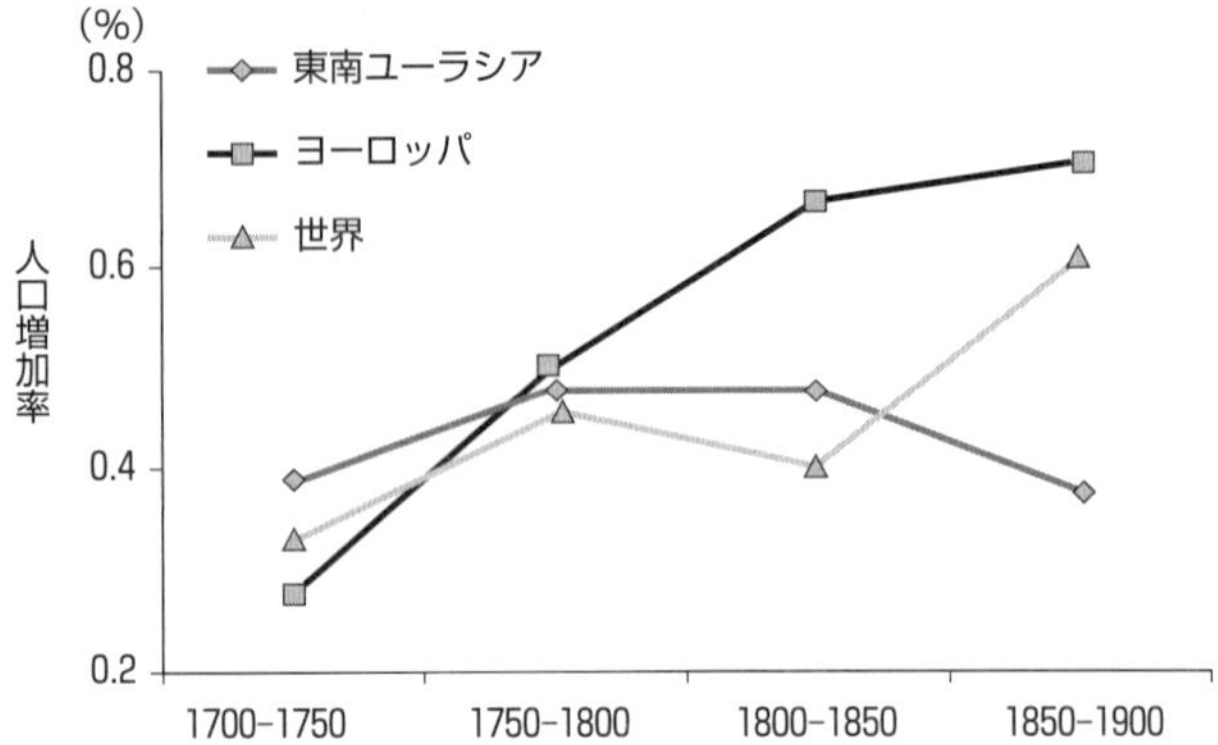

【図 5-3】東南ユーラシア、ヨーロッパ、世界（全域）における 1700-50 年から 1850-1900 年までの 50 年ごとの年平均人口増加率(%)の変化。

れる中国の太平天国の乱で、一八五〇〜六四年に二〇〇〇万もが死亡した影響が大きかったためです。

人口が増加したヨーロッパでは、農村部から都市部への移住が増加しただけでなく、海外への移住も増加しました。とくに大型船が就航するようになった一九世紀は、「移住の世紀」とよばれています。一八一五年から第一次世界大戦が開始された一九一四年までの一〇〇年間に、ヨーロッパから南北アメリカ大陸へ渡った人びとは六〇〇〇万にのぼったのです。

最も多い移住先はアメリカ合衆国で、一九世紀の一〇〇年間に約三三〇〇万人を受け入れています。その前半には西ヨーロッパと北ヨーロッパからの移住者が多く、後半には南ヨーロッパと東ヨーロッパからの移住者が多くなりました。ラテンアメリカでは、一八二二年に独立したブラジルをはじめとする国々へ、イタリア、スペイン、ポルトガルなど南ヨーロッパから多くの人びとが移住しました。

ヨーロッパでは、新大陸へ移住者を出したにもかかわらず人口密度が急上昇し、一九〇〇年には東南ユーラシアの値に近づいています。増加する人口を支えるのに必要な食糧生産についてみると、ヨーロッパにおけるムギ類の畑作は、東南ユーラシアにおける水田稲作より土地生産性が低いのです。この時代に急増したヨーロッパ人の生存は、新大陸への大量の移住によって大きく救われたのです。

とはいえ、アイルランドにおける一八四五～四九年のジャガイモ疫病菌の蔓延は、悲惨な結果をもたらしたことでよく知られます。アイルランドの農民は、ジャガイモ栽培への過度な依存を強いられていたところを凶作に見舞われ、その直後の一〇年間だけでも、餓死・病死者が約一〇〇万にのぼり、アメリカ合衆国をはじめとする海外への移住者も約一〇〇万にのぼったのです。

新たな世界の構図

一七五〇年から一九五〇年までの二〇〇年間に、世界人口は七・二億から二五・三億へと三・五倍に膨らみました。この二〇〇年間は、ヨーロッパにおける人口転換期とほぼ重なります。この間、ヨーロッパの人口は三・五倍に増加しただけでなく、ヨーロッパからの移住者が両アメリカ大陸と、オセアニアのオーストラリアとニュージーランドの人口を大きく増加させました。人口は二〇〇年間に、北アメリカでは実に八六倍、ラテンアメリカとオセアニアでも一一・九倍と六・五倍に増加したのです。

新大陸は、出自の異なる人びとが居住する土地になりました。一九五〇年に、北アメリカでは先住民のアメリンディアンが人口のわずか一％を占めるマイノリティーになり、ヨーロッパ系住民が約八〇％、アフリカ系住民が約一五％を占めたのです。ラテンアメリカでは、混血のメスティーソやムラート（ヨーロッパ人とアフリカ人との混血）が多いものの、アメリンディアンは一一％を占めるにすぎなくなりました（190ページの【図4-11】参照）。オセアニアでも、総人口の約八割を占めるオーストラリアとニュージーランドで、先住民のアボリジニとマオリが、それぞれ人口の一〜二％と一〇〜一五％を占めるマイノリティーになったのです。

大陸間の移住が一段落した二〇世紀半ばの世界人口の地域別居住パターンは、人びとを「アフリカ系」「アジア系」「ヨーロッパ系」の三大出自集団にわけると理解しやすくなります。本書で八分類した地域のうち、アフリカに居住するのは当然とはいえ「アフリカ系」で、東南ユーラシアと中東に居住するのが「アジア系」です。それに対して、「ヨーロッパ系」はヨーロッパだけでなく、オセアニア、ラテンアメリカ、北アメリカで最大の居住集団になったのです。東北ユーラシアは、「アジア系」が居住するモンゴルと中国北部、「ヨーロッパ系」が居住するロシアと周辺諸国に分かれます。

このように整理すると、新大陸でマイノリティーになった先住民が無視されるものの、三大出自集団の人口の変遷を、三地域における人口の変遷として表すことができます。ここでいう三地域とは、「アフリカ系」住民が居住するサハラ以南の「アフリカ」、「アジア系」住民が居住する東南ユーラシア、中東、東北ユーラシアのモンゴルと中国北部を合わせた「アジア／中東」、「ヨーロッパ系」住民が居住するヨーロッパ、東北ユーラシア・中央アジア・西アジアの旧ソ連邦の国々、すべての新大陸を合わせた「汎ヨーロッパ」とするのです。

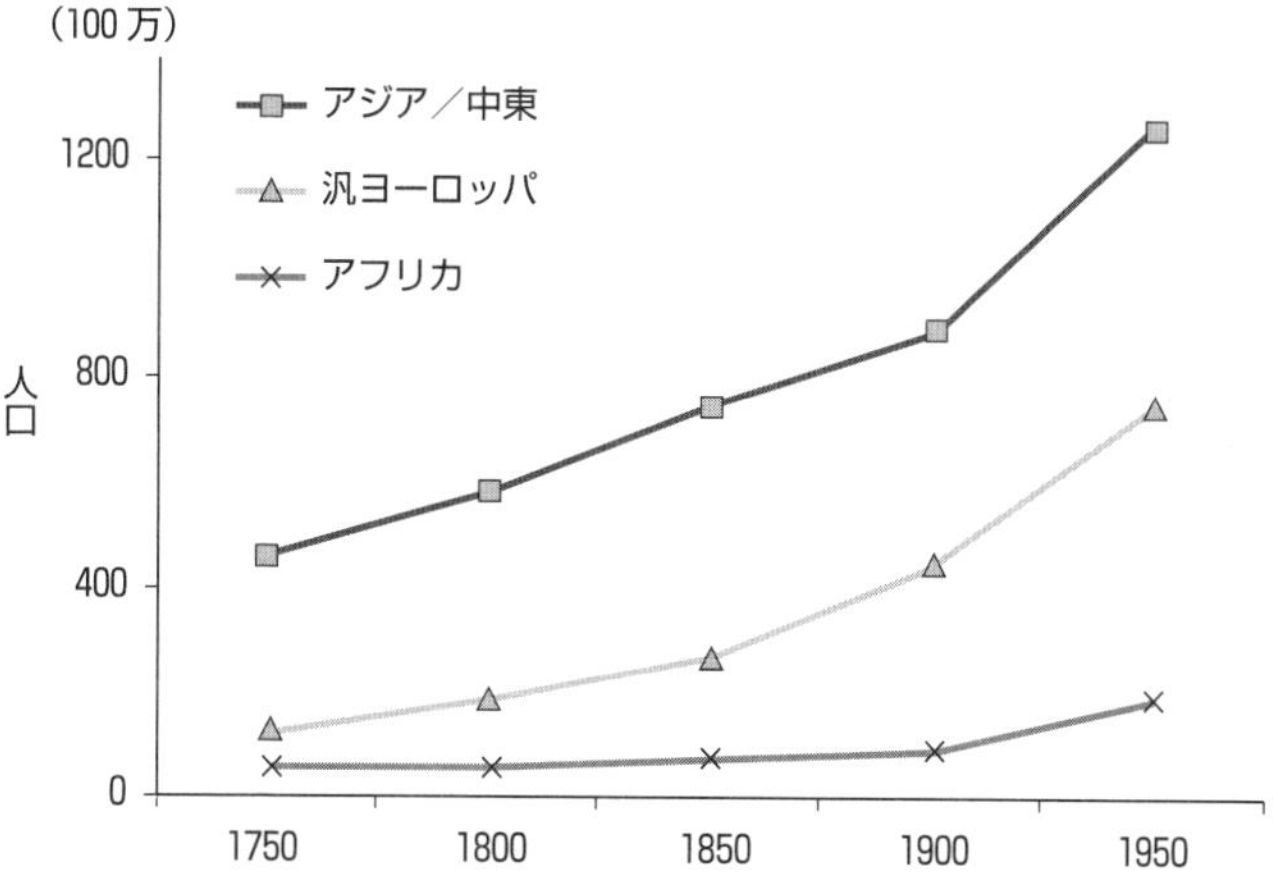

【図5-4】「アジア／中東」、「汎ヨーロッパ」、「アフリカ」における1750年から1950年までの人口の推移。

【図5－4】が、「アフリカ」「アジア／中東」「汎ヨーロッパ」の人口の変遷を示しています。一七五〇年から一九五〇年までの二〇〇年間に、「アジア／中東」の人口は二・八倍に増加したものの、世界人口に占める割合は六八・一％から五三・九％に低下しています。「アフリカ」も人口は三・三倍に増加したものの、世界人口に占める割合は七・八％から七・三％に低下しています。対照的に、「汎ヨーロッパ」では人口が五・七倍に増加し、世界人口に占める割合も二四・一％から三八・七％に上昇したのです。

ところが、一九〇〇～五〇年の五〇年間に限ると、地域間の違いは大きく異なったものになります。最大の違いは、「アジア／中東」の人口の大半を占めていた東南ユーラシアと中東、およびアフリカの人口増加率がヨーロッパの人口増加率を超えたのです。年平均人口増加率で表すと、ヨーロッパが〇・六二％だったのに対し、東南ユーラシア、中東、アフリカはそれぞれ〇・七二%、〇・八〇%、一・五一%になったのです。このことが、二〇世紀後半の激動の前兆でした。

日本――ユニークな軌跡

縄文人と弥生人

世界人口の二〇世紀後半における推移を追う前に、ここで、日本列島における先史時代から現代までの人口の推移にふれることにします。地球上のそれぞれの地域が独自の人口の歴史をもつものの、日本列島の人口の歴史にはとくに多くのユニークな特徴がみられます。

旧石器時代における日本列島でのヒトの居住については未解明の部分が多いものの、現生するヒトの遺伝形質が多様なことからも、幾度にもわたり移住がなされたのはまちがいないでしょう。日本列島はほとんどが酸性土壌のため人骨が保存されにくいのですが、発掘された石器などの証拠から、三万八〇〇〇年くらい前から居住されていたようです(73ページ参照)。

旧石器時代が終わり、特徴的な文様をつけた土器がつくられた縄文時代が、一万六〇〇〇年ほど前にはじまり、九州では三〇〇〇年くらい前まで、東北や関東では二三〇〇年くらい前までつづきました。縄文人は採集・狩猟・漁撈を行う狩猟採集民ですが、早くから定住生活をはじめたのが特徴です。鹿児島県霧島市の上野原遺跡や静岡県芝川町の窪A(大塵窪)遺跡では、一万三〇〇〇~一万年前にさかのぼる定住集落が発見されています。古代メソポタミアで、農耕に先立って定住がはじまったのとほぼ同じころだったのです。

縄文人の遺跡の分布から、東北や北関東をはじめとする東日本が、近畿以西の西日本より人口密度がはるかに高かったことも知られています。東日本は、ドングリなどの堅果類も、河川・湖沼・内湾に生息する魚貝類やシカ、イノシシなどの陸棲動物も豊富だったのです。

縄文人は、土器を食物の保存だけでなく調理にも用いていました。二〇一三年四月の『ネイチャー』誌に掲載された論文が、土器を用いた世界初の調理の証拠を報告しています。オランダのピーター・ジョーダンをリーダーに、日本およびイギリスなどの研究者からなる国際研究グループが、日本各地の一万四〇〇〇～一万二〇〇〇年前の一三の縄文遺跡から出土した土器に付着した「おこげ」を分析し、北海道帯広市の大正遺跡と福井県の鳥浜遺跡の「おこげ」から、サケの仲間と推測される魚に含まれる脂質を検出したのです。

縄文人が農耕を行っていたことについては、プラントオパール分析による栽培植物の同定に加え、最近では「レプリカ法」による新たな発見がつづいています。レプリカ法とは、土器の表面についた植物の種実の圧痕にシリコンを流し込んで型をとり、それを電子顕微鏡で詳細に観察するのです。その結果によると、定住がはじまると、集落の周辺にクリやクルミが植樹され、ヒョウタンやエゴマも栽培されたようです。その後、三五〇〇年ほど前になると焼畑農耕がはじまり、オオムギ、ヒエ、アワ、キビ、ソバなどが栽培されたのです。

イネの栽培が縄文時代までさかのぼるとの説もありますが、生産性の高い水田稲作がはじまったのはまちがいなく弥生時代でした。弥生時代を特徴づける水田稲作の開始年代は、最新の放射性炭素を用いる年代測定の結果、紀元前一〇世紀までさかのぼります。稲作は最初は九州から近畿にかけての西日本で行われ、紀元前四世紀ころに東北地方に、その後、紀元前三世紀ころに関東地方に伝播したのです。

人口にみられた最大の特徴は、弥生時代にはいると西日本で人口密度が高くなったことです。その傾向は平安時代の中ごろまでつづき、八~九世紀には西日本の人口が全人口の六割近くに達したようです。その後、東日本で水田稲作の普及が進み人口の増加速度が速まり、一〇世紀には再び、西日本より東日本の人口が多くなったのです。

縄文時代から弥生時代にかけて、日本列島に居住していたヒトについてふれておきましょう。日本列島に古くから居住していた「縄文人」と、弥生時代に朝鮮半島から渡来してきた「弥生人」との関係は、日本人起源論の中心テーマの一つで、多くの研究が積み重ねられてきました。身体形質に着目すると、「縄文人」は彫りが深く角張った顔立ちや二重まぶたで特徴づけられる南方系で、「弥生人」は彫りが浅く平坦な顔立ちや一重まぶたで特徴づけられる北方系です。

現代日本人に南方系より北方系の特徴が強いこともあり、一〇〇万人を超える「弥生人」が朝鮮半島から渡来してきたとする説も提唱されました。しかし、水田稲作民の「弥生人」は狩猟採集民の「縄文人」より人口増加率がはるかに高かったはずで、その違いを考慮すると、一〇〇万人もの渡来を想定しなくても、日本列島の現在のヒト集団の形質は説明できるともいわれます。また、最近のゲノム分析によると、現代人のＤＮＡに「縄文人」由来のものもかなりの頻度でみられ、「縄文人」と「弥生人」の混血が多くなされた可能性も指摘されています。

古代から高かった人口密度

考古学者の小山修三が、全国で発見された遺跡の数や集落のサイズなどに基づき、古代日本の人口を推定する先駆的な研究を行っています。その結果によると、日本列島（北海道と沖縄を除く）の人口は一万三〇〇〇年前の縄文時代早期（草創期）にほぼ二万で、その後は増加をつづけ、六〇〇〇年ほど前に二六万のピークを迎えています。このときの一平方キロメートルあたり〇・七六人という人口密度は、狩猟採集民としては高いものでした。

人口はそのころから減少をはじめ、四〇〇〇年前の縄文時代後期には一〇万を切っています。人口減少の原因として、地球レベルでの寒冷化もあげられていますが、人口増加にともない野生動植物が過剰に利用され食物資源が不足した可能性が高そうです。また、具体的な証拠はないものの、縄文後期の人口減少が急激だったことから、日本に新たな感染症を持ち込んだ移住者集団が存在した可能性も指摘されています。

弥生時代の人口を、小山修三は六〇万弱と推定しました。その後、吉野ヶ里遺跡のような巨大集落址が発見されたこともあり、小山自身も認めているように、弥生時代の人口は一〇〇万には達していたようです。

奈良・平安時代以降、人口推計は古文書に基づいてなされるようになります。主な情報源は、律令制の下での「郷」とよばれる地方行政単位（村の集合体）の人口、出挙する米の量、あるいは田の数や面積などです。多くの研究成果を整理した歴史人口学者の鬼頭宏によると、日本列島

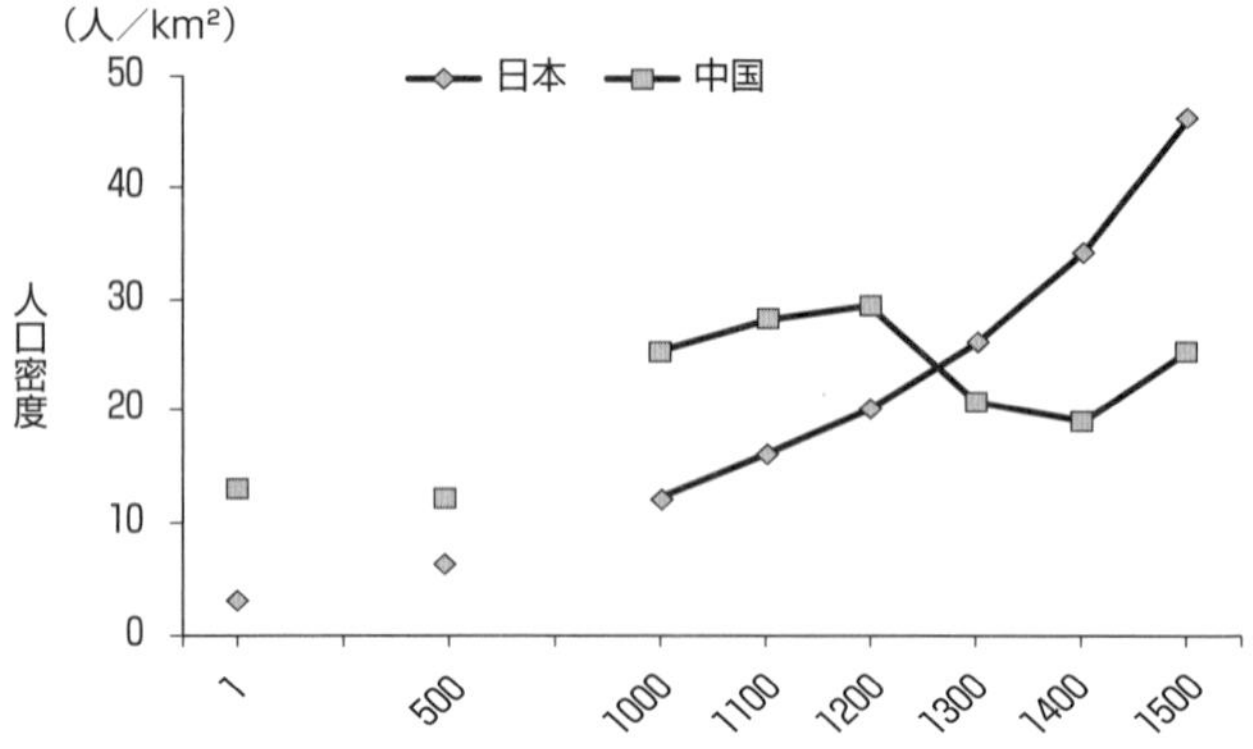

【図5-5】日本と中国（中心部）の人口密度の推移。
（1000年以前は、元年と500年の値のみ掲載）

（北海道と沖縄を除く）の人口は、奈良時代の七二五年に四五一万に達し、平安時代の八〇〇年に五五一万、九〇〇年に六四四万と着実に増加しています。このころの人口増加の速度は、年人口増加率にして〇・二%前後でした。

弥生時代から奈良・平安時代にかけての日本の人口密度を、文明が進んでいた中国（チベット自治区、新疆ウイグル自治区、東北の三省を除く中心部）の人口密度と比較したのが【図5-5】です。弥生時代半ばの紀元元年に、日本の人口密度は一平方キロメートルあたり二〜三人で、中国よりはるかに低いレベルでした。ところが、水田稲作が北海道を除くほぼ全域に広がったうえに、八世紀から一〇世紀における奈良・平安時代の律令制のもとで水田と畑の開墾と整備が進んだことによる人口増加がつづき、一三世紀には人口密度が中国を超えたのです。

日本の人口密度が中国を超えた一つの理由は、中国では一二〇六年に建国されたモンゴル帝国の騎馬軍団との戦闘で、一二〇〇年に一億一五〇〇万あった人口が、一三〇〇年には八五〇〇万、一四〇〇年には七五〇〇万まで減少したためです（174ページ参照）。とはいえ、日本の人口密度が一三〇〇年に一平方キロメートルあたり二五人を超え、当時の世界の最高レベルに達したことは注目されます。

日本の人口増加率が、八～九世紀には約〇・二％だったものが平安時代後期から〇・一％強に低下した理由として、平安時代後期に荘園制に移行し農業生産性の向上が停滞したことがあげられています。また、寒冷あるいは乾燥にともなうイネの不作による飢饉が起き、感染症が流行したこともあげられています。最も猛威をふるった感染症は天然痘で、医学史家の富士川游によると、七三五年から一八三八年までに五八回も流行したのです。

しかし、荘園制のもとで新しい動きもはじまったようです。経済史・歴史人口学者の速水融《あきら》が古文書を分析し、一三～一四世紀に、近畿地方などで改革を試みた荘園があったことを見出しています。荘園制の下では、年貢を米、炭、布などで納めるのが一般的だったのですが、その代わりに貨幣が用いられたのです。そのような荘園では、農民の自立が進み経済合理性に基づく行動パターンが強まったのです。

江戸時代――前期の人口爆発と後期の「停滞」

一五世紀から江戸時代にはいった一七世紀にかけて、農民の自立的な行動変革が進みました。鬼頭宏は、一七世紀における衣食住の改善が、死亡率を大幅に低下させたと考えています。具体的には、サツマイモなどの新たな作物の導入による食物生産性の向上、一日三食制に代表される食生活の充実、木綿の普及による衣類・寝具の改善、礎石を置き畳を敷く家屋の構造の改良などがあげられます。これらの変革は、ヨーロッパにおける人口転換の第二フェーズに、食生活の安定と衛生面の改善が死亡率を低下させた過程によく似ています。

政府（江戸幕府）が最初の全国人口調査（北海道は含むものの沖縄は除く）を行ったのは一七二一年です。そのときの人口は三一二八万でした。それ以前の人口についてもさまざまな推測がなされてきましたが、多くの研究者に認められているのが、江戸時代の直前にあたる一六〇〇年における一二二七万という人口です。

一六〇〇年の一二二七万から、一七二一年の三一二八万に増加したときの年平均人口増加率を計算すると、〇・七七％になります。ヨーロッパの人口転換期において、五〇年ごとの人口増加率が最も高かった一八五〇〜一九〇〇年に、ヨーロッパ全域の年平均人口増加率は〇・七一％でした。日本の人口増加率は、それを凌駕していたのです。

ところが、江戸時代後期になると状況は一変します。一七二一年に三一二八万に達していた人口は、増加速度を急速に落とし、江戸時代末期の一八六七年には高目の見積もりでも三三八三万だったのです。この間に人口は波動し、一七九二年には最少の二九八七万を記録しています。地域による違いも大きく、西日本や北陸・中部地方では人口が増加したのに対し、東北や北関東地方では冷害による飢饉が多発し人口が減少したのです。

日本全土における一七二一年以降の人口停滞の原因は、鎖国の影響を受けた経済の停滞といわれてきました。しかし、最近の歴史人口研究は新しい見方を提起しています。鬼頭宏は、人口が減少した一七二一年から一七九二年までの時期は、一四～一五世紀にはじまった「第三の波」の最終局面に相当し、人口が緩やかに増加した一七九二年から江戸時代最末期までの時期は、明治時代に本格的に増加を開始する「第四の波」の先駆けにあたると考えています。

鬼頭が「波」と表現する現象は、本書で用いてきた「人口循環」とほぼ同じ意味で、人口が大きく増加した後に停滞・減少することを指しています。鬼頭によると、日本列島では「第一の波」と「第二の波」がそれぞれ縄文時代と弥生時代にみられ、一四～一五世紀にはじまった「第三の波」が一八世紀末に終焉し、その後で「第四の波」がはじまったことになります。

もう一つの新しい見方は、人口増加の抑制にかかわっています。江戸時代に行われた堕胎（人工妊娠中絶）や嬰児殺しの原因を経済的な困窮に求めるのが通説でしたが、晩婚や出産間隔の延長も同時に試みられていたことから、豊かな生活への希求が原因だったと考えるのです。その根拠にあげられているのが、一八世紀から一九世紀にかけて一人あたりの所得が上昇したことです。この新しい見方にしたがえば、江戸時代後期の人口停滞は、農業を中心とする社会が市場経済化を取り入れ成熟期にはいったためで、一九世紀末にはじまる産業革命（工業化）と人口転換の基盤になったのです。

急速に進んだ人口転換

明治時代にはいってまもない一八八〇年ころから、産業革命とともに人口の急増がはじまりました。【図5‐6】に示されるように、一八七〇年代後半に粗死亡率が約三〇パーミル、粗出生

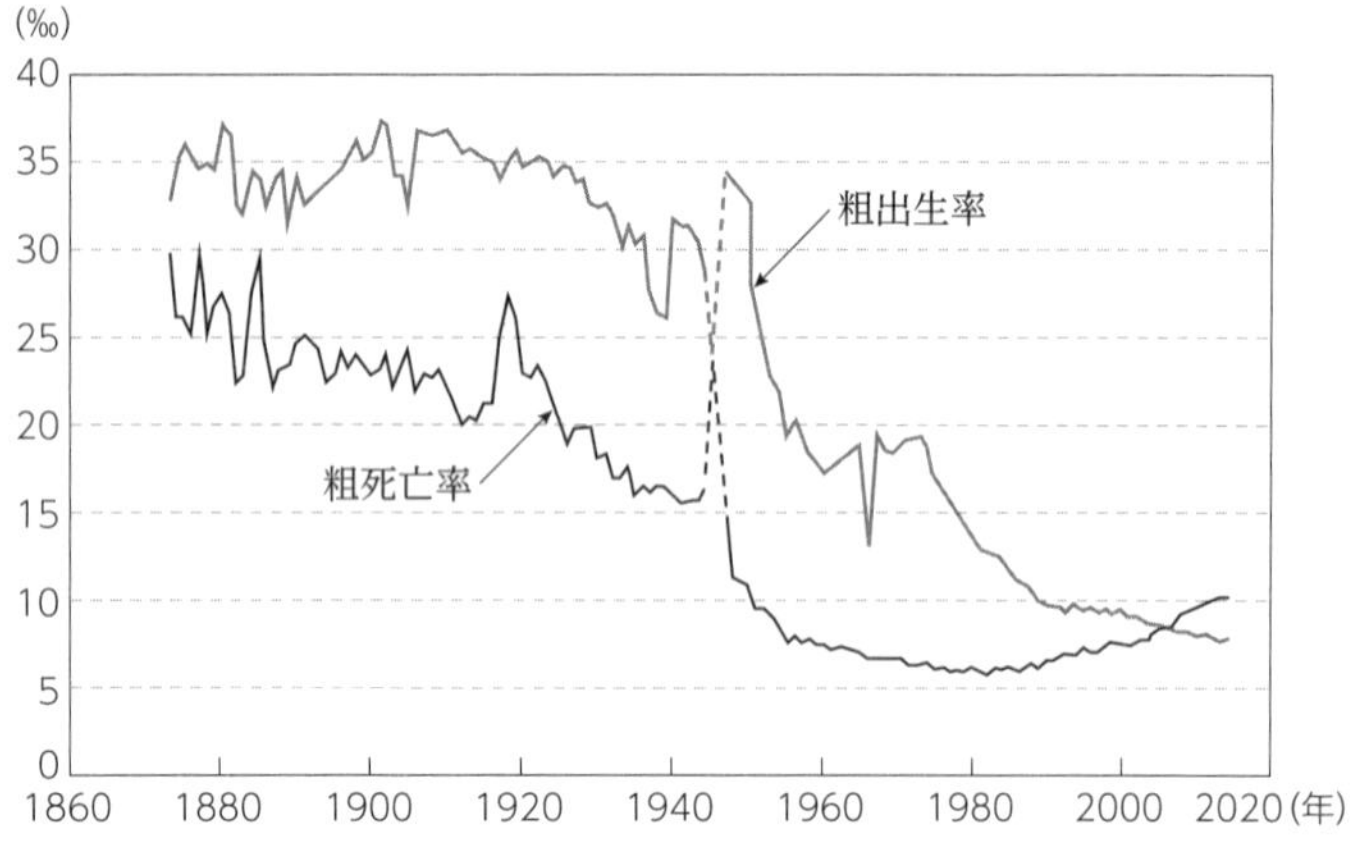

【図 5-6】日本の人口転換。河野稠果（2007）の図を基に、2014 年までの値を著者が加えた。

率が約三五パーミルだったのが、死亡率だけが低下をはじめたのです。一八八〇年ころを、日本の人口転換の開始とみていいでしょう。

粗死亡率は、年により変動しながら一九四〇年に一六パーミルまで低下し、その後も戦時中を除くとほぼ一貫して低下をつづけ、一九五五年ころから一九八〇年ころまで六〜八パーミルでほぼ安定します。一方の粗出生率は、一九二〇年ころから低下をはじめ、一九三〇年代末に二六パーミルまで下がった後、ベビーブームの一九四七〜四九年と丙午《ひのえうま》の一九六六年を除くと、ほぼ直線的に低下しています。この特徴を重視し、粗出生率が一七〜一八パーミルまで下がった一九五〇年代を人口転換の終了とみなすこともできます。一方、粗出生率が一〇パーミルを切り粗死亡率に近づいた一九八〇年代末を、人口転換の終了とみなすこともできそうです。

日本は、アジアの国々に先駆けて人口転換を終了し、その過程で人口を大きく増加させました。人口転換の開始を一八八〇年、終了を一九五五年とすると、七五年間に三五九六万人から八九二八万人へと二・五倍に、終了を一九九〇年とすると、一一〇年間に一億二三六一万人へと三・四倍になったのです。年平均人口増加率は、前者の場合は一・二%、後者の場合は一・一%になります。イギリス（イングランドとウェールズ）と比べると、日本の人口転換の期間はイギリスの一八〇年より短く、年平均人口増加率はイギリスの一・〇%よりわずかとはいえ高かったのです。

日本では人口転換後、【図5－6】にみられるように、粗死亡率が一九八〇年ころから上昇をはじめています。平均寿命は伸びつづけているものの、人口高齢化の影響、すなわち死亡確率の高い高齢者の比率が上昇した影響を受けているのです。一方の出生率は、粗出生率も合計出生率も低下しています。粗死亡率と粗出生率の逆転は二〇〇五年から二〇〇七年にかけて起こり、その後、日本の人口は減少をつづけているのです。

二〇世紀半ば以降――激動する人口

国連による人口の把握

一九五〇年は、世界人口を把握するうえで大きな転機になった年です。第二次世界大戦が終わり国際連合がつくられ、その活動の一環として、国連人口部が世界中の国々の人口データの収集と、人口情報が不十分な国に対する支援をはじめたからです。その対象になったのが、一九五〇年以降の人口です。

国連人口部が行うのは、各国からもたらされる情報の精査と、人口はもちろん出生と死亡にかかわる人口指標の推計です。将来人口の推計が大きな目的ですが、過去の人口についてもていねいな推計がなされます。過去にさかのぼる推計が必要なのは、多くの国の統計に不正確な情報が含まれているからです。分かりやすい例をあげれば、各歳別の人口に、〇あるいは五で終わる年齢の人数がその前後の年齢の人数より著しく多いことがよくみられるのです。

国連人口部は、修正を繰り返しながら、一九五〇年以降の人口とさまざまな人口指標を推計し公表しています（本書で用いるのは、二〇一五年時点で最新の二〇一二年改訂版です）。対象とする基本単位は国と地域（たとえば、中国の特別行政区のホンコンや、フランス領ニューカレドニア）で、複数の国・地域を合わせたさまざまなレベルの地域を対象とした値も公表されています。

最も大きなレベルとして設定されているのが、「アフリカ」「アジア」「ヨーロッパ」「ラテンアメリカとカリブ海」「北アメリカ」「オセアニア」の六地域です。六地域のそれぞれの中で、近接し特徴が類似する国・地域をまとめた地域も設定されています。たとえば、「東ヨーロッパ」「西ヨーロッパ」「南ヨーロッパ」「北ヨーロッパ」「東アジア」「東南アジア」「西アジア」などとともに、「アフリカ」では「北アフリカ」を除く「サハラ以南アフリカ」、オセアニアでは「オーストラリアとニュージーランド」などが設定されています。

国連人口部による地域は、本書で用いてきた八地域とほぼ対応づけられます（【表5-2】）。「ラテンアメリカ」（国連人口部による表現は「ラテンアメリカとカリブ海」）、「北アメリカ」、「オセアニア」は両方の分類でまったく同じです。

本書の８分類	国連人口部による地域
アフリカ	「サハラ以南アフリカ」（=「北アフリカ」を除く「アフリカ」）
中東	「西アジア（旧ソ連邦を除く）」+「北アフリカ」
東南ユーラシア＊	「東アジア（モンゴルを除く）」+「東南アジア」+「南アジア」
東北ユーラシア＊	「東アジア（モンゴル）」+「中央・西アジア（旧ソ連邦）」+「東ヨーロッパ（旧ソ連邦）」+「北ヨーロッパ（バルト３国）」
ヨーロッパ	「東ヨーロッパ（旧ソ連邦を除く）」+「北ヨーロッパ（バルト３国を除く）」+「西ヨーロッパ」+「南ヨーロッパ」
オセアニア	「オセアニア」
北アメリカ	「北アメリカ」
ラテンアメリカ	「ラテンアメリカとカリブ海」

【表5-2】本書の８分類と国連人口部による地域との対応関係。
＊中国のチベット自治区、新疆ウイグル自治区、内モンゴル自治区、東北３省は、本書の８分類では東北ユーラシアに含まれ、国連人口部のデータでは中国に一括されているため、1950年以降は東南ユーラシアに含まれる。

国連人口部による「アフリカ」は、アフリカ大陸全域を指しており、「サハラ以南アフリカ」（本書の八分類の「アフリカ」）と「北アフリカ」（本書の八分類では「中東」に含まれる）を加えた地域に相当します。アフリカ大陸全域の人口の約八割が「サハラ以南アフリカ」に居住するため、国連人口部の「アフリカ」と本書の八分類の「アフリカ」との間で、出生率や死亡率に大きな違いはありませんでした。しかし、二〇世紀後半から「北アフリカ」で死亡率と出生率の低下が顕著に進み、低下が緩慢な「サハラ以南アフリカ」との違いが増大しています。

国連人口部による「アジア」は、本書の八分類の「東南ユーラシア」と、モンゴルおよび「中東」に含まれる「西アジア」と「東北ユーラシア」に含まれる「中央アジア」と「西アジア」の旧ソ連邦を除く地域に相当します。国連人口部による「ヨーロッパ」は、本書の八分類の「ヨーロッパ」と、「東北ユーラシア」の大半を占めるロシアを中心とする

「東ヨーロッパ」などの旧ソ連邦の国々からなります。

国連人口部は、世界中の国々を「先進国」と「途上国」に二分した推計も行っています。「先進国」と「途上国」という区分にはあいまいさがあるとはいえ、世界人口の特徴を理解しやすくするのも事実です。国連人口部による「先進国」とは、ヨーロッパのすべての国（ロシアを含む）、北アメリカのアメリカ合衆国とカナダ、オセアニアのオーストラリアとニュージーランド、そして日本を指しています。

それぞれの国・地域、複数の国・地域をまとめた地域、六つの大地域、さらには「先進国」と「途上国」を対象に、人口については一九五〇年から二一〇〇年まで、五年おきの値が公表されています。一方、粗死亡率や平均寿命（出生時平均余命）などの死亡率にかんする指標、粗出生率や合計出生率などの出生率にかんする指標、および人口増加率については、一九五〇―五五年から二〇〇五―一〇年まで、五年おきに五年間の平均値が公表されています。

増加率がピークだった二〇世紀後半

世界人口は、一九五〇年に二五・三億、二〇〇〇年に六一・二億でした。二〇世紀後半の五〇年間に、二・四倍以上になったのです。この増加速度は当然ながら、それまでのペースを大きく上回りました。

二〇世紀後半の五〇年間を一〇年ごとに分け、年平均増加率を計算すると、一九五〇～六〇年が一・八一％、一九六〇～七〇年が一・九九％、一九七〇～八〇年が一・八七％、一九八〇～九

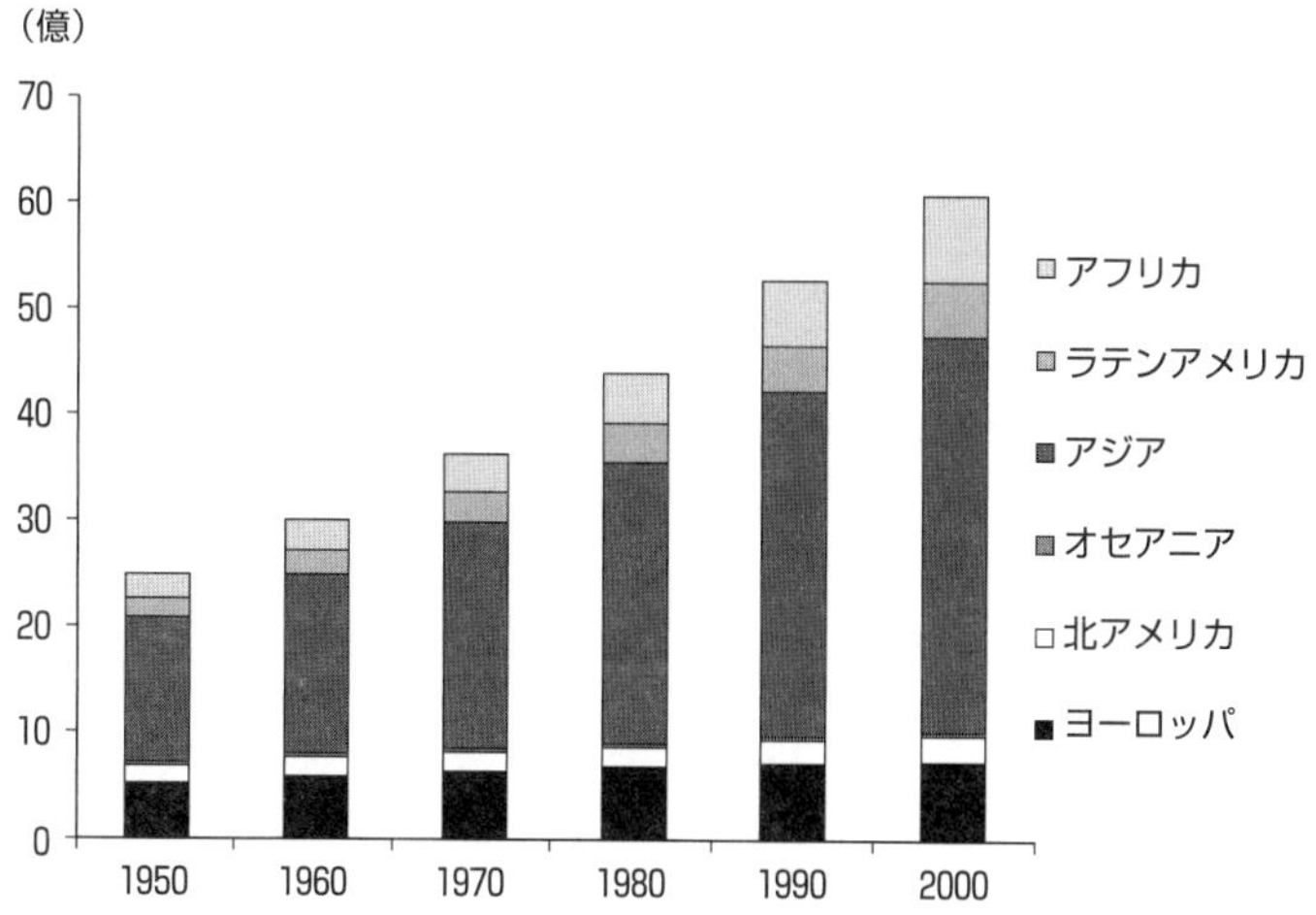

【図5-7】世界の6大地域における1950年から2000年までの人口の推移。

○年が一・七九％、一九九○～二○○○年が一・四一％でした。最も高かった一九六○～七○年を五年ごとに分けると、一九六五～七○年が二％を超え、ピークだったことを示しています。二％という年増加率は、人口が倍増するのに三五年もかからないペースです。言い換えると、ヒトの一世代にほぼ相当する期間に人口が倍増したことを意味します。

この五○年間におけるもう一つの特徴は、その前の一九○○～五○年に、人口増加速度がヨーロッパで減速し、ほかの多くの地域で加速したのですが、その傾向がさらに顕著になったことです。六大地域別に、一九五○年の人口に対する二○○○年の人口の比をとると、三・五倍のアフリカ、三・一倍のラテンアメリカ、二・七倍のアジア、二・五倍のオセアニア、一・八倍の北アメリカ、一・三倍のヨーロッパとなります（【図5-7】）。【図5-7】の下方に位置する「ヨーロッパ」

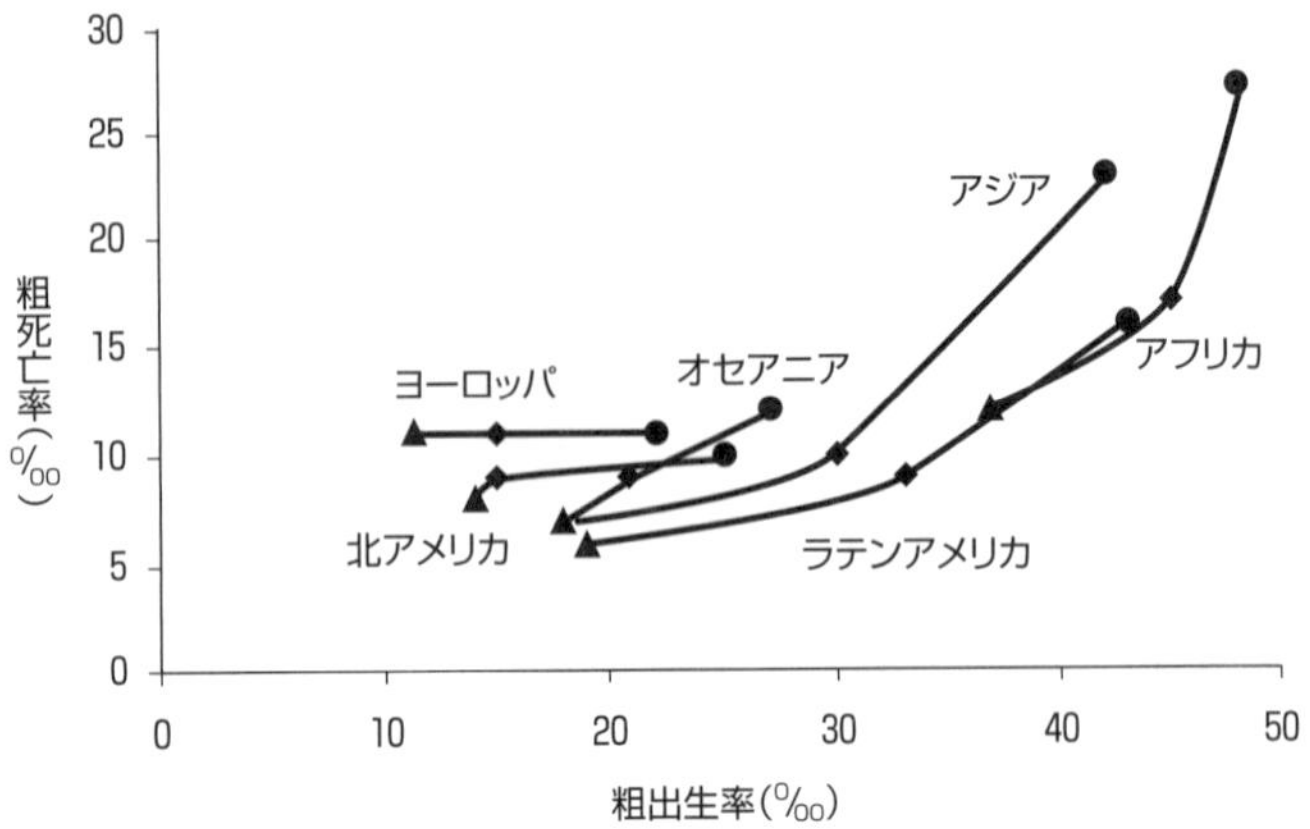

【図5-8】世界の6大地域における1950-55年（●）、1975-80年（◆）、2005-10年（▲）の粗死亡率と粗出生率。

「北アメリカ」「オセアニア」の合計が先進国の人口にほぼ相当しますが（正確には、「オセアニア」の島嶼国の人口を除き、「アジア」の日本の人口を加える）、わずかしか増加していません。世界全体でこの五〇年間に増加した三六億のうち、三二億以上が途上国における増加だったのです。二一世紀にはいってからも、途上国と先進国の増加率は差を拡大しながら、世界人口は二〇一四年に七二億に達したのです。

途上国の人口転換

【図５－８】は、六大地域の一九五〇―五五年、一九七五―八〇年、二〇〇五―一〇年における、粗死亡率と粗出生率をプロットしたものです。途上国だけからなるアフリカとラテンアメリカ、および日本以外は途上国からなるアジアのプロットは、図の右側に位置し変化が大きいことがわかります。

　ヨーロッパにおける人口転換では、第二フェーズに粗死亡率だけが低下し、第三フェーズに粗死亡率と粗出生率が低下しています（197ページの【図5-1】参照）。この図にあてはめると、プロットが第二フェーズでは上から下へ、第三フェーズでは右上から左下へ変化するはずです。人口転換が最も遅くはじまったアフリカでは、一九五〇―五五年から一九七五―八〇年への変化が第二フェーズに、一九七五―八〇年から二〇〇五―一〇年への変化が第三フェーズに相当することがわかります。アジアとラテンアメリカは、アフリカより早く人口転換がはじまり、一九五〇―五五年から一九七五―八〇年には第三フェーズにはいっていたことを示しています。

粗死亡率と粗出生率の変化にみられるように、途上国の人口転換はヨーロッパの人口転換に似ています。しかし、気になる点がいくつかあります。第一は、データが一九五〇年以降に限られるため人口転換の開始時期がよく分からないことです。

第二は、アフリカを例にとると分かりやすいように、一九五〇―五五年に粗死亡率が二七パーミル、粗出生率が四八パーミルで、年人口増加率が二・一%と高かったことです。アジアとラテンアメリカでも、粗出生率が一九五〇―五五年に四〇パーミルを超えており、その後の低下パターンから、一九五〇年以前には四〇パーミルを大きく超えていたと推測されます。

人口転換期のヨーロッパで、人口増加率が最も高かった半世紀にあたる一八五〇～一九〇〇年でさえ、年平均増加率は〇・七一%だったのです。とくに、粗出生率は人口転換前の第一フェーズから第二フェーズにかけて三五パーミル程度であり、近年の途上国のレベルよりはるかに低かったのです。

近年の途上国の人口増加率が、ヨーロッパ諸国の人口転換期における約〇・七%の高いレベルに達したのはいつころだったのでしょうか。アフリカ（本書の八分類の「アフリカ」で、国連人口部の「サハラ以南アフリカ」）の一九五〇年以前の年平均人口増加率は、一八〇〇～五〇年が〇・二五％、一八五〇～一九〇〇年が〇・四九％、一九〇〇～五〇年が一・五一％でした（211ページの【図5－4】参照）。このことから、途上国の人口増加率がヨーロッパ諸国の人口転換期のレベルを超えたのは、アフリカで二〇世紀前半、ほかの地域では一九世紀だったと考えられます。

その後しばらくして、ヨーロッパの人口転換の第三フェーズと同様に、途上国の粗出生率は低下をはじめます。その時期が、【図5－8】から推測されるように、アフリカでは一九七五年ころ、アジアとラテンアメリカでは一九五〇年以前だったのです。

ところで、人口転換の過程は粗死亡率と粗出生率の変化で示されますが、粗死亡率と粗出生率は人口の年齢構造の影響を受ける指標です。ここでは、死亡率と出生率の変化をより直接的にみるために、国連人口部が公表している指標から、死亡率については平均寿命を、出生率については合計出生率を取り上げます。

途上国における人口転換の特徴を探るために、途上国の大半をカバーする「サハラ以南アフリカ（本書の八分類の「アフリカ」）」「アジア（日本以外は途上国）」「ラテンアメリカ」の三地域と、「途上国（全体）」および「先進国（全体）」を対象に、一九五〇―五五年から二〇〇五―一〇年までの平均寿命と合計出生率の変化を追うことにします。

途上国における死亡率の低下

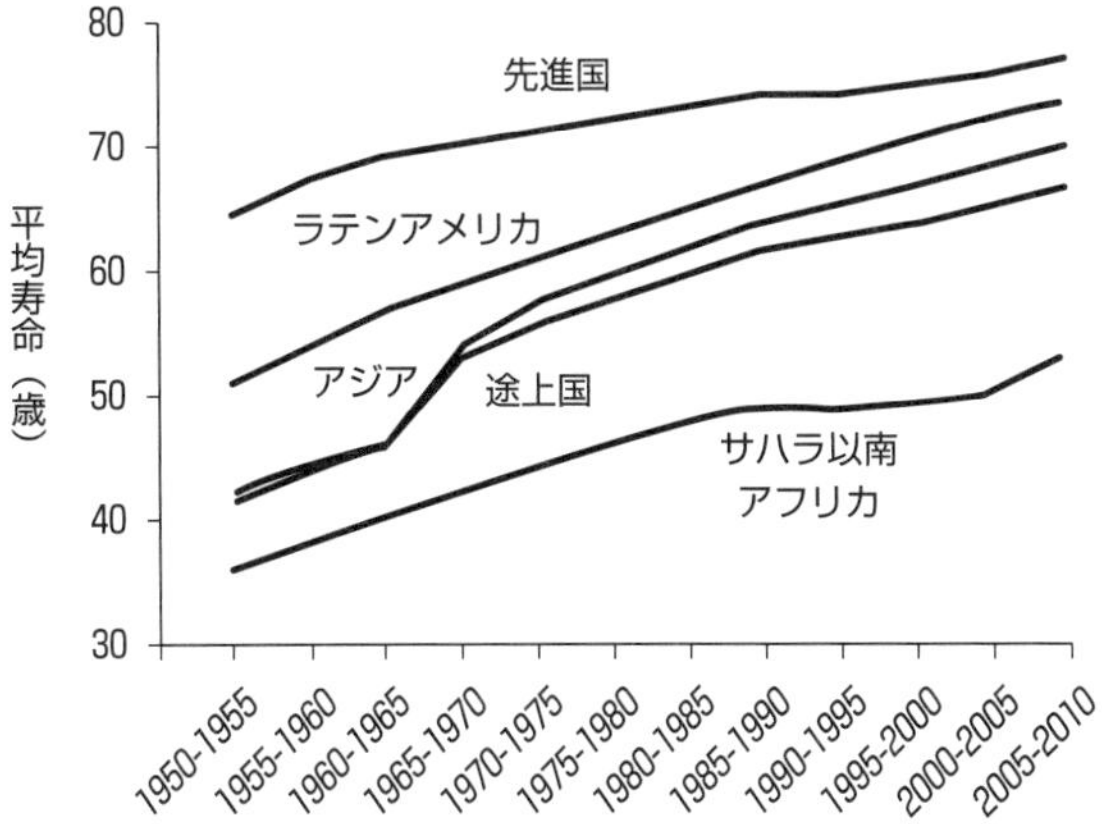

【図5-9】途上国、先進国、３つの主要な途上地域における1950-55年から2005-10年までの平均寿命（男女込み）の変化。

【図５－９】に示されるのが、平均寿命（男女込み）の変化です。一九五〇―五五年には、途上国の平均寿命は四一・六歳で、六四・七歳だった先進国より二三・一歳も短かったのです。ところが、その後の五五年間に、先進国では一二・二歳しか延びなかったのに対し途上国では二五・四歳も延び、二〇〇五―一〇年には九・九歳の差に縮まりました。ヨーロッパの人口転換期に平均寿命が二〇歳延びるのに一〇〇年以上もかかったことを考えると（２００～２０１ページ参照）、途上国における寿命の延びの速さは驚異的です。

途上国の中での地域差も目につきます。平均寿命が比較的長いラテンアメリカでは、一九五〇―五五年に五一・四歳で、五五年間に二二・一歳延び、二〇〇五―一〇年には七三・五歳になっています。アジアでは、一九五〇―五五年に四二・二歳で、五五年間に二八・一歳も延び、二〇〇五―一〇年に七〇・三歳になっています。この両地域に比べると、アフリカは一九五〇—五五年に三六・二歳、二〇〇五—一〇年に五二・九歳で、平均寿命が短いだけでなく延びる速度も遅いのです。

人口転換期における死亡率の低下すなわち寿命の延長をもたらした要因には、かつてのヨーロッパ諸国と近年の途上国との間で、類似する点と相違する点があります。類似するのは、衣食住とくに食物・栄養素摂取の改善や、衛生面での改善に代表される生活の質の向上が大きな役割を果たしたことです。一方で、変化の引き金には相違がみられます。ヨーロッパ諸国では国内で進行した産業革命を軸とする社会の変革が引き金になったのに対し、途上国では多くの場合、先進国からの技術や生活様式の移入が引き金になったのです。

途上国で急増した人口を支えるのに最も役立ったのは、国際機関が進めた「緑の革命」でしょう。「緑の革命」により、さまざまな環境条件に順応するイネ・コムギ・トウモロコシの高収量品種が開発され、途上国にもたらされたのです。「緑の革命」には、化学肥料・農薬の使用量の増大がもたらす環境劣化などの負の側面も指摘されているものの、品種改良された作物の導入が、途上国の人口支持力を向上させたのはまちがいありません。

医療・公衆衛生活動が死亡率を低下させたプロセスも、かつてのヨーロッパ諸国と近年の途上国とでは異なっています。端的な例は、ヒトの歴史の中で多くの命を奪ってきた感染症への対処にみられます。天然痘ワクチン（種痘）以外のワクチン開発が進んだのは一九世紀後半からなので、ヨーロッパの人口転換期における死亡率の低下にそれほど貢献しなかったのに対し、途上国における近年の死亡率の低下には大きく貢献したのです。ワクチン以外にも、病気の予防・治療

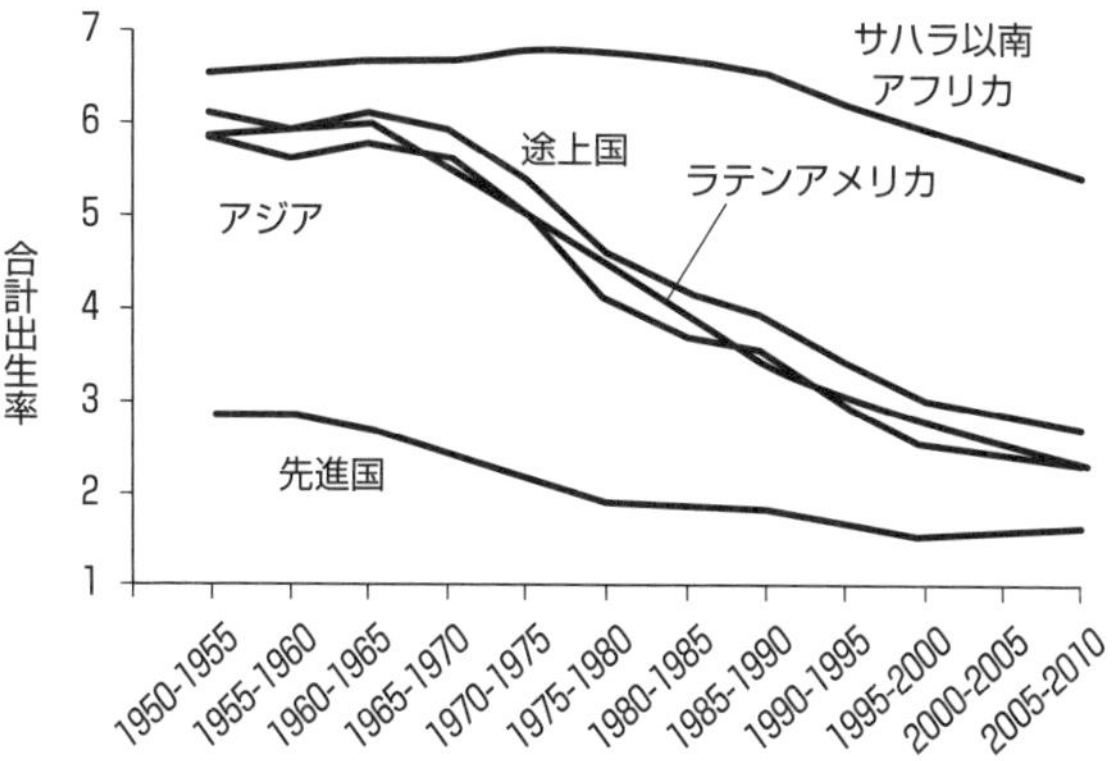

【図 5-10】途上国、先進国、3つの主要な途上地域における 1950-55 年から 2005-10 年までの合計出生率の変化。

技術の開発が二〇世紀にはいり急速に進んだことが、途上国の死亡率の低下をもたらしたのです。

途上国における農業を含む産業の発展も医療・公衆衛生活動の普及も、先進国で開発された技術を受容し国内で活用させることで実現しました。言い換えると、途上国の中でも社会経済および科学技術の進展度の違いが、死亡率の低下速度を左右したことを意味します。この違いが、ラテンアメリカやアジアにおける急速な死亡率低下と、アフリカにおける緩やかな死亡率低下にあらわれているのです。

途上国における出生率の変化

途上国における合計出生率は、平均寿命が一九五〇—五五年から一貫して延長したのとは様相が異なり、一九五〇—五五年以降にほとんど変化しないか上昇さえしたのです（【図5-10】）。一貫した低下がはじまったのは、ラテンアメリカとアジアでは一九六五—七〇年から、アフリカでは一九八〇—八五年からでした。

途上国の出生率について、二〇世紀後半になると、非常に多くの研究がなされるようになりました。その結果、高学歴、高所得、都市居住などの社会文化的な条件が、低出生率と結びついていることが明らかにされました。このことは、イギリスの経済史・人口史の研究者ニール・カミンズが見出した、イギリスの人口転換の第二フェーズで、低所得層の夫婦（女性）で出生率がわずかに上昇した一方で、高所得層の夫婦（女性）で出生率が低下したことと類似した現象といえそうです（204〜205ページ参照）。

途上国における平均寿命の変化と合計出生率の変化との間に、興味深い関係が見出されます。平均寿命の急速な延びは一九六〇―六五年から一九六五―七〇年にみられたのに対し、合計出生率の急速な低下はその五年後ころにはじまったのです。平均寿命の延びをもたらす最大の人口要因は、乳幼児の死亡率の低下です。キングスレー・デーヴィスが強調するように、乳幼児をはじめとする死亡率の低下が、出生率の低下に大きくかかわったのです。

一九六〇年代と一九七〇年代に、途上国の死亡率と出生率に劇的な変化が起きたことを、中国を例にみることにしましょう。なお、中国は一九六〇年に世界人口の二一・五%、途上国人口の三〇・八%を占めていました。中国では、一九六〇年前後には社会的な混乱がつづき自然災害にも見舞われたのですが、それらの影響が収まった一九六〇年代半ばから死亡率が急速に改善されました。とくに注目されるのは、乳児死亡率（出生一〇〇〇に対する生後一年未満の死亡数）が、一九六〇―六五年の一二一から一九六五―七〇年の六三へとほぼ半減したことです。

乳児死亡率の低下と連動し、中国の平均寿命（男女込み）は一九六〇―六五年に四四・〇歳だったのが、五年後の一九六五—七〇年に五九・四歳に上昇しました。出生率への影響はその五〜一〇年後から顕著になりました。合計出生率は、一九六〇—六五年に六・一一、一九六五—七〇年に五・九四だったのが、一九七〇—七五年には四・七七、一九七五—八〇年には三・〇一に低下したのです。中国では、よく知られる「一人っ子政策」がはじまった一九七九年より前から、死亡率と出生率に大きな変化が起きていたのです。

人口転換後の先進国

【図5-8】に示されるように、先進国だけからなるヨーロッパと北アメリカでは、粗死亡率はほとんど変化せず粗出生率だけが低下しています。

ヨーロッパでは、西ヨーロッパ諸国と北ヨーロッパ諸国を皮切りに、一九六〇年代後半から出生率の急速な低下がはじまりました。人口が増加も減少もしない人口置換え水準に相当する合計出生率である二・〇五〜二・一〇を、多くのヨーロッパ諸国が一九八〇年ころから下回りはじめ、粗出生率も大きく低下したのです。一方で、人口に占める高齢者の割合が上昇したため、粗死亡率は低下が止まり上昇さえはじめたのです。

その結果、粗出生率から粗死亡率を引く自然増加率（人口移動を含まない人口増加率）がマイナスになる国も出はじめました。ドイツで一九七〇年代から、ハンガリーで一九八〇年代前半から、イタリアで一九九〇年代前半から、そしてヨーロッパ全体でも一九九〇年代後半から自然増加率がマイナスに転じたのです。ヨーロッパ以外で、出生率の低下が早くはじまったのは日本です。

一九六〇年代に合計出生率が置換え水準を切り、一九七〇―七五年に置換え水準に回復したものの、その後は低下をつづけており自然増加率も二〇〇五―一〇年にマイナス〇・一パーミルになったのです（220ページの【図5-6】参照）。

このような先進国における最近の変化について、人口転換と関連づけた議論がはじまっています。人口転換は、「多産多死」から「多産少死」を経て「少産少死」に移行するものの、「少産少死」に到達した後については必ずしも明確になっていなかったのです。人口転換が提唱された二〇世紀半ばには、人口増減のない安定した状態に到達するという暗黙の了解があったのかもしれませんが、人口減少が実際にはじまったのです。

ヨーロッパ諸国における人口減少の主因である出生率の低下に対し、オランダの人口学者のダーク・ヴァン＝デ＝カーらが「第二の人口転換」という考え方を一九八〇年代半ばに提唱しました。「第二の人口転換」は、出生率の低下にかかわる結婚の形態（同棲や夫婦あるいはパートナーとの居住様式などを含む）、男女間での労働の形態や役割分担、子どもの養育と本人たちの生活との優先度など、多様な事柄に着目しています。

ヴァン＝デ＝カーらは、ヨーロッパでは「第二の人口転換」により、一四～一五パーミル程度の粗死亡率と一一～一二パーミル程度の粗出生率、すなわち一年あたり〇・三％程度の人口減少がつづくと予測しています。

人口減少はアジアでも進んでいます。日本につづき、シンガポールで一九七〇年代、韓国で一九八〇年代、中国で一九九〇年代に、合計出生率が人口置換え水準を下回りはじめました。アジア諸国では、「第二の人口転換」を特徴づける結婚、出産、育児、労働の慣習がヨーロッパ諸国と大きく異なるので、同じように考えることはできないかもしれません。しかし、出生率低下の原因がヨーロッパ諸国と異なるとしても、これらのアジア諸国を中心に、出生率の低下と人口減少がさらに急速に進もうとしているのです。

最終章　現在――二〇一五年＝七二億人

人口増加への危機意識

トマス・ロバート・マルサスが、人口は幾何級数的に増加し食糧は代数級数的に増加するため、人口増加を意識的に抑制すべきと説いた『人口論』第六版が出版されたのは、イギリスで産業革命と人口転換が進行していた一八二六年のことでした。それから一四〇年経った一九六〇年代後半、世界人口の年増加率が二％を超えたこともあり、人口増加がヒトの生存を脅かすとの危機意識が世界中に広がりはじめました。

このような状況の中、世界各国の科学者・経済人・教育者をはじめとする学識経験者一〇〇人からなるローマ・クラブが、地球と資源の限界にかんする予測をマサチューセッツ工科大学のドネラ・メドウズらに委託しました。その成果として一九七二年に出版された『成長の限界』で強調されたのは、自然資源の枯渇、公害による環境汚染、そして途上国における人口増加への警鐘でした。人口増加への危機意識は、マルサスの警告を拡張した内容ともいえるものです。

一九七四年には、初の国連主催の「世界人口会議」がルーマニアのブカレストで開かれ、会場では人口爆発という言葉が頻繁につかわれるなど、急増する世界人口への危機感が漂うものとなりました。この会議で、人口転換を終えた先進国と人口転換中の途上国との考え方の隔たりが鮮明になりながらも、世界規模で人口問題を解決し経済的・社会的な発展を図ることを目的に、「世界人口行動計画」が一三六の国々によって採択されたのです。近代的な避妊法による家族計画についても、一九六〇年代から高品質の経口避妊薬（ピル）が普及していた欧米諸国と、途上国との間で意見の相違があったものの、この会議が、アジアやラテンアメリカなどの多くの途上国が家族計画に取り組む契機になったのです。

『成長の限界』に対して、分析が皮相的すぎるなど、さまざまな批判がなされたのは事実です。家族計画が、宗教の教え、伝統的な価値観、あるいは貧困などの理由から、必ずしもスムースに広まらなかったのも事実です。しかし、世界人口の増加はつづき、一九七〇年代には第一次および第二次石油ショックが起き、一九八〇年代には成層圏オゾン層の減少や温暖化をはじめとする地球環境問題が深刻になり、資源と環境が有限であることへの危機意識と重なるように、人口増加への危機意識が増大したのです。

家族計画については、「世界人口会議」から二〇年経った一九九四年に、エジプトのカイロで開かれた国連主催の「世界人口開発会議」でパラダイムの変換が起きました。「世界人口行動計画」に内包されていた国家主導型の人口抑制的なアプローチから、女性の性と妊娠・出産にかんする自己決定権の尊重と、女性の地位向上を重視するリプロダクティブ・ヘルス／ライツ（性と生殖の健康と権利）のアプローチに替わったのです。リプロダクティブ・ヘルス／ライツは、避妊や中絶に直接言及することはないものの、女性の教育機会の拡大や社会的地位の向上が出生率を低下させるようにはたらくので、人口抑制を目指す立場からも支持されています。近年の途上国における出生率の低下は、リプロダクティブ・ヘルス／ライツの浸透とともに進んでいるのです。

ところで、世界人口の増加に対する危機意識は、一九七〇年代ころより低調になったといわれることがあります。原因の一つは、人口増加率がピークを過ぎたためかもしれません。しかし、世界人口はまちがいなく増加をつづけています。増加率が最高だった一九六〇年から一九七〇年までの一〇年間に六億六五〇〇万人が増加したのに対し、二〇〇〇年から二〇一〇年までの一〇年間に一億人以上も多い七億八八〇〇万人が増加したのです。

地球の人口支持力をめぐって

人口増加への危機意識は、地球の人口支持力（環境収容力）と深く関連しています。人口支持力の推定は、古くから多くの研究者によってなされてきました。アメリカの数理生物学者ジョエル・コーエンが、一九九五年に出版した『地球は何人の人間を支えられるか』と題する著作で、それまでに行われた六五にのぼるすべての研究を整理しています。

多くの研究は、地球上における食糧あるいは食物エネルギーの最大可能収量を推定し、人口支持力を算定しています。問題は、算定された人口支持力が、一〇億人から一兆人まで大きく異なることです。その主な理由は、ヒトがどのように生きるかにもかかわるものの、技術革新によって向上する食糧生産性の予測にバラツキが大きいことです。

六五の研究を、推定された人口支持力から区分すると、半数以上が四〇億〜一六〇億人、約三割が一六〇億人以上、約一割が四〇億人以下になります。コーエン自身は、人口支持力の推計が困難なことを認める一方で、半数以上の研究が四〇億〜一六〇億人と推計したことに着目し、それらの平均値が約一二〇億人になると述べています。

一二〇億という人口が注目されるようになったのは、国連人口部が社会経済的な条件などを考慮せずに、年齢別死亡率や年齢別出生率などの人口要因だけから推定した最大の人口とほぼ一致するからです。

地球環境からの制約

近年、大気汚染、海洋汚染、地球温暖化、生物多様性の減少など、地球環境の劣化が急速に進んでいます。その主な原因は人間活動であり、ヒトが環境の持続性に及ぼしている影響、さらにはその影響に人口がどの程度かかわっているかも注目されるようになってきました。

アメリカの生態学者で地球環境問題の論客であるポール・エーリックらは、一九七〇年代に地球環境保全のために、環境負荷（I）を三つの要素の積として捉える考え方を提唱しました。三要素の一つが人口（P）です。ほかは、一人あたりの資源の消費量を反映する「豊かさ」（A）と、環境に与える負荷の程度を決める技術（T）です。式で表すとI＝P×A×Tになり、「アイパット」とよばれています。「アイパット」は、実際に計算するのはむずかしいものの、考え方が分かりやすいことから広く知られるようになりました。

地球の環境容量を分かりやすく表す指標として広く認められるようになったのが、一九九〇年代初頭に、カナダ人のウィリアム・リースとスイス人のマティス・ワケナゲルによって提唱されたエコロジカル・フットプリントです。「フットプリント」とは、自然環境を「踏みつける」ことを意味します。この指標は、ヒトに食糧・水・エネルギーなどの物資を提供し、ヒトが排出する廃棄物を浄化し、二酸化炭素を光合成により吸収するという、地球の陸地と水域がもつ生物生産力に着目し、それぞれの地域で進行中のヒトの「生き方」を持続させるのに必要な陸地・水域の面積として表わされます。自然環境が「踏みつけられる」ほど生物生産力が小さくなり、必要な陸地・水域の面積が増えることになります。

エコロジカル・フットプリントは、グローバルヘクタール（ｇｈａ）という単位で示されます。一ｇｈａは、地球上の陸地・水域がもつ生物生産力の平均にあたる一ヘクタールを指します。グローバルヘクタールは生物生産力を反映するので、ヨーロッパのある地域の例をあげると、市街地は生物生産力がほとんどないので〇ｇｈａに近く、牧草地は一ヘクタールが約〇・五ｇｈａに相当し、農耕地は生物生産力が牧草地より大きく、一ヘクタールが約二・二ｇｈａに相当するのです。

マティス・ワケナゲルが代表を務める国際環境ＮＰＯのグローバル・フットプリント・ネットワークが、世界各国および地球全体のエコロジカル・フットプリントを推計しています。最新の推計は二〇〇八年の資料に基づくもので、二〇一二年に発表されました。二〇〇八年の推計結果

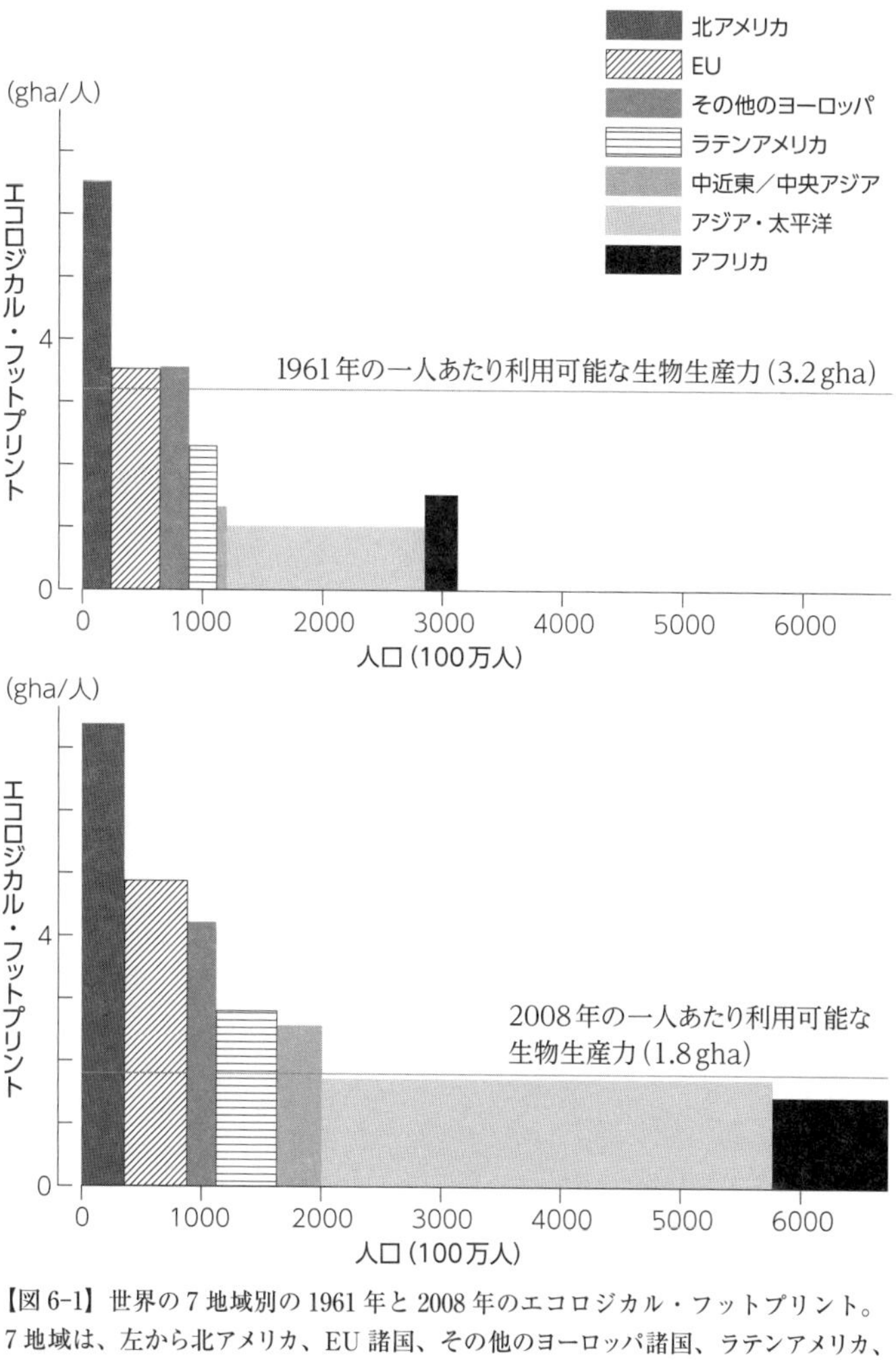

【図6-1】世界の7地域別の1961年と2008年のエコロジカル・フットプリント。7地域は、左から北アメリカ、EU諸国、その他のヨーロッパ諸国、ラテンアメリカ、中近東と中央アジア、アジア・太平洋、アフリカ。
（Ewing B et al, 2008）

と、その五〇年近く前の一九六一年の推計結果が、世界の七地域別に【図6－1】に示されています。図の横軸が人口、縦軸が一人あたりエコロジカル・フットプリントで、長方形で示される面積の総和が地球全体のエコロジカル・フットプリントになります。一九六一年と二〇〇八年を比べると、一人あたりエコロジカル・フットプリントも人口も大きく増加したことが分かります。人口が増加したため、この値は一九六一年の三・二ｇｈａから二〇〇八年の一・八ｇｈａに大きく減少しました。その結果、多くの地域で一人あたりエコロジカル・フットプリントが、一人あたり利用可能な生物生産量を超えています。エコロジカル・フットプリントが利用可能な生物生産量を超えるとは、本来は将来利用されるはずの生物生産量を前倒しで利用することなどを意味します。

地域による違いにも、大きな変化が起きています。一九六一年に、一人あたりエコロジカル・フットプリントが一人あたり利用可能量を大きく超過したのは北アメリカだけで、ほかにはヨーロッパがごくわずかに超過しただけでした。ところが二〇〇八年になると、一人あたりのエコロジカル・フットプリントがほとんどの地域で一人あたりの利用可能量を大きく超過し、アジア・太平洋とアフリカでもほとんど差がなくなっています。

二〇〇八年における地球全体のエコロジカル・フットプリントは一八二億ｇｈａで、地球の環境容量である一二〇億ｇｈａをはるかに超えています。エコロジカル・フットプリントが環境容量を超えたのは一九七〇年代初頭で、その後も増加の一途をたどっているのです。エコロジカル・フットプリントが環境容量より少なかった一九七〇年、世界人口は現在のほぼ半分にあたる

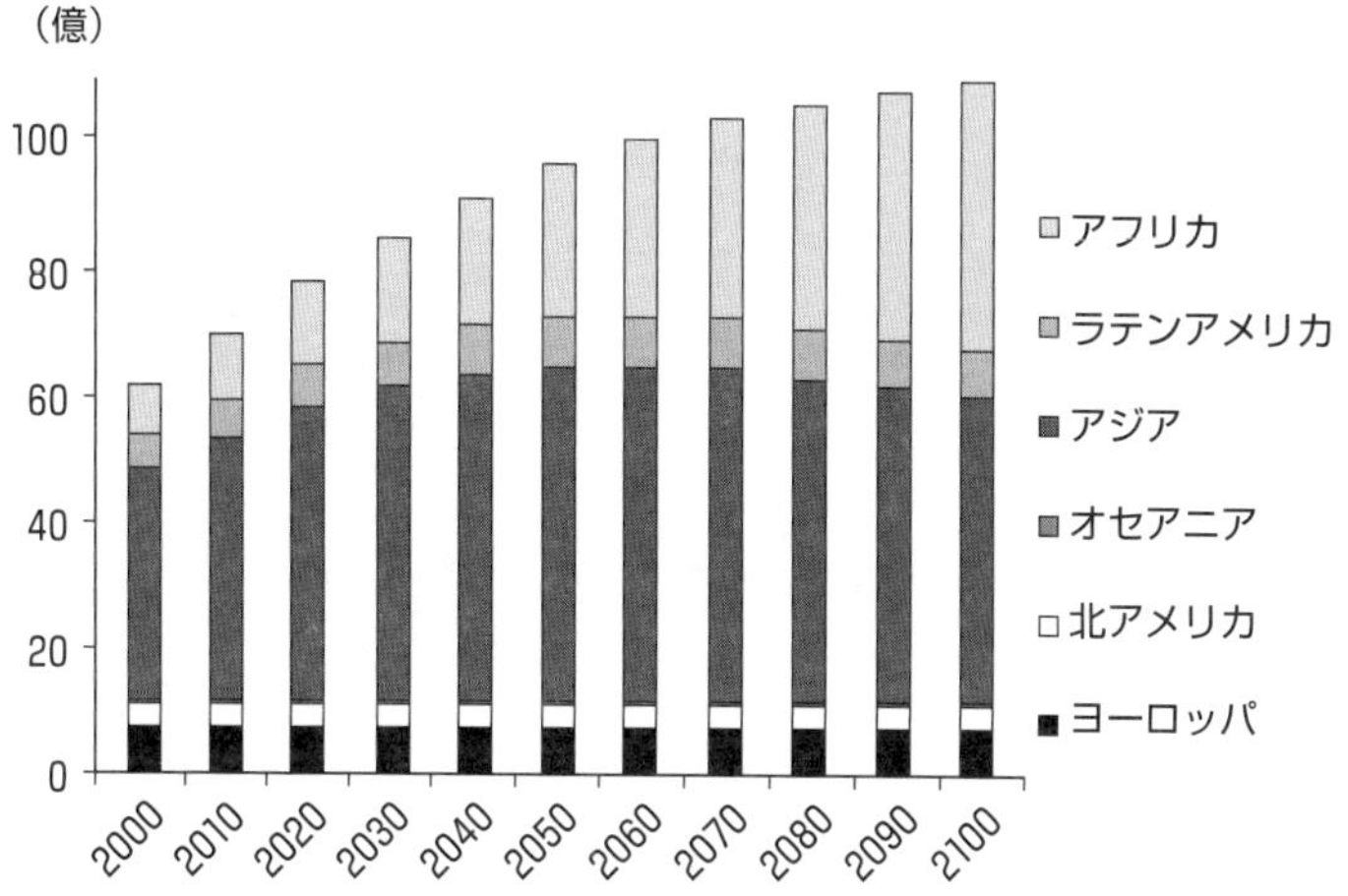

【図 6-2】 世界の 6 大地域別の 2000 年から 2100 年までの人口の推移。

約三七億でした。

近未来の世界人口―国連人口部の予測から

エコロジカル・フットプリント分析は、人口増加が地球環境の持続性を損なわせる大きな原因の一つであることを明らかにしています。一方、最も確度が高いと考えられる将来人口予測は、国連人口部による死亡率と出生率などの人口要因に基づくもので、それによると、世界人口は二〇六〇年代に一〇〇億を突破し、二一〇〇年には一〇八億五〇〇〇万を超えるのです。一方で、人口増加率は二一世紀をとおして低下し世紀末には〇・〇六％になり、二一世紀中に人口が減少に転じる途上国も多いと予測されています。

【図6－2】が、世界人口の二〇〇〇年から二一〇〇年までの推移を六大地域別に示しています。この図の上方のアフリカ、ラテンアメリカ、アジアを合わせると、ほぼ途上国の人口（正確には、アジアから

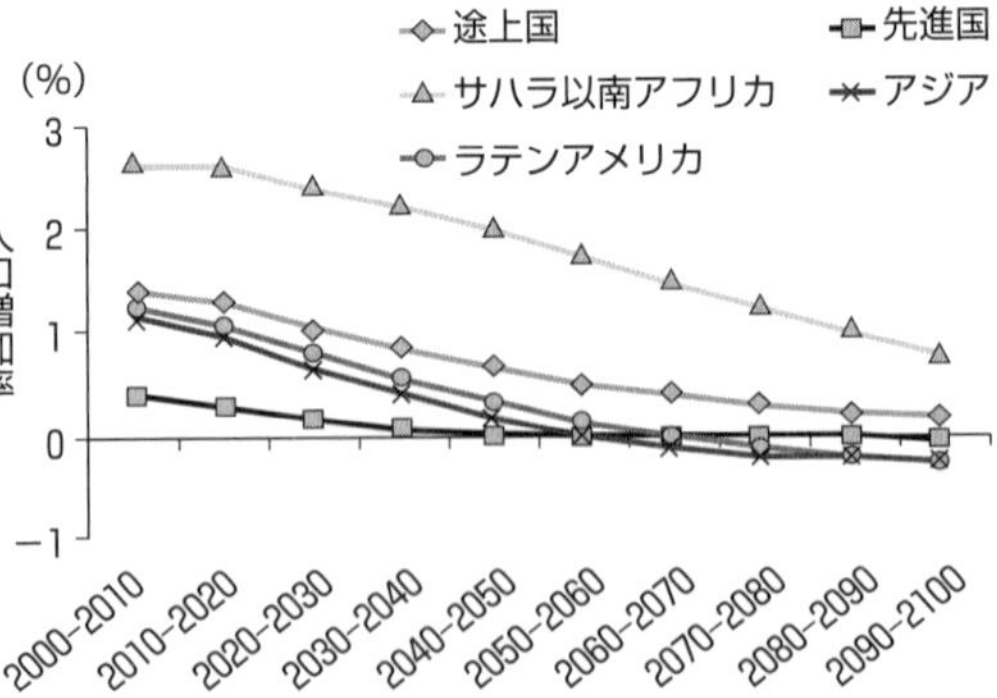

【図 6-3】途上国、先進国、および（サハラ以南）アフリカ、アジア、ラテンアメリカにおける 2000-2010 年から 2090-2100 年までの年平均人口増加率の変化。

日本を除き、オセアニアの島嶼国を加える）に相当します。途上国の人口割合は一貫して上昇し、二〇〇〇年の八〇・五％から二一〇〇年に八八・二％になります。それ以上に注目されるのは、アジアの人口が多いことに変わりないものの、アフリカの人口が急増し、二一〇〇年にはアジアの四七・一億に近い四一・九億になることです。

地域による違いは、人口増加率の推移をみるとより鮮明になります。【図６－３】が、二〇〇〇年から二一〇〇年までの一〇年ごとの年平均人口増加率を、「途上国（全体）」、「先進国（全体）」、および途上国の大半をカバーする「（サハラ以南）アフリカ」「アジア」「ラテンアメリカ」の三地域別に示しています。この図にみられる特徴は、三つにまとめられます。

第一は、アジアとラテンアメリカの人口増加率は今世紀半ばを過ぎるころまで直線的に低下し、アジアでは二〇五〇～二〇六〇年に、ラテンアメリカでは二〇六〇～二〇七〇年に、負の増加率すなわち人口減少に転じることです。両方の地域で、増加率が負になると低下速度が緩やかになることも目につきます。

第二は、アフリカの人口増加率の低下速度は、アジアおよびラテンアメリカとほとんど変わらないものの、増加率のレベルが一貫して高く、二〇九〇〜二一〇〇年にも〇・七六%であり、途上国全体の増加率を〇・一五%に押し上げているのです。

第三は、先進国の人口増加率は当初は低いものの、低下速度が緩やかなため、負に移行するのはアジアと同じ二〇五〇〜二〇六〇年で、その時の増加率もアジアと同じマイナス〇・二%なのです。先進国にみられるもう一つの特徴は、人口増加率が正の場合も負の場合も小さいことです。この特徴は、社会経済の安定に有利にはたらきます。対照的に、増加率が低下するとはいえ高い正のレベルがつづくアフリカはもちろん、「高い正の人口増加率」から「負の人口増加率」に移行するアジアおよびラテンアメリカは、社会経済的に困難な状況に直面する可能性が高いのです。

途上国が多い三地域の中で、とくにアジアでは人口増加率に国による大きな違いがみられます。ここでは、人口大国の中国とインド、および人口減少がはじまっている日本を取り上げ、人口増加率の変化を比較します（【図6-4】）。日本の人口増加率は、二一世紀の早い時期から負になるものの、二一世紀半ばからは負の程度が小さくなります。中国とインドの人口増加率は、レベルが違うものの同じように低下をつづけ、中国では二〇三〇〜二〇四〇年に、インドでは二〇六〇〜二〇七〇年に負に移行します。これらの特徴は【図6-3】にみられる特徴とも共通し、途上国が二一世紀に人口増加率を大きく低下させること、そしてアフリカ以外の国々では人口増加が終焉を迎えることを示しています。

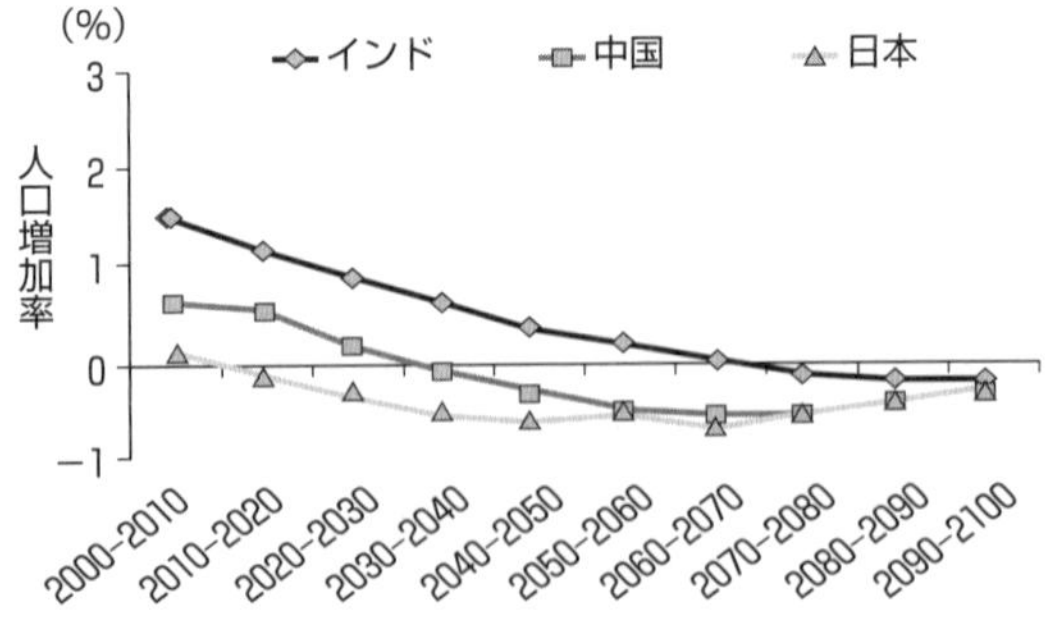

【図6-4】日本、中国、インドにおける2000-2010年から2090-2100年までの年平均人口増加率の変化。

一方、先進国の国による違いで注目されるのは、北アメリカのアメリカ合衆国とカナダ、およびオセアニアのオーストラリアとニュージーランドの人口増加率が高いことで、二〇九〇〜二一〇〇年の年人口増加率がそれぞれ〇・一三%と〇・一二%で、途上国の平均値（〇・一五%）とそれほど変わらないのです。

最後に、世界の三大出自集団の居住地にほぼ対応する「アフリカ」「アジア／中東」「汎ヨーロッパ」に分け、人口密度の推移をみることにします（【図6－5】）。最も目につくのは、アフリカの人口密度が二〇八〇年にアジア／中東を超え、二一〇〇年には一平方キロメートルあたり一七〇人に達することです。アジア／中東、とくに東南ユーラシアの高い人口密度は、水田稲作に代表される集約的な農業の進展と近代以降の産業の進展に基づき、長い時間をかけて達成されたのに対し、アフリカでは短時間のうちに人口密度が高まるのです。アフリカにおける急速な人口増加と高人口密度化は、今世紀に危惧されている大きな問題なのです。

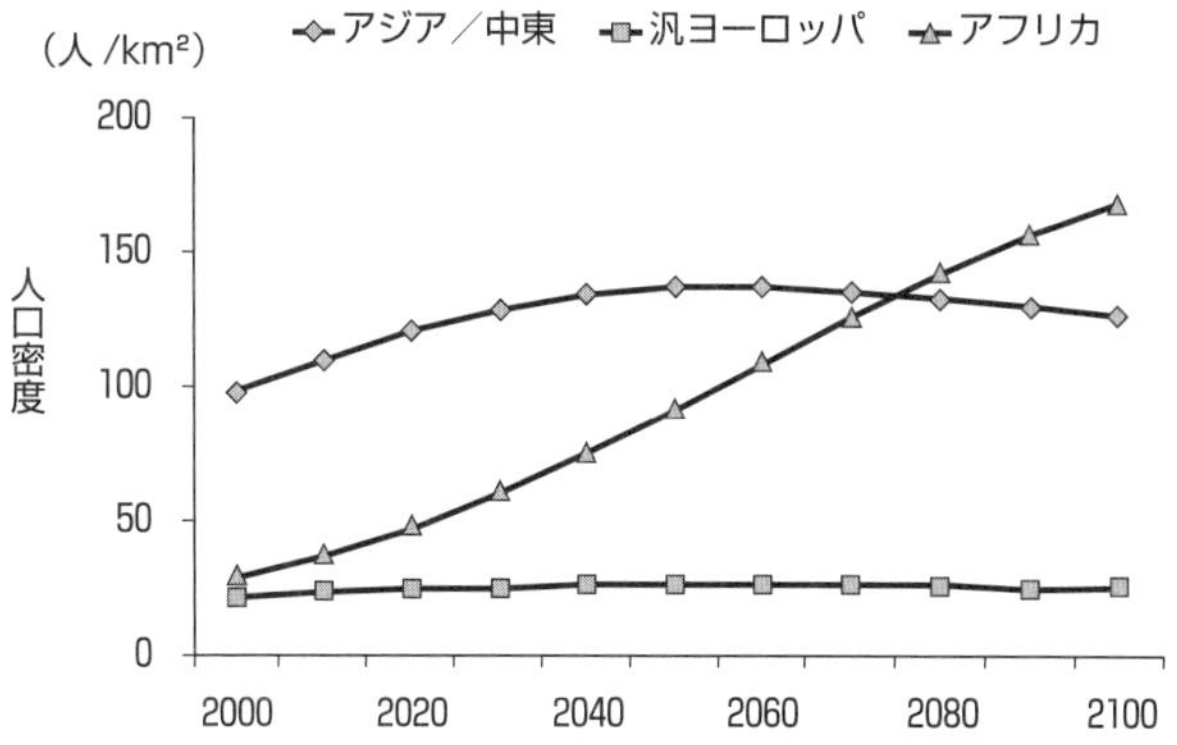

【図6-5】アジア／中東、汎ヨーロッパ、アフリカにおける2000年から2100年までの人口密度の推移。

人類史からの展望—ヒトは賢く生きていけるか

ヒトは長い歴史の中で、人口増加による生存の危機を幾度となく経験してきたはずです。南太平洋のイースター島で起きた悲劇のように、危機を回避できなかったこともあったでしょう（120～122ページ参照）。しかし、多くの場合、「賢い」ヒトは文化に裏打ちされた技術や社会の仕組みをはたらかせ、人口支持力を向上させ、あるいは居住域を拡張することで危機を打開してきたのです。

現在そして将来を見据えると、居住域の拡張はもうほとんど期待できないのに対し、科学技術による人口支持力の向上はこれからも期待できそうです。問題は、エコロジカル・フットプリント分析が示すように、環境にはたらきかけ人口支持力を高めることができても、その結果が自然界の生物生産力を低下させることです。このことは、ヒトの歴史とは比べられない長い時間をかけて形成された地球システムを損なわせることを意味し、結局はヒトの生存のリスクを高めると考えられるのです。

エコロジカル・フットプリントは、人口と一人あたりエコロジカル・フットプリントの積です。技術革新や社会経済システムの改善により、一人あたりエコロジカル・フットプリントの上昇を止め、できることなら低下させることに期待するとしても、まずは人口増加を抑えることが先決でしょう。

国連人口部の将来予測からも、今世紀中に世界人口の増加率は大きく低下します。このこと自体は、ヒトの「賢さ」の発露とみることができるかもしれません。とはいえ、今世紀半ばに約〇・五%、今世紀末にも約〇・一%という年人口増加率で、増加がつづくのです。中でも、世界人口の増加率を押し上げているアフリカでは、今世紀末にも年人口増加率が約〇・八%と高いことが予測されているのです。

人口増加率の低下に最も影響するのは出生率の低下です。出生率を低下させるには、リプロダクティブ・ヘルス/ライツの発想に基づき、家族計画の実施率を高めることです。家族計画の実施率を高めるには、乳幼児をはじめとする子どもの死亡率を低下させることです。保健医療の充実および子どもの養育環境の改善をとおして、子どもの死亡率を極限まで低下させることができれば、家族計画の実施率の上昇、その結果としての出生率の低下、ひいては人口増加率の低下が期待できるでしょう。

今世紀におけるもう一つの大きな問題は、アジアとラテンアメリカをはじめとする途上国の人口が減少しはじめることです。とくに危惧されているのは、ヨーロッパ諸国のように人口増加から人口減少にきわめて緩やかに移行したのと異なり、アジアやラテンアメリカの国々では短期間のうちに人口増加から人口減少に急速に移行するため、社会経済的に不安定な状況が引き起こされる可能性が高いことです。この違いは、各地域における前世紀末と今世紀末の人口増加率を比べるとよくわかります。

ヨーロッパ全域の一九九五―二〇〇〇年の五年間の年平均人口増加率は、ユーゴスラビア紛争の影響を受けマイナス〇・〇二%と低かったのですが、直前の一九九〇―九五年がプラス〇・一八%、直後の二〇〇〇―〇五年がプラス〇・一一%だったことから、二〇世紀末の増加率はプラス〇・一～〇・二%とみていいでしょう。ヨーロッパ全域の二〇九五―二一〇〇年における人口増加率はマイナス〇・一六%と予測されているので、一〇〇年間に〇・二五～〇・三五%ほど低下するだけなのです。

それに対して、東アジアでは一九九五―二〇〇〇年のプラス〇・六五%から、二〇九五―二一〇〇年のマイナス〇・三四%へと、ほぼ一%低下します。ほかの途上地域はさらに顕著で、ラテンアメリカでは一・五八%からマイナス〇・二八%へ、インドをはじめとする南アジアでは一・八五%からマイナス〇・二七%へ、東南アジアでは一・五六%からマイナス〇・二〇%へと、二%前後も低下するのです。なお、人口増加率の急速な低下という点では（サハラ以南）アフリカも同様で、一九九五―二〇〇〇年の二・六一%から二〇九五―二一〇〇年のプラス〇・七一%へと、一〇〇年間に二%程度低下します。

このように、世界人口は未曾有の変化をつづけていますが、地球規模での最大の課題は、国連人口部の最大予測値である一二〇億もの人口が、地球環境を持続的に利用しながら生存できるかでしょう。言い換えると、人口増加から人口減少へ急速に変化する多くの途上国の状況に加え、来世紀までつづく世界人口の増加への対応というさらにむずかしい状況に直面しているのです。これらの課題の克服は、ヒトが「賢さ」を発揮し、「地球人口」という共通認識をもって人口の推移を理解し、地球環境と調和する生き方を見出せるかにかかっているのです。

あとがき

私が本書で目指したのは、私たち自身であるヒト（ホモ・サピエンス）が誕生してから現在までの約二〇万年間、地球という空間で生きてきた歴史を人口に着目して描きだすことです。

私は大学と大学院の修士課程で人類学（生物人類学）を専攻した後、長い間、人類生態学の研究にたずさわりました。人類学もそうですが、とくに人類生態学はヒトと環境にかかわる幅広い事象に関心をもっています。私自身は、本書で研究結果の一部を紹介したパプアニューギニアに暮らすギデラ人をはじめ、ヒトの小集団を対象とするフィールドワークに多くの時間をあててきました。ヒトが環境と相互作用し世代交代を繰り返しながら生存する機構を、トータルに理解しようとしたのです。

オセアニアとアジアでのフィールドワークは、私に多くのことを教えてくれました。マラリアをはじめとする熱帯感染症が蔓延する高温多湿の地にも、平坦な場所がほとんどない急峻な山地にも人びとが暮らしていました。そして、どの集団の生息地も詳細にみると環境は変化に富み、人びとはそれぞれの環境にあわせるように多様な生存様式をつくりだしていました。これらの社会で、たとえば予防接種などの医療サービスがもたらされると乳幼児をはじめとする住民の死亡が激減し、換金作物栽培が導入されると住民の生活パターンだけでなく栄養状態なども急速に変化するのを、幾度となくみてきました。

人びとの生き方が、集団レベルでの出生と死亡のパターンに強く反映されることにも気づくようになりました。このことが、ヒトが誕生して以来の人口の変化と変化をもたらした要因に、私が関心をもつきっかけになったと思います。また、私たちの祖先が農耕も家畜飼育も知らなかった一万年以上も前に、地球上のほぼ全域に移住し生息の場にしてきたことは私の長年の関心事でした。そのおかげで、さまざまな分野の研究者が世界各地におけるフィールドワークで見出した興味深い事実に接することができたのです。

ところで、前世紀末ころから新しい世界史認識、グローバル・ヒストリーが注目されるようになり、さらに最近では起点をはるかにさかのぼり、分野を限らないビッグ・ヒストリーという言葉も耳にするようになりました。私が本書の準備にとりかかった六年ほど前、ビッグ・ヒストリーはもとより、グローバル・ヒストリーにもほとんど馴染みはありませんでしたが、これらの新しい歴史観は大変魅力的です。本書が目指した、人口という普遍性の高い切り口からの接近が、その進展にかかわりをもてれば私にとって望外の幸せです。

本書の内容について、いくつか述べておきたいことがあります。第一は、本書では地球規模での人口の変化に深くかかわった事象を取り上げたつもりですが、その選定は私の独断によっていることです。取り上げることになった情報についても取り上げなかった情報についても、私の理解が不十分だった可能性は否定できません。本書が目的を達成しているとすれば、それはヒトの出生・死亡および人口にかかわる事実を見出した先達のおかげですし、取り上げた情報の記述に不十分あるいは不適切な箇所があれば、その責はすべて私が負っています。

第二は、遠い過去の出来事を推測するむずかしさにかかわっています。たとえば、約五万年前と推測されるスンダ大陸からサフル大陸への移住や、一万年以上前のシベリアからアラスカへの移住については、そのルートや年代が直接的な証拠からではなく、当時の環境や遺物の年代などの情報に矛盾がないシナリオに基づいて推測されるのです。そのため、想定されていたシナリオが新たな発見により見直されることがあります。現在広く認められているシベリアからアラスカへの移住のシナリオは、ベーリンジア（74ページ参照）に約一万四〇〇〇年前に出現した無氷回廊を通ったとするものです。ところが、最近の古地理学の研究は無氷回廊の出現が約一万二〇〇〇年前だった可能性を示しており、アメリカ大陸への移住はもちろん大陸内での移住についても再検討を迫っているのです。

第三は、本書で用いた人口の数値についてです。世界人口を数値を用いて推定する試みは一七世紀までさかのぼるとしても、信頼性が向上したのは国連人口部が活動をはじめた一九五〇年より後といっていいでしょう。二〇世紀後半に、少なくとも五つの有力な推計が欧米の研究者によってなされました。推定された人口には違いがあるとはいえ、大局的にみれば類似しています。本書はそれらの中で、地域区分が最も明瞭に示されているコリン・マッキーヴディとリチャード・ジョーンズの推計（"*Atlas of World Population History*" 1978）に多くを依拠しています。

第四は、本書の人口分析の基本単位は国ではないのですが、日本（列島）については先史時代から現代までの推移をまとめて示したことです。第五章の後半に「日本—ユニークな軌跡」の節を設けたため、その前後の節で扱われている世界人口の推移を追いにくくしているかもしれません。

第五は、本書では世界のすべての地域の一九五〇年以降と将来の人口および人口指標に、国連人口部が公表している値を用いていることです。そのため、日本の将来推計人口も国連人口部による値のため、広く知られている国立社会保障・人口問題研究所の推計値とは異なっています。

最後に、本書の骨格をなすさまざまな事実を見出された国内外の研究者、本書の内容に貴重な示唆をお寄せくださった国内外の先輩・友人たち、そして本書の執筆を勧め編集してくださった新潮社学芸出版部の今泉正俊さん、図の製作でお世話になった東京大学人類生態学教室の小坂理子さんに深く感謝する次第です。

二〇一五年初夏、東京にて

大塚柳太郎

主な参考文献

赤澤威ほか編（1995）『モンゴロイドの地球』（全5巻）東京大学出版会

Allen J, Golson J, Jones R [Eds]（1977）*Sunda and Sahul: Prehistoric Studies in Southeast Asia, Melanesia and Australia.* Academic Press, London.

Angel JL（1972）Ecology and population in the eastern Mediterranean. *World Archaeol,* 4, 88-105.

青柳正規（2009）『人類文明の黎明と暮れ方』講談社

Armitage SJ et al（2011）The southern route "out of Africa": evidence for an early expansion of modern humans into Arabia. *Science,* 331, 453-456.

Baumhoff MA（1963）Ecological determinants of aboriginal California populations. *Univ California Pub Am Archaeol Ethnol,* 49, 155-236.

ベルウッド、ピーター（2008）『農耕起源の人類史』京都大学学術出版会（長田俊樹、佐藤洋一郎監訳）

Birdsell JB（1953）Some environmental and cultural factors influencing the structuring of Australian aboriginal populations. *Am Nat,* 87, 171-207.

Bodmer WF, Cavalli-Sforza LL（1976）*Genetics, Evolution, and Man.* WH Freeman, San Francisco.

Boserup E（1965）*The Conditions of Agricultural Growth.* Aldine, Chicago.

ボジンスキー、ゲルハルト（1991）『ゲナスドルフ—氷河時代狩猟民の世界』六興出版（小野昭訳）

Burbano HA et al（2010）Targeted investigation of the Neandertal genome by array-based sequence capture. *Science*, 328, 723-725.

Cann RL, Stoneking M, Wilson AC（1987）Mitochondrial DNA and human evolution. *Nature*, 325, 31-36.

Cassidy CM（1980）Nutrition and health in agriculturalists and hunter-gatherers: a case study of two prehistoric populations. In Jerome NW, Kandel RF, Pelto H [Eds] *Nutritional Anthropology: Contemporary Approaches to Diet and Culture*. Redgrave, New York, pp 117-145.

チャイルド、V・ゴードン（1951）『文明の起源（上・下）』岩波書店（ねずまさし訳）

Cohen JE（1995）*How Many People Can the Earth Support?* WW Norton, New York.

Cummins NJ（2009）*Why Did Fertility Decline? An Analysis of the Individual Level Economics Correlates of the Nineteenth-century Fertility Transition in England and France*. Doctoral Dissertation, The London School of Economics and Political Science.

Curtin PD（1972）*The Atlantic Slave Trade: A Census*. University of Wisconsin Press, Madison.

Driscoll CA et al（2007）The Near Eastern origin of cat domestication. *Science*, 317, 519-523.

イーワルド、ポール・W（2002）『病原体進化論—人間はコントロールできるか』新曜社（池本孝哉、高井憲治訳）

Ewing B et al（2008）*The Ecological Footprint Atlas 2008*. Global Footprint Network, Oakland.

フォルヒ、ラモンほか編（2012）『世界自然環境大百科1—生きている星・地球』朝倉書店（大原隆、大塚柳太郎監訳）

Forde CD（1934）*Habitat, Economy and Society*. Methuen, London.

Frisch RE, McArthur JW（1974）Menstrual cycles: fatness as a determinant of minimum weight for height necessary for their maintenance or onset. *Science*, 185, 949-951.

富士川游（1969）『日本疾病史』平凡社

Green RC（1973）Lapita pottery and the origins of Polynesian culture. *Aus Nat Hist*, 17, 332-337.

Green RE et al（2008）A complete Neandertal mitochondrial genome sequence determined by high-throughput sequencing. *Cell*, 134, 416-425.

Hara Y, Imanishi T, Satta Y（2012）Reconstructing the demographic history of the human lineage using whole-genome sequences from human and three great apes. *Genome Biol Evol*, 4, 1133-1145.

Hassan FA（1981）*Demographic Archaeology*. Academic Press, New York.

速水融（2009）『歴史人口学研究—新しい近世日本像』藤原書店

Henshilwood CS（2012）The Still Bay and Howiesons Poort: ‘Palaeolithic’ techno-traditions in southern Africa. *J World Prehist*, 25, 205-237.

Howell N（1979）*Demography of the Dobe !Kung*. Academic Press, New York.

飯沼二郎（1970）『風土と歴史』岩波書店

印東道子編（2013）『人類の移動誌』臨川書店

石毛直道編（1973）『世界の食事文化』ドメス出版

石川栄吉ほか編（1987）『文化人類学事典』弘文堂

Jones R（1969）Fire-stick farming. *Aus Nat Hist*, 16, 224-228.

海部陽介（2005）『人類がたどってきた道—〝文化の多様化〟の起源を探る』ＮＨＫ出版

片山一道（1990）『古人骨は語る—骨考古学ことはじめ』同朋舎

Kirch PV, Green RC（2001）*Hawaiki, Ancestral Polynesia. An Essay in Historical Anthropology*. Cambridge University Press, Cambridge.

鬼頭宏（2000）『人口から読む日本の歴史』講談社

河野稠果（2007）『人口学への招待—少子・高齢化はどこまで解明されたか』中央公論新社

小山修三（1984）『縄文時代―コンピュータ考古学による復元』中央公論新社
Lee RB, DeVore I [Eds]（1968）*Man the Hunter*. Aldine, Chicago.
マルサス、トマス・ロバート（1985）『人口の原理（第6版）』中央大学出版部（南亮三郎監修、大淵寛ほか訳）
McEvedy C, Jones R（1978）*Atlas of World Population History*. Penguin Books, Harmondsworth.
メドウズ、ドネラ・Hほか（1972）『成長の限界―ローマ・クラブ「人類の危機」レポート』ダイヤモンド社（大来佐武郎監訳）
Miller GH et al（2005）Ecosystem collapse in Pleistocene Australia and a human role in megafaunal extinction. *Science*, 309, 287-290.
宮崎正勝（2012）『海図の世界史―「海上の道」が歴史を変えた』新潮社
Morelli G et al（2010）Yersinia pestis genome sequencing identifies patterns of global phylogenetic diversity. *Nat Genet*, 42, 1140-1143.
森本芳樹（1999）「収穫率についての覚書」『経済史研究』第3号、27-60ページ
Mountford CP [Ed]（1956）*Records of the American-Australian Scientific Expedition to Arnhem Land*. Melbourne University Press, Melbourne.
Murdock GP（1967）*Ethnographic Atlas*. Pittsburgh University Press, Pittsburgh.
Nag M（1962）*Factors Affecting Human Fertility in Nonindustrial Societies: A Cross-cultural Study*（Yale University Publications in Anthropology No. 66）Yale University Press, New Haven.
日本人口学会編（2002）『人口大事典』培風館
西秋良宏編（2008）『遺丘と女神―メソポタミア原始農村の黎明』東京大学出版会
西田利貞、上原重男、川中健二編（2002）『マハレのチンパンジー――《パンスロポロジー》の三七年』京都

大学学術出版会
西川治（1988）『地球時代の地理思想―フンボルト精神の展開』古今書院
大塚柳太郎ほか（2012）『人類生態学第２版』東京大学出版会
大塚柳太郎、鬼頭宏（1999）『地球人口１００億の世紀』ウェッジ
Ohtsuka R, Suzuki T [Eds]（1990）*Population Ecology of Human Survival: Bioecological Studies of the Gidra in Papua New Guinea*. University of Tokyo Press, Tokyo.
Ohtsuka R, Ulijaszek SJ [Eds]（2007）*Health Change in the Asia-Pacific Region*. Cambridge University Press, Cambridge.
オッペンハイマー、スティーヴン（2007）『人類の足跡10万年全史』草思社（仲村明子訳）
Pimentel D, Pimentel MH（2008）*Food, Energy, and Society (Third Edition)*. CRC Press, Boca Raton.
Piperno DR et al（2009）Starch grain and phytolith evidence for early Ninth Millennium B.P. maize from the Central Balsas River Valley, Mexico. *Proc Natl Acad Sci USA*, 106, 5019-5024.
ポルトマン、アドルフ（1961）『人間はどこまで動物か―新しい人間像のために』岩波書店（高木正孝訳）
Prado-Martinez J et al（2013）Great ape genetic diversity and population history. *Nature*, 499, 471-475.
Pressat R [Ed]（1985）*The Dictionary of Demography*. Blackwell, Oxford.（Editor for English version: Wilson C）
Prideaux GJ et al（2007）An arid-adapted middle Pleistocene vertebrate fauna from south-central Australia. *Nature*, 445, 422-425.
Prüfer K et al（2012）The bonobo genome compared with the chimpanzee and human genomes. *Nature*, 486, 527-531.
Sahlins M（1974）*Stone Age Economics*. Tavistock, London.

佐藤洋一郎ほか編（2008-2010）『ユーラシア農耕史』（全5巻）臨川書店

佐藤洋一郎、加藤鎌司編（2010）『麦の自然史―人と自然が育んだムギ農耕』北海道大学出版会

篠田謙一（2007）『日本人になった祖先たち―ＤＮＡから解明するその多元的構造』ＮＨＫ出版

総合地球環境学研究所編（2010）『地球環境学事典』弘文堂

杉山正明（2008）『モンゴル帝国と長いその後』講談社

住明正（1999）『地球温暖化の真実』ウェッジ

田中二郎（1971）『ブッシュマン』思索社

Tanno K, Willcox G (2006) The origins of cultivation of *Cicer arietinum* L. and *Vicia faba* L.: early finds from Tell el-Kerkh, northwest Syria, late 10th millennium BP. *Veget Hist Archaeobot*, 15, 197-204.

Wackernagel M (1994) *Ecological Footprint and Appropriated Carrying Capacity: A Tool for Planning Toward Sustainability*. Doctoral Dissertation, University of British Columbia.

Walter RC et al (2000) Early human occupation of the Red Sea coast of Eritrea during the last interglacial. *Nature*, 405, 65-69.

渡辺知保ほか（2011）『人間の生態学』朝倉書店

Wroe S et al (2004) Megafaunal extinction in the late Quaternary and the global overkill hypothesis. *Alcheringa*, 28, 291-331.

山本紀夫（2004）『ジャガイモとインカ帝国―文明を生んだ植物』東京大学出版会

山本紀夫（2014）『中央アンデス農耕文化論―とくに高地部を中心として』国立民族学博物館

新潮選書

ヒトはこうして増《ふ》えてきた――20万年《まんねん》の人口変遷《じんこうへんせん》史《し》

著　者………………大塚《おおつか》 柳太郎《りゅうたろう》

発　行………………2015年7月25日
4　刷………………2016年5月20日

発行者………………佐藤隆信
発行所………………株式会社新潮社
〒162-8711 東京都新宿区矢来町71
電話　編集部03-3266-5411
読者係03-3266-5111
http://www.shinchosha.co.jp
印刷所………………錦明印刷株式会社
製本所………………株式会社大進堂

乱丁・落丁本は、ご面倒ですが小社読者係宛お送り下さい。送料小社負担にてお取替えいたします。
価格はカバーに表示してあります。

ISBN978-4-10-603773-3 C0333